Mario Jacoby

Übertragung und Beziehung in der Jungschen Praxis

Mario Jacoby

Übertragung und Beziehung in der Jungschen Praxis

Walter-Verlag
Solothurn und Düsseldorf

Titel der Originalausgabe: The Analytic Encounter. Transference and Human Relationship, Inner City Books, Toronto, Canada 1984, © by Mario Jacoby. – Vom Autor aus dem Englischen frei übersetzt, revidiert und wesentlich ergänzt. Die 2., erneut revidierte deutsche Auflage des erstmals 1987 in Deutsch veröffentlichten Buches mit dem Titel «Psychotherapeuten sind auch Menschen. Übertragung und menschliche Beziehung in der Jungschen Praxis» wurde vom Verfasser durchgesehen und um das Kapitel «Übertragung und die Frage der Indikationsstellung» erweitert. Die beiden letzten Kapitel wurden zudem stark verändert und ergänzt.

Die Deutsche Bibliothek – CIP-Einheitsaufnahme

Jacoby, Mario:
Übertragung und Beziehung in der Jungschen Praxis/Mario
Jacoby. (Vom Autor aus dem Engl. frei übers., rev. und
wesentlich erg.). – 3. Aufl. – ;
Düsseldorf; Zürich: Walter, 2000
Einheitssacht.: The analytic encounter ‹dt.›
ISBN 3-530-39631-1

Walter Verlag Düsseldorf und Zürich
3. Auflage 2000

Druck und Einband: Clausen & Bosse, Leck
Printed in Germany
ISBN 3-530-39631-1

Inhalt

Vorwort

Zum Thema der Übertragung ist seit den Anfängen der Psychoanalyse eine unüberblickbare Anzahl an Publikationen erschienen, und so stellt sich zu Recht die Frage, ob ein erneutes Aufrollen dieses Themas nicht überflüssig sei. Indessen fehlt eine Monographie für das spezifische Anliegen meiner hier vorliegenden Arbeit. Es soll darin möglichst anschaulich von Phantasien und Gefühlen berichtet werden, die in der analytisch-therapeutischen Begegnung ihre Wirksamkeit ausüben. Analysanden erleben ihre Analytiker oft so, als ob sie z. B. Halbgötter, Dämonen, Allwissende, allmächtige Väter, Hexen oder auch nichts als unpersönliche Spiegel wären. Wie beantwortet ein Analytiker solche Phantasieangebote, wie wirken sie auf ihn, und wie schafft er es, dabei ein einigermaßen realistisches Selbst-Bild aufrechtzuerhalten? Wie geht er damit um, «auch nur ein Mensch» mit seinen Bedürfnissen und Begrenzungen zu sein, der vielleicht selber seinen Patienten illusionär verkennt? Früher oder später, wenn der analytische Prozeß zu Reifungsschritten führen soll, müssen sowohl der Analysand als auch er selbst seine menschliche Begrenzung anerkennen. Wandlung von Übertragung/Gegenübertragung in echte menschliche Beziehung bedeutet deshalb Bewußtwerden und Anerkennen der menschlichen Begrenzung und für den Patienten zugleich ein Stück Selbstfindung.

So möchte ich mit dieser Schrift dem aufgeschlossenen Leser etwas von der Vielschichtigkeit seelischer Erfahrungen zugänglich machen und vermitteln, wie sich Übertragung und Beziehung in der analytischen Praxis gleichsam «anfühlen» – jedenfalls für mich und in meiner Erfahrung. Mein Interesse gilt sowohl den mehr «alltäglichen» in der Praxis auftretenden Problemen als auch den von C. G. Jung entdeckten archetypischen Tiefendimensionen, die oft hinter scheinbar banalen persönlichen Verstrickungen durchscheinen.

Bisher sind die meisten Publikationen zu diesem Thema von Analytikern der Freudschen Schule geschrieben worden und richten sich vornehmlich an ein «Insider»-Publikum, dem zumindest die psychoanalytische Fachterminologie geläufig sein muß. Der Freudschen Psychoanalyse kommt das Verdienst zu, den ganzen Fragenkomplex seit Sigmund Freuds ersten Veröffentlichungen außerordentlich bereichert und differenziert zu haben – wurde die Analyse der Übertragung neben der Widerstandsanalyse doch zu ihrem entscheidenden therapeutischen Instrument. Den Psychoanalytikern geht es in ihren Veröffentlichungen vor allem um die Erörterung behandlungstechnischer Feinheiten im Zusammenhang mit bestimmten theoretischen und metapsychologischen Ansätzen. Sie sind weniger daran interessiert, die emotionellen Erfahrungen zu vermitteln, die sich in großer Vielfalt hinter dem Fachterminus «Übertragung» verbergen. Meines Erachtens lohnt es sich aber für den praktischen Psychotherapeuten jeglicher «Schule», sich in die psychoanalytische Denkweise und ihre Terminologie einzuarbeiten. Er gewinnt damit eine Fülle an Einsichten in die Subtilitäten der therapeutischen Beziehung und deren unbewußten Hintergründe. Solch ein Gewinn an Differenzierung der eigenen psychotherapeutischen Palette ist möglich, ohne daß der Therapeut sich im einzelnen mit dem Denkgebäude psychoanalytischer Theorien identifizieren muß. Jedenfalls habe ich für mein psychotherapeutisches Vorgehen großen Gewinn gezogen aus der Auseinandersetzung mit den Schriften eines M. Balint, D. W. Winnicott oder H. Kohut – um nur einige der kreativsten unter den Psychoanalytikern zu nennen –, eine Auseinandersetzung, die sich direkt oder indirekt in dem vorliegenden Buch niedergeschlagen hat. So wurde es zu meinem Anliegen, einerseits die Gesichtspunkte der Jungschen Psychologie und Analyse in die Übertragungsdiskussion miteinzubeziehen und zum andern die subjektive Erfahrungsebene zu beschreiben, welche durch Fachbegriffe oft mehr verdeckt als freigelegt wird.

Die vorliegende Schrift ist aus Vorlesungsreihen hervorgegangen, die ich ursprünglich in englischer Sprache hielt. Sie ist in Buchform zuerst in englischer Sprache erschienen (*The Analytic Encounter*, Inner City Books, Toronto 1984), wurde von mir übersetzt, erweitert und auf den heutigen Stand gebracht. Auch in deutscher Sprache wurde – meinem eher unakademischen Anliegen entsprechend – der ursprüngliche Vorlesungsstil nach Möglichkeit beibehalten, denn es ist keineswegs meine Absicht, «technische Anleitungen» für den Umgang mit Übertragungs- und Gegenübertragungsproblemen zu vermitteln, noch ist es mein Anspruch, einen Überblick über die verschiedenen zum Thema gehörenden Theoriemodelle zu geben. Vielmehr möchte ich mit diesem Buch einen kleinen Beitrag leisten zur Sensibilisierung für die Wirklichkeit des Psychischen in seinem Beziehungsaspekt. Solche Sensibilisierung scheint mir eine Vorbedingung jeglicher Psychotherapie zu sein.

Eine allgemeine Bemerkung muß hier noch angebracht werden: ich hoffe, es wird mir nicht als «chauvinistisches Befangensein in patriarchaler Gesinnung» angerechnet, wenn ich bei allgemeinen Reflexionen zum Übertragungs/Gegenübertragungsgeschehen nicht jedesmal erwähnen werde, daß, wenn von «dem Analytiker» die Rede ist, es sich auch um «die Analytikerin» handelt. Das gleiche gilt von Analysand und Analysandin, Patient und Patientin. Diese Auslassung hat rein sprachlich-stilistische Gründe.

Danken möchte ich an dieser Stelle all meinen Analysanden, die mir die Erlaubnis gaben zur Verwendung von Problemstellungen und eventuellen Träumen aus ihren Analysen. Alle Daten, die nicht spezifisch zur dargestellten Problematik gehören, habe ich aus Diskretionsgründen zur Unkenntlichkeit verfremdet. Dank gebührt den Ausbildungskandidaten am C. G. Jung-Institut in Zürich und vielen Hörern und Kollegen in Brasilien, Deutschland, Israel und den USA, die mit Fragen, Hinweisen und kritischen Bemerkungen zur Klärung meiner Ideen beigetragen haben. Nicht zuletzt möchte ich meiner Frau Doris Jacoby-Guyot herzlich danken sowohl für ihre geduldige und einfühlende Begleitung als auch für ihre aktive Mithilfe.

Vorwort zur zweiten, revidierten Auflage

Auf Anregung des Walter-Verlags habe ich für die Neuauflage mein Buch neu durchgesehen und ergänzt. Dabei habe ich den Titel der Erstauflage «Psychotherapeuten sind auch Menschen» geändert, da er zu vielen Mißverständnissen geführt hatte. So wurde dieser Titel oft als entschuldigende Rechtfertigung für die Begrenztheit jeglicher Psychotherapie aufgefaßt. Allerdings hatte diese Titelwahl meiner ursprünglichen Absicht entsprochen, auf die menschliche Begrenztheit zu verweisen sowie auf die notwendige Bescheidenheit im Umgang mit den seelischen Kräften. Dies war aber nicht in defensivem Sinne gemeint. Ich hoffe nun, daß der neue Titel zu keinen Mißverständnissen mehr Anlaß geben wird.

Vollständig neu ist das 6. Kapitel «Übertragung und die Frage der Indikationsstellung». Da die Frage des «Zusammenpassens» der jeweiligen Psychotherapiepartner für das Gelingen oder Mißlingen einer Psychotherapie ausschlaggebend ist, dürfen Überlegungen zur therapeutischen Partnerwahl nicht weiterhin fehlen.

Umfassende Ergänzung erfuhr auch das Kapitel 8, «Liebe und Sexualität in der analytischen Situation». Die Frage sexueller Grenzüberschreitungen und mißbräuchlicher Machtausübung durch den Therapeuten ist in letzter Zeit dank zahlreicher Publikationen ins öffentliche Bewußtsein getreten. Natürlich war es notwendig, zu diesem Schattenthema der Psychotherapie deutlich Stellung zu nehmen. Dabei geht es mir auch hier um differenzierte Einführung in die jeweiligen Verstrickungen und weniger um globale Schuldzuweisungen. Die Liebesübertragungen bilden oft die Crux einer Analyse und haben es in sich, eine Flut von Wünschen, Emotionen und Phantasien zu mobilisieren. Selbstverständlich bleibt es unabdingbar, diese nicht auszuleben, sondern möglichst deren Sinn und Bedeutung im analytischen Prozeß zu erhellen.

Im übrigen wurde auch in dieser Neuauflage der ursprüngliche «Vorlesungsstil» nach Möglichkeit beibehalten. Der unmittelbare Zugang zu den dargestellten Erfahrungen sollte nicht durch abstrahierende Fachbegriffe erschwert oder gar verstellt werden. Auch die vielen neuen Beispiele aus der Praxis sind so verfremdet, daß zwar die jeweilige Problematik deutlich wird, der Patient als Person jedoch unerkenntlich bleibt. Allen Analysanden, die mir Erlaubnis zur Publikation ihrer Problemstellungen gaben, möchte ich an dieser Stelle herzlich danken. Dies gilt vor allem auch dem Kollegen, dessen Supervisions-Anliegen im 6. Kapitel veröffentlicht werden darf. Besonderer Dank gebührt Frau Helga Egner für ihre Anregungen und ihre einfühlende Lektorierung der Neufassung dieses Manuskripts.

Zollikon, Herbst 1992

Einleitung

C. G. Jung hat nach seiner im Jahre 1913 erfolgten Trennung von Sigmund Freud eigene psychologische und psychotherapeutische Auffassungen entwickelt. Hauptsächlich ist hier an die Vorstellung des kollektiven Unbewußten mit seiner archetypischen Struktur und Dynamik zu denken sowie an die Hypothese des Selbst im Sinne der Ganzheit des Menschen, welche Bewußtsein und Unbewußtes umfaßt. Das Unbewußte enthält nicht nur Inhalte, die der individuellen Lebensgeschichte eines Menschen entstammen, nicht nur Verdrängtes, Vergessenes, unterschwellig Wahrgenommenes. Jung nahm an, daß hinter diesem «persönlichen» Unbewußten eine kollektive Schicht wirksam ist, welche er als Quelle aller schöpferischen Kräfte im Menschen auffaßte. In ihm sah er die «Wurzeln des Bewußtseins» (Jung 1954). Vor allem wirkt im Unbewußten ein angeborener Drang, die jeweils spezifische Individualität eines Menschen zu entfalten. Quelle dieses Drangs ist nach Jungscher Auffassung das Selbst, welches aus dem Unbewußten den Prozeß menschlicher Individuation stimuliert und das psychische Gleichgewicht reguliert. Deshalb sind psychische Störungen aller Art gleichbedeutend mit Störungen des vom Selbst regulierten Reifungsprozesses. In Jungs Worten bedeutet Neurose «Entzweiung mit sich selbst» (Jung 1912, Par. 430).

In der Jungschen Psychotherapie gilt es deshalb, einerseits jene Tendenzen und Einstellungsweisen bewußt zu machen, welche die Beziehung des Ichbewußtseins zum lebendigen Unbewußten versperren. Andererseits richten sich die Deutungen des Analytikers auf den Versuch, die Intentionen des im Unbewußten wirkenden Entwicklungsdranges zu erfassen, wobei ihm die ausgedehnten Forschungen Jungs zur symbolischen Ausdrucksweise des kollektiven Unbewußten eine unschätzbare Hilfe sind.

Wenn nun aber ein Therapeut seine Aufgabe allein darin sehen sollte, Inhalte des Unbewußten, wie sie sich in Träumen oder Imaginationen manifestieren, zu deuten, käme er doch nicht um die Feststellung herum, daß die Wirksamkeit seiner Deutungen nicht allein vom Grad ihrer «Richtigkeit» abhängt. Ebenso entscheidend – wenn nicht um vieles entscheidender – ist die Art und Weise, in der er, während er deutet, vom Patienten als Person erlebt wird. *Wer* es ist, der interpretiert, hat darauf, wie das *Was* einer Deutung beim Patienten ankommt, einen großen Einfluß. Es läßt sich nicht umgehen, daß durch den therapeutischen Dialog sowohl im Patienten als auch im Analytiker bestimmte Gefühle und Phantasien erwachen – mehr oder weniger bewußt. Ob solche Gefühle Ausdruck wirklicher Beziehung zwischen dem Analysanden und seinem Analytiker sind oder ob sie nicht vielmehr auf emotional getönter Wahrnehmungsverzerrung beruhen und somit echter Bezogenheit im Wege stehen, kann zu einer komplexen Frage werden und jeglichen «Objektivitätsanspruch» eines Therapeuten empfindlich relativieren.

Ich spreche hier von dem Phänomen der sogenannten Übertragung/Gegenübertragung, welche echte Begegnung meist illusionär verfälscht, für jegliche analytische Psychotherapie aber von zentraler Bedeutsamkeit ist. Dabei ist die Tatsache auffallend, daß in der Fachliteratur der Jungschen Schule das Übertragungsproblem wenig Beachtung und wenig differenzierte Bearbeitung gefunden hat. Diese Feststellung wird glücklicherweise von wichtigen Ausnahmen wiederum eingeschränkt, wobei vor allem an die von M. Fordham inspirierte Londoner Schule der analytischen Psychologie zu denken ist, deren therapeutisches Interesse sich fast ausschließlich auf das Übertragungsgeschehen richtet. Zu erwähnen sind auch die Gegenübertragungsforschungen, die von Berliner Kollegen in den frühen siebziger Jahren getätigt und publiziert wurden (Dieckmann 1971, Blomeyer 1971 etc.). In letzter Zeit zeigen sich auch in den USA Bestrebungen, den Umgang mit dem Übertragungsgeschehen vom Jungschen Ansatz aus zu differenzieren (Schwartz-Salant 1982, Stein [Hg.] 1982, Schwartz-Salant/Stein [Hg.] 1984). Auch ist auf das Buch der Zürcher Analytikerin K. Asper hinzuweisen, in dem der Übertragungs-Gegenübertragungsdialog bei narzißtischen Störungen subtil zur Geltung kommt (Asper 1987).[1]

Die Mehrzahl der Jungschen Analytiker schenkt aber nach wie vor ihre größte Aufmerksamkeit den Inhalten des Unbewußten, wie sie sich in Träumen und Imaginationen manifestieren. Es werden große Symbolkenntnisse erworben und differenzierte Fähigkeiten entwickelt, um die Sprache der Träume und Imaginationen verstehen zu lernen. Die Frage aber, auf welche Weise sich das Unbewußte im Übertragungs/Gegenübertragungsgeschehen ausdrückt, findet zu wenig genaue Beachtung und wird auch selten Anlaß zu Deutungen. (Dies gilt vor allem für die klassische und die archetypische Richtung der analytischen Psychologie im Sinne Samuels.)

Vielleicht ist dies vor allem darauf zurückzuführen, daß Jung nach seinem Bruch mit Freud die therapeutische Wichtigkeit der Übertragung sehr relativiert hat. Es gibt Äußerungen Jungs, aus denen hervorzugehen scheint, daß er die Übertragung für das Gelingen eines therapeutischen Prozesses für gänzlich bedeutungslos, ja für schädlich hielt.

> «Eine Übertragung ist immer hinderlich; sie ist nie ein Vorteil. Man heilt trotz der Übertragung, nicht wegen ihr... Übertragung oder keine Übertragung, das hat nichts mit der Behandlung zu tun... Je weniger Übertragung, umso besser. Man bekommt das Material auch ohne sie. Nicht die Übertragung bringt den Patienten dazu, sein Material zutage zu fördern; man kann alles gewünschte Material aus den Träumen beziehen» (Jung 1935, Par. 349/351).

[1] Eine Übersicht über den gegenwärtigen Stand der Jungschen analytischen Psychologie und ihre verschiedenen Tendenzen vermittelt auf ausgezeichnete Weise A. Samuels *Jung und seine Nachfolger*, Stuttgart, Klett-Cotta 1989.

Alle diese Äußerungen stammen aus Jungs Vorlesungen an der Tavistock-Klinik und zeichnen sich durch schroffe Einseitigkeit aus. So entspricht es zum Beispiel nicht der psychotherapeutischen Erfahrung, solch einen Gegensatz zwischen Traum und Übertragung zu konstruieren. Häufig beeinflussen Übertragungsgefühle die Träume, selbst wenn dies vom Trauminhalt her nicht immer deutlich wird. Auf welche Art aber Träume interpretiert, verstanden und integriert werden, hängt weitgehend vom Gefühlsklima in der therapeutischen Situation ab. Im übrigen hat sich Jung an anderen Stellen seines Werkes viel differenzierter und auch positiver zum therapeutischen Stellenwert der Übertragung geäußert. Vor allem – und dies ist äußerst wichtig – war er der erste, der gesehen hat, daß sich die Gegenübertragung des Analytikers auf seinen Patienten auch in potentiell fruchtbarer Weise auf den analytischen Prozeß auswirken kann.

Jungs Bemerkungen in seinen Tavistock-Vorlesungen gründen deutlich in einer momentan gereizten Stimmungslage. Er war von der Absicht ausgegangen, eine weitere Vorlesung seinem neuartigen Zugang zu Träumen und seinen interessanten Funden an Amplifikationsmaterial zu widmen. Diese Absicht wurde aber durchkreuzt von dem Wunsch seiner Zuhörer – alles Ärzte und Psychotherapeuten –, er möge ihnen doch noch seine Auffassung der Übertragung mitteilen. Der Leser kann immer noch eine gewisse Irritation spüren, mit der Jung sich bereit erklärte, «das halb amüsante, halb schmerzliche, unter Umständen sogar tragische Problem der Übertragung» zu diskutieren (Jung 1935, Par. 306). Trotzdem sind einige sehr beachtenswerte Gesichtspunkte in seinen Ausführungen enthalten. Dabei denke ich besonders an seine Ansicht, daß Übertragung vor allem als Mangel an wirklicher Beziehung angesehen werden müsse, sie resultiere sehr oft «aus der Schwierigkeit, einen Kontakt, eine emotionale Harmonie zwischen Arzt und Patient herzustellen» (Jung 1935, Par. 331). Das Unbewußte des Patienten versuche in solchen Fällen, den Mangel an Kontakt kompensatorisch zu überbrücken.

> «Da kein gemeinsamer Boden vorhanden ist, keine Möglichkeit, irgendeine Art von Beziehung herzustellen, versucht ein leidenschaftliches Gefühl oder eine erotische Phantasie in die Lücke zu springen» (Jung 1935, Par. 331).

Somit empfiehlt Jung dem Therapeuten:

> «Und wenn man wirklich versucht, dem Patienten auf der gleichen Ebene zu begegnen, nicht zu hoch und nicht zu tief, wenn man die richtige Einstellung hat und die Werte richtig setzt, dann hat man mit der Übertragung viel weniger Mühe. Man wird nicht ganz um sie herumkommen, aber man wird bestimmt nicht mit jenen schlimmen Übertragungsformen konfrontiert, die nur Überkompensationen für einen fehlenden Rapport sind» (Jung 1935, Par. 337).

Jung unterscheidet hier also deutlich die Übertragung von einer echten Beziehung zwischen Analytiker und Patient. Übertragung, als eine spezifische Form von Projektion, hat immer die Tendenz, Bezugspersonen nicht in ihrer eigenen Wirklichkeit wahrzunehmen, sondern deren Handlungen oder Äußerungen im Sinne unbewußter Komplexe zu mißdeuten. Reifungs- und Bewußtwerdungsprozesse zeichnen sich deshalb dadurch aus, daß sich Übertragungsgefühle wandeln und wirklicher Beziehung Raum gewähren – ein Prozeß, der auf Rücknahme von Projektionen beruht. Solche aus therapeutischer Beobachtung stammenden Aussagen setzen aber voraus, daß zwischen Übertragung und realer menschlicher Beziehung eine Unterscheidung getroffen werden kann. Was sind aber die Unterscheidungskriterien? Dies ist eine komplexe Frage, deren Beantwortungsversuch im Folgenden viel Raum einnehmen wird.

Seine abwertende Haltung gegenüber der therapeutischen Bedeutung des Übertragungsgeschehens hat Jung in seiner Schrift *Die Psychologie der Übertragung* (Jung 1946) gründlich revidiert. Dort steht zu lesen:

«Es ist wohl nicht übertrieben, wenn man annimmt, daß sozusagen alle Fälle, die längerer Behandlung bedürfen, um das Phänomen der Übertragung gravitieren, und daß es so erscheint, als ob der Erfolg oder Mißerfolg der Behandlung ganz wesentlich damit zu tun hätte» (Jung 1946, S. 168).

Zwischen seinen Extrempositionen gleichsam vermittelnd, findet sich in derselben Arbeit Jungs folgender Passus:

«Obschon ich ursprünglich mit Freud der Übertragung eine kaum zu überschätzende Bedeutung beimaß, habe ich doch mit vermehrter Erfahrung einsehen müssen, daß auch diese Wichtigkeit relativ ist. Die Übertragung kann man jenen Medikamenten vergleichen, die beim einen als Heilmittel, beim andern als pures Gift wirken» (Jung 1946, S. 168).

Diesem Satz ist wohl auch aus heutiger psychotherapeutischer Erfahrung kaum zu widersprechen. Es muß hier noch angeführt werden, daß sich auch Freud der potentiellen Gefahren der Übertragung bewußt war. Es war ja nicht zuletzt seine Befürchtung, sie könne zur schädlichen Ersatzbefriedigung für den Patienten werden, die ihn bewog, seine «Abstinenzregel» einzuführen. Dies soll im 1. Kapitel näher ausgeführt werden (Freud 1915).

Jung stellte seine Sicht des Übertragungsgeschehens im Zusammenhang mit der Bilderserie eines alchimistischen Traktats, des *Rosarium philosophorum* (1550), dar. Vielleicht könnte man besser sagen, daß Jung in einem inneren Dialog war mit diesen symbolischen Aussagen des Alchimisten zum Thema mystische Hochzeit oder «conciunctio». Nach seiner Auffassung enthalten «diese Darstellungen ... das Übertragungsverhältnis zwar kaum bewußt, wohl aber als unbewußte Voraussetzung und eignen sich daher, einer Erörterung des Phänomens wenigstens als Leitfaden zu dienen» (Jung 1946, S. 169). Diese Schrift ist unter anderem ein beeindruckendes Beispiel für Jungs Anliegen, abstrakte Terminologie möglichst zu vermeiden. Denn wenn er psychische Erlebnisse darstellen wollte, zog er «bewußt und absichtlich die mythologische und dramatisierende Anschauungs- und Ausdrucksweise vor, weil sie in Ansehung ihres Gegenstandes, nämlich lebendiger, seelischer Vorgänge, nicht nur viel ausdrucksvoller, sondern auch genauer ist als eine abstrakte Wissenschaftssprache, welche öfters mit dem Gedanken liebäugelt, daß ihre Anschauungsbegriffe eines schönen Tages von algebraischen Gleichungen abgelöst werden könnten» (Jung 1951, Par. 25).

Der Inhalt von Jungs Übertragungsschrift ist tiefschürfend und in vieler Hinsicht anregend. Ich werde mich in gewissen Belangen auch auf sie beziehen. Allerdings wird es dem Psychotherapeuten so vorkommen, als würde darin sehr wenig auf die Übertragungs/Gegenübertragungsprobleme seiner täglichen Praxis Bezug genommen. Differenzierte Handlungsanweisungen zum therapeutischen Umgang mit der Übertragung wird er dieser Schrift kaum entnehmen können. Jung selbst räumt ein, daß der Leser seiner Schrift eine Darstellung der klinischen Übertragungsphänomene vermissen werde.

«Meine Ausführungen wenden sich aber nicht an den Anfänger, dem noch eine Kenntnis der Erscheinungen zu vermitteln wäre, sondern ausschließlich an solche, welche durch ihre eigene Praxis sich bereits genügende Erfahrung erworben haben» (Jung 1946, S. 169).

Ich bin allerdings der Überzeugung, daß sich jeder Analytiker immer wieder als «Anfänger» betrachten und sowohl die Übertragungsangebote seiner Patienten als auch seine eigenen Reaktionen stets von neuem hinterfragen müßte. Dies entspricht auch der Ansicht Jungs, schreibt er doch in derselben Abhandlung: «Jeder neue Fall, der gründliche Behandlung erfordert, bedeutet Pionierarbeit, und jede Spur von Routine entpuppt sich dann als Irrweg» (Jung 1946, Par. 367). Immer wieder mahnt Jung den Therapeuten, offen zu sein für die Einzigartigkeit und Vielfalt seelischen Lebens. Für ihn gehören

«Theorien im Gebiete der Psychologie zum Allerverheerendsten. Wir bedürfen zwar gewisser theoretischer Gesichtspunkte um deren orientierenden und heuristischen Wertes willen. Aber sie sollen stets als bloße Hilfsvorstellungen gelten, die man jederzeit zur Seite legen kann. ... Allerdings ist die Theorie der beste Schild für mangelhafte Erfahrung und Nichtwissen. Die Folgen davon sind betrüblich: Engstirnigkeit, Oberflächlichkeit und wissenschaftliche Sektiererei» (Jung 1938, S. 16).

So handfest drückte Jung sich aus, wenn er sein Anliegen verfechten wollte, möglichst voraussetzungslos an eine Analyse heranzugehen. «Der Patient ist nämlich dazu da, um behandelt zu werden und nicht um eine Theorie zu verifizieren» (Jung 1951a, Par. 237). Den großen Heilfaktor der Psychotherapie sah er in der Persönlichkeit des Arztes, wobei ihm die Beobachtung und zugleich das Postulat wichtig war: «Jeder Psychotherapeut hat nicht nur eine Methode, *er selber ist sie*» (Jung 1945, Par. 198). Deshalb hat Jung seine Schüler und Nachfolger ermutigt, ihre «persönliche Gleichung» zu finden und in die Analyse einzubringen. Methodengläubigkeit steht mit dem Individuationsgedanken in Widerspruch. Und so schrieb er:

«Ich kann nur hoffen, daß niemand ‹Jungianer› wird. Ich vertrete ja keine Doktrin, sondern beschreibe Tatsachen und schlage gewisse Auffassungen vor, die ich für diskussionswürdig halte. ... Ich verkünde keine fertige und abgeschlossene Lehre, und ich perhorresziere ‹blinde Anhänger›. Ich lasse jedem die Freiheit, auf seine besondere Art mit den Tatsachen fertigzuwerden, denn ich nehme mir diese Freiheit ja auch heraus» (Jung 1946a).

In diesem Sinne möchte ich im folgenden versuchen, auf meine besondere Art mit den vielschichtigen Erfahrungen in der analytischen Begegnung «fertigzuwerden». Zugleich ist es – wie schon erwähnt – mein Anliegen, einen kleinen Beitrag zum differenzierteren Umgang mit dem Übertragungsgeschehen zu leisten.

1. Die Begegnung in der analytischen Situation

Jungsche Analyse findet in der Begegnung zweier Menschen statt. Ein potentieller Analysand kommt in die Praxis des Analytikers in der Hoffnung, Hilfe zur Überwindung seiner seelischen oder psychosomatischen Leiden zu bekommen. Meist leidet er unter Symptomen, Konflikten, Depressionen oder unter Gefühlen tiefen Unbefriedigtseins, gegen die er oft schon selber angekämpft hat. Doch sein Kampf war vergeblich, denn, was ihn bedrängt, hat stärkere Macht über ihn als alles, was er diesem Bedrängenden entgegensetzen kann. Niederlagen dieser Art, die im Erlebnis gipfeln, nicht mehr Herr im eigenen inneren Haus zu sein, haben oft etwas Demütigendes an sich, und somit wird professionelle Hilfe nur mit großem Widerstreben aufgesucht. Das jeweilige Leiden kann vom Therapeuten vielleicht als Neurose, narzißtische Störung, Borderline-Syndrom etc. diagnostiziert werden, die Wurzel dieses Leidens ist aber auch ihm vorerst unbekannt.

Dabei halte ich es im allgemeinen für kontraproduktiv, dem Patienten im Erstinterview oder am Anfang seiner Therapie eine solche Diagnose gleichsam an den Kopf zu werfen, nur um ihm fachmännische Kompetenz zu demonstrieren. Wir wissen noch gar nicht, was so eine «diagnostische» Aussage in ihm bewirkt, in welch verzerrter Weise er sie versteht. Anstatt ihm mit einem Fachterminus ein äußeres Etikett aufzukleben, ist es meines Erachtens wesentlich, sich einfühlend auf das subjektive Leiden des Patienten zu beziehen, darauf, wie er seine unbefriedigende Situation innerlich erlebt. Es geht dabei auch um den Versuch, möglichst zu den Wurzeln seines Leidens vorzustoßen, was in der Jungschen Analyse mit Hilfe von Träumen und Phantasien geschieht. Dies sind Manifestationen aus dem Unbewußten, die nach Möglichkeit verstanden und sowohl mit der Lebensgeschichte als auch mit der momentanen bewußten Situation des Analysanden in Verbindung gebracht werden sollen. Denn wie für Freud, so sind noch in vermehrtem Maße für Jung Träume die «Via Regia», der Königsweg, zum Unbewußten.

Wie erlebt nun aber der Patient diese Hilfestellung des Analytikers, und welch emotionellen Stellenwert bekommt die Person des Therapeuten, der solche Hilfe anbietet?

Wenn wir die Auswirkungen des Unbewußten erforschen wollen, so werden wir nicht darum herumkommen, das Augenmerk auch darauf zu richten, was sich zwischen den beiden Partnern im therapeutischen Prozeß unbewußt abspielt. Die therapeutische Beziehung ist bekanntlich von ausschlaggebender Wichtigkeit, sie kann sich sowohl förderlich als auch hindernd auf die Analyse auswirken. Jedenfalls erlebt der Patient die Komplexität seiner üblichen Beziehungsschwierigkeiten meist auch in seiner Beziehung zum Therapeuten. Unbewußte oder halbbewußte Phantasien, Bedürfnisse, Ängste, Widerstände regen sich und beginnen, die Beziehung zu verklären oder auch zu belasten. Oftmals bleiben solche Regungen so weitgehend im Hintergrund, daß sie weder vom Analysanden noch vom Analytiker direkt wahrgenommen werden, auf subtile Weise aber trotzdem das zwischenmenschliche Klima beeinflussen. Bei zunehmender Intensität können sie aber sowohl im Patienten als auch im Analytiker zu Illusionen führen oder die Beziehungsgefühle sexualisieren. All diese Erscheinungen werden heute unter dem Fachbegriff der Übertragung/Gegenübertragung zusammengefaßt und sind sehr bekannt.

Was sich aber in der Begegnung von Patient und Analytiker ereignet, ist sicher nicht ausschließlich unter dem Aspekt der Übertragung zu sehen, wobei es natürlich darauf ankommt, wie weit man diesen Begriff faßt. Es gibt Autoren, die alle Interaktionen innerhalb der analytischen Situation zum Übertragungsgeschehen rechnen und dafür ihre Begründungen anführen (z.B.

Dieckmann 1973). Neben den auf Projektion beruhenden Übertragungsphänomenen gibt es auch innerhalb der analytischen Situation kleinere oder größere Bereiche echter Bezogenheit auf die Wirklichkeit des Gegenüber, und es besteht die Hoffnung, daß sich solche Bereiche im Laufe des Bewußtwerdungsprozesses erweitern. Wie erwähnt, nimmt auch Jung zwischen Übertragung und echter Arzt-Patient-Beziehung eine Unterscheidung vor.

Meines Erachtens müssen Begabung und Ausbildung zusammenwirken, um einen Analytiker zur Wahrnehmung jener Zwischentöne zu sensibilisieren, aus denen der emotionale Hintergrund und die verschiedenen Nuancen im Gefühlsklima einer therapeutischen Begegnung erschlossen werden. Diese Fähigkeit gehört zu seinem Rüstzeug. Dabei ist es sehr wesentlich, daß er echte Du-Beziehung von Übertragungs/Gegenübertragungsphänomenen so weit wie möglich zu unterscheiden lernt, denn hinter anscheinend echter Du-Beziehung kann sich ein Stück Übertragung oder auch Gegenübertragung verbergen. Umgekehrt werden manchmal echte Beziehungsangebote fälschlicherweise als Übertragung interpretiert. Solche Fehlinterpretationen sind dem Bewußtwerdungsprozeß und der Identitätsfindung des Patienten nicht förderlich.

Woran sind aber in der jeweiligen Vielschichtigkeit der analytischen Situation diese Unterschiede zu erkennen? Gibt es Kriterien, sie zu unterscheiden? Welchen Stellenwert haben diese verschiedenen Facetten in der therapeutischen Begegnung für das Gelingen einer Analyse? Das sind Fragen, die uns in den folgenden Kapiteln beschäftigen werden.

Zunächst soll aber dargelegt werden, was die beiden Pioniere der Tiefenpsychologie, Sigmund Freud und C. G. Jung, unter dem Begriff der Übertragung/Gegenübertragung verstanden haben.

Die Auffassung Freuds zum Phänomen der Übertragung

Sigmund Freud kommt das Verdienst zu, die Wirksamkeit der Übertragung in der «psychoanalytischen Kur» entdeckt zu haben. Schon als Anfänger in Sachen Neurosebehandlung war es ihm ein Anliegen, zu den verborgenen Quellen des Leidens seiner Patienten vorzustoßen. Zu diesem Zweck setzte er, angeregt durch seinen väterlichen Freund Joseph Breuer, die Hypnose ein. Dabei verwarf er die schon damals praktizierte Methode, dem Patienten posthypnotische Suggestionen zu vermitteln, ihm also während der Hypnose eine «gesunde Haltung» zu suggerieren, die eine Besserung der Symptome erzielen sollte. Denn Freud wollte dem Patienten nicht den Fremdwillen des Arztes aufzwingen, auch wenn dies zu seinem Besten geschehen würde. Im übrigen konnte damit zwar vorübergehende Besserung erzielt werden, sie war aber nicht wirklich in der Person des Kranken fundiert. Deshalb verwendete Freud die Hypnose einzig und allein als Möglichkeit, um im Patienten verschollene Erinnerungen wachzurufen. Diese Erinnerungen beinhalteten meist längst vergessene psychische Schock- oder Schmerzerlebnisse, ein sogenanntes Trauma. Falls nun diese traumatischen Ereignisse wieder wachgerufen und erlebt werden konnten, verschwand in den meisten Fällen die «hysterische» Symptomatik.

Diese so vielversprechende Methode ließ Freud mit der Zeit aber wieder fallen, und zwar zugunsten der bis heute praktizierten «Grundregel» der freien Assoziation. Denn er mußte die Erfahrung machen, daß viele Patienten nicht in Hypnose versetzt werden konnten, weil sie seinen Suggestionen einen hartnäckigen Widerstand entgegensetzten. Das brachte Freud zur Entdekkung des Widerstands, der, als Teil der neurotischen Struktur, sich gegen das Auftauchen unangenehm peinlicher Erinnerungen, Gedanken und Empfindungen richtet, die aus Gründen ihrer Unverträglichkeit längst aus dem Bewußtsein verdrängt worden sind. Dies war eine sehr wesentliche Erkenntnis, die bis heute ihre Gültigkeit bewahrt hat. Sie spielt eine wesentliche Rolle auch in Freuds Theorien zur Neurosenentstehung.

Ein weiteres Hindernis stellte sich verschiedentlich den Hypnoseversuchen und später auch der Mitarbeit des Kranken in der psychoanalytischen Kur entgegen. Es trat immer dann ein, wenn die Beziehung zwischen Arzt und Patient aus irgendeinem Grund gestört war. Freud erwähnt in seinen *Studien über Hysterie* drei mögliche Ursachen, auf die solche Störungen zurückgeführt werden können.

> «Dieses Hindernis ... tritt ein: 1) Bei persönlicher Entfremdung, wenn die Kranke sich zurückgesetzt, geringgeschätzt, beleidigt glaubt oder Ungünstiges über den Arzt und die Methode gehört hat ... 2) Wenn die Kranke von der Furcht ergriffen wird, sie gewöhne sich zu sehr an die Person des Arztes, verliere ihre Selbständigkeit ihm gegenüber, könne gar in sexuelle Abhängigkeit von ihm geraten ... 3) Wenn die Kranke sich davor erschreckt, daß sie aus dem Inhalte der Analyse auftauchende peinliche Vorstellungen auf die Person des Arztes *überträgt*. Dies ist häufig, ja in manchen Analysen ein regelmäßiges Vorkommnis. Die Übertragung auf den Arzt geschieht durch *falsche Verknüpfung*» (Freud 1895, S. 308ff.).

Hier verwendet Freud zum erstenmal den in der Folge so zentralen und geheimnisumwitterten Begriff der *Übertragung* und gibt zu dessen Erläuterung das folgende, seither berühmt gewordene Beispiel: Nach Beendigung einer analytischen Sitzung tauchte bei einer Patientin plötzlich der Wunsch auf, von Freud einen Kuß zu bekommen. Natürlich war sie entsetzt darüber und verbrachte eine schlaflose Nacht. In der nächsten Sitzung war sie, «obwohl sie die Behandlung nicht verweigerte, doch ganz unbrauchbar zur Arbeit» (Freud 1895, S. 309). Nachdem sie dann Freud endlich diesen peinlichen Wunsch mitgeteilt hatte, konnte er der Patientin dessen Ursprung aufzeigen. Er war nämlich mit einer um viele Jahre zurückliegenden Begebenheit verknüpft. Damals hatte die Patientin während des Gesprächs mit einem Mann plötzlich den Wunsch verspürt, er «möchte doch herzhaft zugreifen und ihr einen Kuß aufdrängen» – ein Wunsch, der in seiner Ungehörigkeit sofort ins Unbewußte verwiesen wurde. In der analytischen Situation war nun dieser verdrängte Wunsch wieder aufgetaucht, übertrug sich aber «in falscher Verknüpfung» auf die Person des Arztes. Damit hatte Freud eine der wesentlichsten Entdeckungen der Psychoanalyse gemacht: unerfüllte oder verdrängte Wünsche aus der Vergangenheit haben die Tendenz, in der Übertragung auf ein neues «Objekt», nämlich die Person des Analytikers, wieder aufzutauchen.

Anfänglich reagierte Freud auf diese Neu-Entdeckungen mit großer Enttäuschung. Sie stellten zunächst seine psychoanalytische Methode der Bewußtmachung verdrängter Traumata in Frage, bedeuteten auf jeden Fall eine ungeheure Komplikation für den Verlauf einer «psychoanalytischen Kur». Mit zunehmender Erfahrung kam er jedoch zur Erkenntnis, daß gerade das Auftauchen von Übertragungsgefühlen von entscheidender Bedeutung für das Gelingen der Kur sein kann. Die Übertragung kann einen unschätzbaren Dienst bei der Auflösung der Neurose leisten, indem sie alle verborgenen und vergessenen Triebregungen aktuell und manifest werden läßt. Letztlich war die Entdeckung der «Übertragungsliebe» weniger ein Schock für Freud als für seinen Mitarbeiter Breuer, der die leidenschaftliche Intensität der Beziehung zwischen ihm und seiner berühmten Patientin Anna O. kaum verkraften konnte. In der Folge hat Breuer der Psychoanalyse deshalb auch den Rücken gekehrt (Jones 1960, S. 267 ff.).

Freud hingegen wollte das Phänomen der Übertragung weiter ergründen und kam zu dem Schluß, daß ihr Auftauchen geradezu als Bedingung für den erfolgreichen Verlauf einer Psychoanalyse angesehen werden müsse. Patienten, bei denen sich keine Übertragung entwickelte, waren nach seinen Erkenntnissen mit den Mitteln der Psychoanalyse nicht zu behandeln. Es waren vor allem drei Formen von Psychoneurosen, bei denen sich während einer Behandlung Übertragungsreaktionen manifestierten und die deshalb mit relativem Erfolg einer Analyse zugänglich waren, nämlich die Hysterie, die Phobie und die Zwangsneurose.

Bei zunehmender Erfahrung mußte nun Freud wiederum einer neuerlichen Komplikation gewahr werden: Zwar stimmt es, daß die Übertragung frühkindlicher Liebeserwartungen – aber auch verdrängter Aggression und Haßgefühle – der psychoanalytischen Behandlung förderlich ist, zugleich ist es aber wiederum die Übertragung, die einen Heilungserfolg geradezu sabotieren kann. Der Patient beginnt nämlich, sich in der Abhängigkeit zum Analytiker wohl zu fühlen und seine eigene Verantwortlichkeit aufzugeben. Aus diesem Wohlgefühl heraus weigert er sich unbewußt, gesund zu werden. Denn durch seine Gesundung hätte er zugleich auch den Verlust der Beziehung zum Arzt zu ertragen, die seine zweite und bessere Heimat darstellt.

Wenn also die Übertragung als ein Streben erscheint, in der Obhut des Arztes zu bleiben, darf diesem Streben auf gar keinen Fall Vorschub geleistet werden. Je mehr nämlich der Arzt den Übertragungswünschen entgegenkommt, je mehr er die Wünsche des Patienten nach kindlicher Verwöhnung erfüllt, desto länger hält der Patient an der Übertragungssituation fest, und die Heilung verzögert sich.

Dies ist der Grund, warum Freud für die analytische Behandlung strenge Regeln aufgestellt hat. Vor allem muß sich die Analyse in vollständiger «*Versagung*» abspielen. Darunter versteht Freud das folgende: Der Analytiker sitzt, dem Patienten unsichtbar, hinter dessen Couch und verhält sich allen emotionalen Regungen gegenüber neutral, in *freischwebender Aufmerksamkeit*. Auf keinen Fall ist es ihm gestattet, mitzuagieren, das heißt, seinen emotionalen Reaktionen Ausdruck zu verleihen. Seine Aktivität beschränkt sich auf reines Deuten. Er zeigt dem Patienten die Zusammenhänge auf zwischen seinen aktuellen, an den Arzt gerichteten Gefühlsäußerungen und den entsprechenden Wünschen und Konflikten aus der Kindheit. Er darf beispielsweise auch keine Geschenke vom Patienten annehmen, sondern muß statt dessen die Motive interpretieren, die zur Schenkungsabsicht geführt haben. Fragen des Patienten, welche die Person des Analytikers betreffen, werden nicht beantwortet, denn er soll möglichst wenig als konkrete Person in Erscheinung treten, soll gleichsam ein offenes Blatt bleiben, auf das der Patient seine Kindheitskonflikte schreiben und dadurch seinem Bewußtsein wieder zur Verfügung stellen kann. Freud hat die geforderte Versagungshaltung des Analytikers auch in seinem oft zitierten Spiegelgleichnis ausgedrückt: «Der Arzt soll undurchsichtig für den Analysierten sein und wie eine Spiegelplatte nichts anderes zeigen, als was ihm gezeigt wird» (Freud 1912, S. 384). Einer seiner berühmtesten Ratschläge lautet:

> «Ich kann den Kollegen nicht dringend genug empfehlen, sich während der psychoanalytischen Behandlung den Chirurgen zum Vorbild zu nehmen, der alle seine Affekte und selbst sein menschliches Mitleid beiseite drängt und seinen geistigen Kräften ein einziges Ziel setzt: die Operation so kunstgerecht als möglich zu vollziehen ... Die Rechtfertigung dieser vom Analytiker zu fordernden Gefühlskälte liegt darin, daß sie für beide Teile die vorteilhaftesten Bedingungen schafft, für den Arzt die wünschenswerte Schonung seines eigenen Affektlebens, für den Kranken das größte Ausmaß von Hilfeleistung, das uns heute möglich ist» (Freud 1912, S. 380/81).

Wie erwähnt beschränkt sich diese Hilfeleistung einzig und allein darauf, dem Patienten in wohlwollender Neutralität die Motive hinter seinem jeweiligen Verhalten zu deuten. Nie darf der Analytiker auf dessen Liebesbezeugungen, Haßgefühle, Vorwürfe oder Enttäuschungsäußerungen auf emotionale Weise reagieren, wie dies normalerweise in menschlichen Beziehungen geschieht. Denn all die Gefühle, die der Patient äußert, gelten nicht ihm als Person, sondern den Beziehungspersonen der frühen Kindheit, die in der Analyse auf den Analytiker übertragen werden. Durch deutendes Aufzeigen dieser Zusammenhänge können verdrängte Kindheitskonflikte, die der gegenwärtigen Neurose zugrundeliegen, bewußt gemacht werden, wodurch ihre krankmachende Wirkung aufgehoben oder wesentlich gemildert wird. Das Ziel dieses Vorgehens besteht mit anderen Worten darin, *Wiederholung* – übertragen auf den Arzt – *in Erinnerung zu verwandeln* (Freud 1917, S. 461). Dadurch sollte der Patient inneren Freiraum gewonnen haben, um auf erwachsene Weise mit seinen Konflikten umzugehen und die kindliche Übertragungsabhängigkeit von seinem Analytiker nicht mehr zu benötigen.

Somit hat Freud eine zusammenhängende Theorie der Übertragung und eine Technik ihrer therapeutischen Handhabung entwickelt. Seine Ergebnisse sind folgerichtig, wenn vorausgesetzt wird, die Neurose habe ihren Ursprung in frühen Kindheitskonflikten und müsse deshalb durch Wiedererinnern dieser Konflikte aufgelöst werden. Es ist gewinnbringend, Freuds Pionierleistung nicht nur in ihrer historischen, sondern auch in ihrer stets aktuellen Bedeutung für die analytische Psychotherapie zu würdigen. Seine Ergebnisse behalten zum Teil ihre Gültigkeit, auch wenn C. G. Jung, im Lichte seiner eigenen psychologischen Entdeckungen, später erhebliche Modifikationen vorgenommen hat.

Doch bevor ich auf die Anschauungen Jungs eingehen werde, möchte ich noch kurz auf einen Vorwurf zu sprechen kommen, der oft gegen Freud erhoben wird. Man wirft ihm vor, der lebendigen Vielgestaltigkeit seelischer Äußerungen mit einengender Rigidität und theoretischer Rechtgläubigkeit zu begegnen. Sicher sind angesichts der Aufstellung der erwähnten behandlungstechnischen Regeln solche Vorwürfe nicht unbegründet. Während aber in der Nachfolge Freuds die strenge Befolgung der psychoanalytischen Regeln tatsächlich eine solche Starrheit in die Beziehung zum Patienten brachte, daß es die Analytikerin Paula Heimann für notwendig befand, einen Aufsatz zu veröffentlichen mit dem Titel *Über die Notwendigkeit für den Analytiker, mit seinen Patienten natürlich zu sein* (Heimann 1978), so ist es heute erwiesen, daß Freud selber mit diesen Regeln sehr freizügig umgegangen ist. Denn offensichtlich hat Freud, wie

Cremerius nachweist, viele nicht streng analytische Mittel zu Hilfe genommen, wie Suggestion, Erziehung, Ratschläge, Tröstungen, Einsatz subjektiver Wertvorstellungen, Einsatz seiner Persönlichkeit etc. (Cremerius 1982, S. 496). Er hat auch gegenüber seinen Schülern seine liberale und unkonventionelle Art der Therapie nicht geheimgehalten, offiziell aber vor dem, was er selber tat, gewarnt. Die folgende Briefstelle an seinen Schüler Ferenczi ist dafür bezeichnend:

> «Ich hielt es für das Richtigste, herauszuheben, was man nicht tun soll, die der Analyse widerstrebenden Versuchungen aufzuzeigen...», fügt dann jedoch hinzu: «Dabei erzielte ich aber, daß die Gehorsamen die Elastizität dieser Abmachungen nicht bemerken und sich ihnen, als ob es Tabuverordnungen wären, unterwerfen. Das müßte einmal revidiert werden...» (Ferenczi 1928, zit. bei Cremerius 1982, S. 503).

Hier drücken sich Seiten von Freuds Persönlichkeit aus, die auch Erwähnung verdienen. Sie widersprechen weitverbreiteten Klischeevorstellungen und zeugen von seiner offenen Menschlichkeit und seinem psychologischen Gespür.

Der Beitrag Jungs zum Verständnis der Übertragung

Es war aber Freuds rein kausale Erklärungsweise des Übertragungsphänomens, die Jung nicht befriedigen konnte. Zwei Faktoren, die ihm wesentlich waren, fand er in der Freudschen Theorie nicht enthalten. Erstens war es Jungs Überzeugung, daß die Übertragung – ein natürlicher Vorgang, der aufgrund von Projektionen überall und nicht zuletzt auch in der Analyse vorfindbar ist – nicht nur eine Entstehungs*ursache,* sondern auch *Zweck, Ziel* und *Sinn* haben müsse. Zweitens beschränken sich nach seiner Auffassung die Übertragungsinhalte nicht nur auf Wiederholungen verdrängter Kindheitserfahrungen, also auf

«Materialien» des persönlichen Unbewußten. Es war eine wesentliche Erfahrung Jungs, daß auch Inhalte archetypischer Natur aus dem kollektiven Unbewußten in die Übertragung zum Analytiker mit einfließen. Übertragung archetypischer Natur hat immer auch einen zielgerichteten Aspekt, sie enthält auch Keime zukünftiger Bewußtseinsentwicklung. Denn nach Jungscher Auffassung sind es die Archetypen des kollektiven Unbewußten, welche das psychische Leben anordnen und deshalb Möglichkeiten in sich bergen, die erst im weiteren Verlauf des Lebens zum Durchbruch kommen.

Ein berühmtes Beispiel, das diese Entwicklung veranschaulicht, gibt Jung in seiner Schrift *Die Beziehungen zwischen dem Ich und dem Unbewußten* (Jung 1928). Er spricht dort von einer Patientin, die in Jung den «Vater-Geliebten» erlebte und deren intensive Übertragungsbindung nicht auflösbar schien. Anhand ihrer Träume zeigte es sich aber, daß dieser Vater-Geliebte in zunehmendem Maße göttliche Attribute annahm, daß also vom Unbewußten her die Person des Arztes zu einem Gott gemacht werden sollte. Damit stellte sich für Jung die Frage, ob vielleicht der letzte und eigentlichste Sinn dieser unzweckmäßigen Liebe, die man Übertragung nennt, ein Stück wirklicher Gottsuche beinhalten könnte. «Sollte der Drang des Unbewußten vielleicht nur scheinbar nach der Person (des Arztes) greifen, in tieferem Sinne aber nach einem Gott?» (Jung 1928, Par. 214.) Die Übertragungsbindung begann sich erst zu lockern, als die Patientin im Laufe eines langwierigen Bewußtwerdungsprozesses gewahr wurde, daß sie eigentlich auf der Suche nach dem Gottesbild in ihrer eigenen Seele war. Es entwickelte sich in ihrer Innenerfahrung ein überpersönlicher Richtpunkt, «ein virtuelles Ziel gewissermaßen, daß sich symbolisch in einer Form ausdrückte, die man wohl nicht anders als eine Gottesanschauung bezeichnen kann» (Jung 1928, Par. 218).

In diesem Zusammenhang denke ich auch an ein instruktives Beispiel aus meiner Praxis. Ein Patient kommt eines Tages wütend zu seiner Sitzung. Er ist sehr böse auf mich, weil ihm vor zwei Tagen ein Mädchen, das er liebte, den Laufpaß gegeben hat. Mit der Zeit stellt sich heraus, daß hinter seiner Wut folgende Phantasie steckt: Das Schicksal spielt ihm übel mit, weil ich ihm sein Glück in der Liebe nicht gönne. Zugleich weiß er natürlich, daß ich direkt nichts mit der aufgelösten Beziehung zu tun habe. Trotzdem überfällt ihn irrationale Wut auf mich, weil ich nicht in Gestalt der Venus oder mindestens ihres Sohnes Amor erschienen bin und dem Mädchen im letzten Moment noch Liebespfeile angeschossen habe, so daß sie in neuer Liebe zu ihm entbrannt wäre. All das könnte ich, stünde in meiner Macht, wenn ich nur wollte und ihm die Liebe gönnte. Statt dessen mißgönne ich sie ihm und bereite ihm ein schlechtes Schicksal.

Es war für den Patienten schwierig, diese Phantasie bewußt zuzulassen, geschweige denn, sie mir mitzuteilen – nicht zuletzt ihrer Absurdität wegen. Er ist nicht psychotisch und sieht ja ein, daß ich nichts mit dem kränkenden Ereignis zu tun habe und daß ich nur mit ihm zusammen zu erhellen versuche, warum ihm Mädchen immer wieder den Laufpaß geben. Trotzdem überfällt ihn Wut, und er hadert mit mir, wie man mit Gott hadert. Dies fällt auch in eine Periode seiner Analyse, während der er so an mich gebunden ist, daß er ohne meinen Segen oder zumindest meine nachträgliche Absolution nichts glaubt unternehmen zu können.

Sicherlich ist in dieser Übertragungsphantasie auch ein Wiederholungselement. Er war ein unerwünschtes Kind und litt an einer Urbeziehungsstörung zur Mutter. Deshalb sitzt das Grundgefühl tief in ihm, daß er von der Umgebung abgelehnt werde, daß seine Lebensberechtigung in Frage stehe, daß Schicksalskräfte ihm feindlich seien. Die Mutter der frühen Kindheit wird aber nicht als begrenzte menschliche Person erlebt, sondern als allmächtiges Wesen – das Kind ist ja auch ihrer Allmacht auf Gedeih oder Verderb ausgeliefert. Archetypische Phantasien sind im Kind also wirksam, lange bevor die Mutter als begrenzte Person in ihrem spezifischen Sosein wahrgenommen werden kann (Jacoby 1980, S. 41 ff.). Die Übertragungswiederholung meines Patienten entspricht somit nicht nur den Erlebnissen an der realen Mutter, die ihm anscheinend wesentliche Bedürfnisbefriedigung «mißgönnt» hatte. Auf mich projiziert er dazu noch das archetypische Bild übermenschlicher Allmacht. Er hat auch die Erwartung, daß ich alles, was ihm in Zukunft begegnen und geschehen wird, schon im voraus weiß. Ich bin schlecht und grausam, weil ich es ihm nicht mitteile und ihn deshalb dem Lebensrisiko mit entsprechenden Ängsten überlasse. Es ist einleuchtend: solange ich Meister seines Schicksals bin, muß ich auch alles im voraus wissen. Ich bin für ihn somit allmächtig und allwissend, bin also zugleich Träger des Selbst im Sinne Jungs (Jacoby 1985, S. 54 ff.).

Da Jung keine grundsätzliche Unterscheidung zwischen dem Phänomen der Übertragung und demjenigen der Projektion vornimmt, halte ich es für notwendig, an dieser Stelle kurz zu erläutern, was er unter Projektion eigentlich versteht. Es ist vorwegzunehmen, daß sich seine Auffassung nur teilweise mit der psychoanalytischen Sicht im Sinne Freuds deckt. Die Psychoanalyse sieht im Projektionsvorgang eine archaische Form der Abwehr, indem eine Person mißliebige subjektive Qualitäten – aber auch Wünsche, Gefühle usw. – aus sich herausverlegt und in eine außenstehende Person oder Sache, d. h. in ein «Objekt», unbewußt hineinverlegt (Laplanche/Pontalis 1972). Die Person selbst, das Subjekt, hat sich dann anscheinend dieses Ärgernisses entledigt. Auf diesem Mechanismus beruht beispielsweise die weitverbreitete Sündenbockpsychologie, was in Jungscher Sicht einer Schattenprojektion gleichkommt.

Jung versteht aber das Phänomen der Projektion in einem viel umfassenderen Zusammenhang. Wohl definiert er 1921 die Projektion noch als die «Hinausverlegung eines subjektiven Vorgangs in ein Objekt» (Jung 1921, Par. 870) – dies im Gegensatz zur Introjektion. Es sind aber nicht nur der Abwehr dienende peinliche und inkompatible Inhalte, derer sich das Subjekt durch Projektion entledigt. Projiziert werden auch positive Werte, «die dem Subjekt aus irgendwelchen Gründen, z. B. infolge Selbstunterschätzung, unzugänglich sind» (Jung 1921, Par. 870). Mit der Entdeckung der Archetypen des kollektiven Unbewußten wandelte sich in der Folge auch Jungs Projektionsbegriff. Projektion bedeutet nicht mehr notwendigerweise nur einen Abwehrvorgang, denn sie erstreckt sich auf alle Bereiche, in denen die Unterscheidung von Objekt und Subjekt noch nicht bewußt geworden ist. Mit anderen Worten: es werden nach Jung Inhalte, solange sie unbewußt sind, zuerst in Projektionen erfahren, und Bewußtwerdung bedeutet deren Rücknahme ins Subjekt.

Man kann demnach Bewußtwerdungsprozesse sowohl in der Menschheitsgeschichte als auch in der je individuellen Entwicklung als schrittweise Rücknahme von Projektionen interpretieren. Zum Beispiel erlebt der archaische Mensch seine Umwelt weitgehend als animistisch belebt. In der ihn umgebenden Natur herrschen Geister, im Baum lebt eine Seele; Sonne, Mond und Sterne werden für Götter gehalten. Der archaische Mensch ist sich noch nicht bewußt, daß er in der Natur damit seinen eigenen unbewußten Vorstellungen begegnet, den Manifestationen seiner mythenschöpferischen Phantasie. Er projiziert seine Mythen auf Naturvorgänge, wobei umgekehrt gerade die Naturvorgänge wiederum menschliches Mythenschaffen anregen. Es findet also ein Dialog mit der Natur statt, der gewissermaßen ein Dialog mit der eigenen unbewußten Seele ist – was wohl dazu verhilft, Sinn und damit Behausung ins rätselhafte Dasein zu bringen. Die Rücknahme solcher Projektionen bewirkt zunächst Sinnverlust und geistige Entwurzelung. Der Mensch wird «auf sich selbst zurückgeworfen», was einer seelischen Krise gleichkommt, aber auch die Möglichkeit zu weiterer Bewußtwerdung und Wahrheitsfindung in sich trägt. Mit vermehrter und differenzierterer Unterscheidung von Innen- und Außenwelt, von Subjekt und Objekt entsteht ein veränderter Bezug zu sich selbst und zur Umwelt. Dazu paßt Jungs Äußerung:

> «Alles, was wir heutzutage als Geist und Erkenntnis bezeichnen, war in früheren Jahrtausenden und Jahrhunderten in die Dinge projiziert,

und auch heute noch werden von vielen Köpfen individuelle Idiosynkrasien als allgemein gültig vorausgesetzt» (Jung 1956, Par. 356).

Wann immer ich als selbstverständlich voraussetze, die äußere Wirklichkeit decke sich vollständig mit meinen Vorstellungen, kann es sich um unaufgelöste Projektionen handeln. Diese Erkenntnis wird uns im folgenden immer wieder beschäftigen.

Es soll noch ein Beispiel für die Rücknahme von Projektion aus dem individuellen Bereich erfolgen: Jedes Kind ist mit einer gewissen Potentialität ausgestattet, sich zum Erwachsensein zu entwickeln und damit entsprechende Eigenverantwortlichkeit zu übernehmen. Als Kind ist es sich dessen noch nicht bewußt, die Verantwortlichkeit für sein Wohlergehen wird im Normalfall bei den Eltern vorgefunden, die deshalb in seiner Phantasie oft mit Allmächtigkeit oder Allwissenheit ausgestattet werden. Die Entdeckung des subjektiven Gefühls für Eigenverantwortlichkeit ist Teil seiner Ichbewußtseins- und Autonomieentwicklung. Was es zuerst bei den Eltern vorgefunden hat, beginnt es in sich selbst zu spüren. Damit wird ein gewisses Maß an «Ablösung» von den Eltern möglich – ein Prozeß, der meist mit Enttäuschung über deren Begrenzungen und Schwächen beginnt. Falls es aber zum Zeitpunkt sogenannter «Mündigkeit» fortfährt, den Eltern die Verantwortung für seine eigene Befindlichkeit zu überlassen, kommt sein Reifungsprozeß zum Stillstand. Allzuviel an Selbstverantwortlichkeit wird dann weiterhin an die persönlichen Eltern delegiert oder auf Vorgesetzte und Autoritätspersonen übertragen.

Damit kommen wir zurück auf unser Thema der Übertragung. In der Fachsprache der Jungschen Psychologie verstehen wir unter Übertragung also diejenigen Projektionen, welche die Person des Analytikers zum Inhalt haben. Es werden dem Analytiker Inhalte zugeschrieben, die sich unbewußt im eigenen Innenraum abspielen. Zum Beispiel geben gewisse Patienten immer wieder vor, genau zu spüren, was ich von ihnen denke. Es handelt sich dabei meist um entwertende Urteile, die ich anscheinend gegen sie hege. Sie glauben zu wissen, daß ich sie für langweilig, oberflächlich, dumm oder schlecht halte, sie verurteile oder lächerlich finde. Dabei bin ich mir nicht bewußt, dergleichen gedacht zu haben. Meist war ich innerlich mit den Hintergründen eines Problems, das zur Sprache gekommen war, beschäftigt. Warum schreibt mir aber der Patient solche Gedanken oder Gefühle zu? Erfahrungsgemäß macht sich damit die eigene erbarmungslose Selbstkritik des Patienten oder sein Schamgefühl, kurz, seine Selbstwertstörung bemerkbar, die teilweise unbewußt wirksam ist und deshalb auf Bezugspersonen projiziert wird, nicht zuletzt auf den Analytiker. Manche Patienten sind sich ihrer untergrabenden Gedanken und Gefühle zwar ziemlich genau bewußt, sind aber mit diesen, meist unrealistisch negativen Selbstbewertungen identisch und deshalb der Überzeugung, in *Wirklichkeit* schlecht, minderwertig oder lächerlich zu sein. Jedermann kann ihren Unwert sehen und besonders der Analytiker, der ja «alles durchschaut». Sie können es deshalb kaum glauben, von ihm nicht verachtet und abgelehnt zu werden, und sind der Meinung, daß er dies aus therapeutischen Gründen nur nicht zugeben könne. In Wirklichkeit aber, wenn er seine Therapeutenrolle ablegen würde, dächte er als Mensch eben doch schlecht von ihnen, könnte nicht umhin, sie zutiefst abzulehnen.

Der erfahrene Analytiker gewinnt anhand solcher Übertragungsgefühle oft Einblick in die Verletzungen, an denen das «innere Kind» im Patienten immer noch leidet. Oft haben in der Kindheit nahestehende Bezugspersonen solch entwertende Gedanken dem Kind gegenüber wirklich geäußert oder durch ihr Verhalten suggeriert. Gerade weil sich solche Verletzungen im Hier und Jetzt der Übertragung manifestieren, ist aber auch die Möglichkeit gegeben, ihre Auswirkungen anhand der analytischen Begegnung zu modifizieren (siehe auch Asper 1987).

Längst nicht alle Projektionen haben aber mit früheren Erfahrungen und Konflikten zu tun. Neue Inhalte des Unbewußten, welches nach Jung dem schöpferischen Urgrund des Bewußtseins gleichkommt, manifestieren sich und werden zuerst anhand von Projektionen erfahren. Damit ist die Erfahrung verbunden, daß hinter den Inhalten, Formen und Emotionen eines Übertragungsgeschehens der Prozeß der Individuation verborgen am Werk sein kann. Das war Jungs zentrale Einsicht in Bedeutung und Sinn dieses oft rätselhaften Phänomens. Damit wird aber auch der Umgang mit der Übertragung vielschichtiger. In der Praxis treten Wiederholungsaspekt und Zielgerichtetheit oft vermischt auf, und deshalb gibt es keine unumstößlichen Verhaltensregeln und Deutungstechniken. Der Analytiker ist auf sein Gespür angewiesen, um sich situations- und persönlichkeitsgerecht zu verhalten, was ihm eine wohltuende, aber auch verunsichernde, ja gefährliche Freiheit gibt.

Beispiel aus der analytischen Praxis

Ich möchte die erwähnten Bedeutungsebenen des Übertragungsgeschehens etwas ausführlich an einem Beispiel aus meiner Praxis veranschaulichen. Eine dreiundzwanzigjährige, schwer kontaktgestörte Patientin bringt nach der ersten Sitzung ihrer beginnenden Analyse den folgenden Initialtraum:

«Ich bin in einem Hause. Dort ist ein älterer Mann, der mich umbringen und mir die Schlagadern aufschneiden will. Ich rufe um Hilfe und versuche, die Wunde selbst zu verbinden. Ich kann mich dann befreien und einen Arzt aufsuchen. Der Mann verfolgt mich aber weiterhin. Am Ende des Traums bin ich beim Arzt, der mir die Wunde verbindet.»

Es stellt sich anhand von Assoziationen heraus, daß dieser ältere, destruktive Mann etwas mit der Mutterbeziehung meiner Patientin zu tun haben muß. Ihren Erzählungen ist zu entnehmen, daß sie ihre Mutter als dominierend erlebt hatte. Sie zeigte anscheinend ein ausgesprochenes Bedürfnis, mit ihrer streng religiösen Moral und ihrer unantastbaren Rechtschaffenheit die Familie und vor allem die schwierige Tochter zu beherrschen. Schon von früh an reagierte die Patientin mit an sich gesunden Trotzreaktionen, die aber alle nach demselben Muster abliefen: Die Analysandin hatte rebellische Wutausbrüche, was von der Mutter jedesmal als sündiger Ungehorsam interpretiert wurde, wofür man sich zu entschuldigen habe. Nur Entschuldigung konnte die Sache wieder ins Reine bringen und die Mutter, von der die Patientin emotional stark abhängig war, befriedigen. Eigene Lebensimpulse waren verboten und mit stärksten Schuld- und Angstgefühlen behaftet. So konnte sie bis zu Beginn der Analyse ohne ihre Mutter nichts Eigenständiges unternehmen. Die Mutter suchte ihr die Stelle, verwaltete ihr Gehalt und begleitete sie sogar zum Einkauf ihrer Kleider, da sich anscheinend die Patientin dazu außerstande fühlte.

Nun handelt es sich bei dem mörderischen Mann im Traum aber um eine unbekannte Figur, die sie an niemanden erinnerte. Es gehört deshalb zur Faustregel, ihn «subjektstufig» zu verstehen, das heißt als Personifizierung eigener unbewußter Tendenzen. Ein solches Traumbild ist deutlich Anzeichen der Präsenz eines «destruktiven Animus», um einen Jungschen Fachterminus zu verwenden. «Animus» ist die Bezeichnung für die archetypische Wirksamkeit des Logos in der Frau, der seit jeher unter männlichen Vorzeichen steht (Jung 1928, Emma Jung 1967). Als Archetypus wirkt er in autonomer Weise auf das Ichbewußtsein ein und kann sich beispielsweise in zupackender Tatkraft, in einem Reichtum an Einfällen und Ideen, aber auch in überkritischer Distanznahme von jeglicher Bezugsperson sowie im Zwang zu destruktiver Selbstkritik äußern. Somit kann sich der Animus auch schädigend auf das Selbstgefühl der Frau auswirken, wofür z. B. die Figur des Blaubart, der in vielen Märchen das Weibliche zerstückelt, ein Symbol ist.

Der mörderische Mann im Traum meiner Patientin erinnert an eine solche Blaubartfigur (Jacoby, Kast, Riedel 1978). Nach meiner Erfahrung weist das auf eine tiefe, schwer zu behandelnde Störung hin, die in dem Grundgefühl besteht, kein Recht auf eigene Lebensimpulse zu haben. Der mörderische Mann personifiziert gleichsam eine vernichtende Beurteilung ihres lebendigen Soseins. So erklärt es sich, daß meine Patientin sowohl riesige Angst vor ihren eigenen triebhaften Impulsen als auch vor Männern ihrer Umgebung hatte. Sie stellte sich vor, daß jeder Mann ihre Weiblichkeit lächerlich finde, was einem vernichtenden Urteil gleichkam.

Eine solch destruktive Auswirkung dieses Archetypus beruht meistens auf Störungen in der frühesten Mutter-Kind-Beziehung, durch welche das Grundgefühl erzeugt wird, auf der Welt nicht angenommen zu sein und eigentlich keine Lebensberechtigung zu haben (Neumann 1963). Die Frage ist somit naheliegend, ob diese mörderische Traumgestalt die lebensfeindliche Einstellung ihrer Mutter symbolisiert, welche sie von frühester Kindheit an traumatisiert hat. Die frühesten Traumatisierungen leben unbewußt immer weiter und äußern sich z. B. in Form überempfindlicher Kränkbarkeit und in der Neigung, winzigste Verletzungen stets als neue Beweise des eigenen Unwerts zu interpretieren. Meine Analysandin hatte ihre Mutter vor allem männlich-rechthaberisch und herrschsüchtig erlebt. Nur unter der Bedingung, daß sie sich den Erwartungen ihrer Mutter anpaßte – wie widersprüchlich letztere auch sein mögen –, fühlte sie sich angenommen. Eigentlich war sie – wie J. Willi das formuliert – auf die Paradoxie eingeschliffen: «Ich bin nur ich selbst, wenn ich nach dem Bild der Mutter bin, wenn ich aber so bin, wie ich mich fühle, bin ich nicht ich selbst» (Willi 1975, S. 71). Damit ist eine depressive Tendenz entstanden, die eigenen Lebensimpulse – symbolisiert in der Schlagader – «umzubringen».

Aus diesen Gründen war mir die Feststellung wichtig, daß im Traum noch so viel eigener Lebenstrieb zum Vorschein kommt, vermag sie sich doch zunächst zu befreien und den Arzt aufzusuchen.

Im Laufe der folgenden Stunden versuchte ich, ihr diese

Zusammenhänge vorsichtig aufzuzeigen und vor allem Raum für Äußerungen ihrer eigenen Lebensimpulse zu gewähren, was ihr begreiflicherweise sehr schwer fiel. Sie war von ständigen Zweifeln an der Wirklichkeit und Echtheit ihrer eigenen Gedanken und Gefühle wie besessen. Dazu konnte sie sich der Befürchtungen nicht erwehren, auch ich würde selbstverständlich alles lächerlich und übertrieben finden. Wie zu erwarten war, wurde auf den Therapeuten damit nicht nur der fürsorgliche Arzt, sondern auch die Figur des mörderischen Verfolgers übertragen, der auf vernichtende Weise ihr eigenes Wesen verurteilt.

Das Übertragungsgeschehen war also bereits sehr vielschichtig, wofür hier eine weitere typische Episode referiert werden soll. Eines Tages hatte sie geträumt, daß ich ihr Jungs Buch über das «Göttliche Kind» zum Lesen gegeben hätte. Das Thema «Kind» war immer wieder auch in Träumen aufgetaucht, handelte es sich doch in ihrem Prozeß wesentlich darum, die kindlichen Anteile anzunehmen und zu ermutigen. Zugleich war es entscheidend wichtig, ihren Bezug zu den neugeborenen Einsichten und den sich manifestierenden neuen Lebensgefühlen zu festigen. Solch neue Erfahrungen stellen sich in Träumen häufig im Symbol des Kindes dar. Das «Göttliche Kind» ist eine mythische Gestalt, über die Jung einen langen Aufsatz geschrieben hat (Jung 1941). Bei irgendeiner Gelegenheit muß die Patientin diesen Titel einmal gehört haben – sie konnte sich aber nicht daran erinnern. Jedenfalls wird in den Mythen vom «Göttlichen Kind» erzählt, daß der Vatergott oder eine mächtige alte Königsgestalt das Kind nicht leben lassen will. Es wird verfolgt und ist tödlichen Gefahren ausgesetzt, aus denen es dann letztlich gestärkt hervorgeht und etwas Neues gründet. Beispiele dafür sind die Mythen vom Moseskind, vom Zeuskind, Horuskind, aber auch vom Kindermord zu Bethlehem, der Bedrohung des Jesusknäbleins. Auch im Märchen taucht dieses Motiv auf (z. B. Grimms *Der Teufel mit den drei goldenen Haaren*). Vatergott oder alter König stellen die alt etablierte, verkrustete Werthierarchie dar, die sich vom Neuen bedroht fühlt und ihm keinen Raum geben will. Davon handelt Jungs Aufsatz und beschreibt den archetypischen Hintergrund der Problematik meiner Patientin, die ja darin bestand, daß alles Neugeborene sofort von Mutters Weltanschauung verfolgt, angezweifelt und entwertet wurde.

Sie erzählte mir also den Traum, der mir äußerst sinnreich zu sein schien, und ich reagierte damit, daß ich aus meinem Büchergestell das betreffende Buch herausholte und ihr zu lesen mitgab. Ich führte damit bewußt einen «Vorschlag» aus ihrer Traumwelt auf ganz konkrete Weise aus – wobei man über solches «ausagieren statt interpretieren» geteilter Meinung sein kann. Es wäre nach meiner Auffassung erst dann ein wirklicher Kunstfehler, wenn ich es versäumen würde, mein Augenmerk auch auf den Bedeutungsgehalt innerhalb des Übertragungsgeschehens zu richten.

Zur nächsten Sitzung kam sie zerknirscht und entschuldigte sich zuerst, daß sie das Buch nicht habe lesen können. Nach den ersten Sätzen hätte sie gemerkt, daß es ein ziemlicher Quatsch sei, und hätte es weggelegt. Sicher sei sie aber nur zu dumm dazu. Und wieder und nochmals entschuldigte sie sich. Ich spürte in mir Ärger aufsteigen. Meines Erachtens hatte die natürlich-instinktive Selbstheilungstendenz in der Analysandin einen höchst hilfreichen Traum heraufgebracht – und schon wieder mußte sie Widerstand leisten. Ich äußerte meinen Ärger nicht, sondern versuchte zunächst einmal, in mir selbst zu ergründen, woher er wohl stammen könnte. Die Frage tauchte auf, ob ich es wohl persönlich als kränkend empfinde, wenn sie etwas als Quatsch zurückweist, was ich hoch einschätze und ihr deshalb auslieh. Vielleicht ist mein Ärger aber eine Indikation dafür, daß die Patientin unbewußt ärgerliche Reaktionen provozieren muß, um von mir ausgeschimpft zu werden.

Vor allem fielen mir dann die vielen Entschuldigungen auf, und es wurde mir deutlich, daß die Patientin das Spiel von Rebellion und Entschuldigung nach altem Muster mit mir durchzuspielen begann. Indem ich ihr das Buch gab, kam anscheinend ihre Mutter assoziativ ins Spiel: «Das sollst Du lesen, damit sollst

Du Dich beschäftigen und nicht mit etwas anderem» – so lautete die Sprache der Mutter. Dagegen rebellierte sie zu Recht, hat es ihr doch von jeher den eigenen Lebensimpuls geraubt. Rebellion bewirkt aber bei ihr riesige Schuldgefühle und Liebesverlustängste, weshalb sie sich immer entschuldigen muß, was sie nun auch bei mir tat. Ich realisierte, daß es für sie im Moment therapeutisch sicherlich viel wichtiger sei, sich eine Rebellion mir gegenüber *erlauben* zu können, als unbedingt dieses Buch zu lesen. So interpretierte ich ihr dieses Verhalten als Wiederholung ihres Rebellions- und Sühnemusters, machte auch die Bemerkung, daß gerade in ihrer Rebellion ihre so wichtige Selbständigkeitstendenz stecke. Diese Deutung, die sich somit auf den Wiederholungsaspekt ihres Übertragungsverhaltens richtete, erleichterte sie sichtlich und schlug ein. Es fiel immer wieder auf, daß sie erwartete, ich würde genauso reagieren wie ihre Mutter, sie provozierte mich unbewußt sogar dazu und war jedesmal erstaunt und erleichtert, wenn das nicht der Fall war.

Nach dieser Deutung gestand sie nun aber auch, daß sie zuerst überglücklich gewesen sei, als ich ihr das Buch gab. Es war ihr ein Beweis, daß ich ihre Träume, die sie eben doch sehr beschäftigten, ernst nähme und damit auch sie als Person. Daß ich es ihr überhaupt zutraue, ein solches Buch zu lesen, empfand sie als große Bestätigung. Seit ihrer Kindheit hätte sie immer wieder die Wunschphantasie gehabt, einem lebenserfahrenen Mann zu begegnen, der alles verstehe, was sie selbst nicht verstehen könne, und der alles ernst nähme, was sie so dringend beschäftige. Während unserer ersten Begegnung hätte sie plötzlich gewußt, daß ich dieser Mann sei – aber das seien ja alles nur Hirngespinste, furchtbar übertrieben und lächerlich.

In der Tat spielte ein weiser Arzt oder ein starker, allwissender Helfer, auf den sie sich stützen kann, in Phantasien und Träumen meiner Patientin eine sehr wichtige Rolle. Auch darin manifestierte sich eine archetypische Figur – man denke an die scheinbar übermenschliche Kräfte besitzenden Medizinmänner und Schamanen und nicht zuletzt an den göttlichen Arzt Asklepios in

Epidauros. Es ist ein Archetypus, der leicht auf Ärzte projiziert wird. Bei meiner Patientin war es einfühlbar, daß sich ihr lebenswichtiges Bedürfnis, verstanden und ernstgenommen zu werden und sich an etwas halten zu können, diese Phantasiefigur geschaffen hatte, die nun auf mich übertragen wurde. Ich bin im Besitz alles Heilenden, alles Hellen und Weisen, während sie sich als krank, schlecht und dumm erlebt. Somit war in ihrer Phantasie der Bezug zum «Heilenden» von meiner Gegenwart abhängig. Sie konnte nur in Verschmelzung mit mir in dessen Besitz kommen. Verschmelzungsphantasien riefen aber auch erotische Gefühle hervor, was neue Schuld-, Scham- und Angstemotionen bewirkte. Diese Übertragungskonstellation konnte ich ihr nicht als Wiederholung deuten. Es ist wichtig, daß all die damit verbundenen Emotionen überhaupt zuerst einmal leben können. Der Analytiker hat die idealisierte Rolle so lange wie nötig zu übernehmen, ohne sich selbst mit dem Archetypus zu identifizieren und sich einzubilden, daß er die großartige Figur in Wirklichkeit sei, zu der ihn die Patientin mittels ihrer Übertragung hochstilisiert. Erst allmählich, durch sukzessive Enttäuschungen der Patientin über die menschliche Begrenztheit ihres Gegenübers, kann diese Projektion langsam zurückgenommen werden.

Jedenfalls ist im Zusammenhang mit diesem Traum die Komplexität ihrer Übertragung ersichtlich. Einerseits repräsentierte ich den wissenden Mann ihrer Phantasie, der ihr Innenleben versteht und ihre Eigenentwicklung unterstützt – dies im Gegensatz zur Mutter. Andererseits lebte sie in ständiger Befürchtung, ich würde sie, sobald sie sich mir anvertraut, kritisieren und beschämen – genau wie die Mutter. In dem Moment also, wo sie mich in ihrer Phantasie als allwissende archetypische Heilerfigur erlebte, mußte ihre Weigerung, Jungs Aufsatz vom Kindarchetypus zu lesen, als Widerstand gegenüber ihrem Heilungsprozeß verstanden werden. Wenn ihr Verhalten aber daher rührte, daß sie ihren mit dem Mutterkomplex zusammenhängenden negativen Animus auf mich übertrug, bedeutete dieselbe Weigerung eine gesunde Rebellion zugunsten ihres Autonomiestrebens. Der

Wiederholungsaspekt und die archetypische, zielgerichtete Dimension der Übertragung waren miteinander verflochten.

Der Traum zeigt, wie ich meine, daß die Figur des weisen Heilers, die auf mich projiziert war, ihr dazu verhelfen wollte, mit ihrer ursprünglichen Kindseite Kontakt aufzunehmen, wenn auch vorerst nur mittels Lektüre. Zeitweise war es für mich spürbar, daß sich hinter ihrer kontaktgehemmten Oberfläche viel echte und phantasievolle seelische Lebendigkeit verbarg, die durch den autonomen Einbruch vernichtend negativer Urteile immer wieder abgewürgt wurde. Das Kind als eigentlicher Wesenskern – als das «wahre Selbst» im Sinne Winnicotts – wagte kaum zum Vorschein zu kommen, hoffte aber zugleich, durch Verschmelzung mit einer idealisierten Vaterfigur sich vor dem Destruktiven zu schützen und sein Lebensrecht zu gewinnen.

Etwas weiteres, sehr Entscheidendes geht aus diesem Beispiel hervor, auf das ich kurz hinweisen möchte: Auch ich, als ihr Analytiker, wurde in das Geschehen miteinbezogen, konnte und wollte mich nicht draußen halten. Umgekehrt beeinflußte meine Präsenz wiederum das Erleben der Patientin, ohne daß ich dies bewußt hätte steuern können. Viele Implikationen im Hier und Jetzt der analytischen Situation können ermöglichend, unter Umständen aber auch hemmend auf die Entfaltung wahrer emotionaler Bedürfnisse einwirken. Emotionen, Komplexe, Träume und andere Manifestationen des Unbewußten werden in der analytischen Begegnung «konstelliert» – wie Jung das formuliert hat. Dies heißt aber nicht, daß der Analytiker *willentlich* eine bestimmte Konstellation erzeugen könnte – jedenfalls sollte er dies auf keinen Fall versuchen, sonst spielt er sich als Magier auf und endet vielleicht als hilfloser Zauberlehrling. Mit den seelischen Kräften ist nicht zu spaßen. Im analytischen Dialog können aber Prozesse wirksam werden, die von den kreativen Kräften im Unbewußten angeordnet sind und der Entfaltungstendenz im Analysanden dienen. Allerdings können auch destruktive Einflüsse das analytische Feld bestimmen. In jedem Fall ist bewußte Verantwortlichkeit des Analytikers gefordert, beruhend auf solider Ausbildung und realistischer Selbstkritik.

Ich möchte das im folgenden anhand des Jungschen Modells der analytischen Begegnung näher ausführen.

2. Übertragung und Gegenübertragung

Das Jungsche Modell

Das folgende Diagramm ist ein Hilfsmittel, um die Komplexität der analytischen Begegnung etwas zu veranschaulichen. Es ist eine Abwandlung von Jungs Schema der sogenannten Hochzeits-Quaternio aus *Die Psychologie der Übertragung* (Jung 1946, Par. 422). Jung wollte damit das Beziehungsgeflecht zwischen Mann und Frau oder zwischen Analytiker und Analysand darstellen. Für meine Zwecke habe ich das Schema so verändert, daß es als Modell für die verschiedensten Übertragungs/Gegenübertragungskonstellationen dienen kann, und zwar unabhängig vom Geschlecht des jeweiligen Analysepartners.

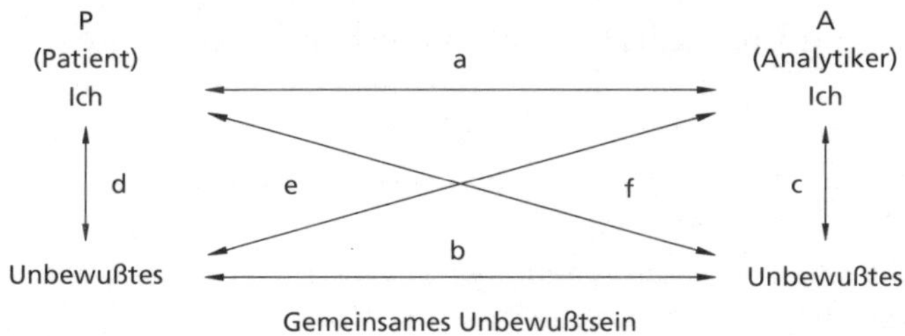

Der Patient (P) sucht den Analytiker (A) auf. Er möchte von Symptomen, Komplexen, Depressionen – oder was auch immer die Gründe seines Therapiewunsches sind – befreit werden. Er möchte Heilung. Es wird ihm wahrscheinlich mitgeteilt, daß psychotherapeutischer Erfolg auf seine Mitarbeit angewiesen ist – dies im Gegensatz zur somatischen Medizin, wo Einnehmen von Medikamenten oder passives Erleiden eines chirurgischen Eingriffs zu gesundheitlicher Wiederherstellung führen kann. Für die Analyse muß er ein Honorar von beträchtlicher Höhe bezahlen (dies ist in der Schweiz vorläufig noch so), und so sollte man annehmen, daß es ihm daran liegt, fruchtbare Mitarbeit zu leisten. Falls die notwendigen Voraussetzungen gegeben sind, einigen sich der Patient und der Analytiker zu therapeutischer Zusammenarbeit. Sie gehen eine bewußte Arbeitsbeziehung ein, was in der Psychoanalyse auch als «Arbeitsbündnis» bezeichnet wird (Linie a).

Meist früher als später zeigt es sich aber, daß man sich bereits in etwas Komplexes eingelassen hat. Das Arbeitsbündnis wurde von beiden Partnern aus bewußter Einsicht in die Therapienotwendigkeit geschlossen. Beide haben aber auch ihre unbewußten Seiten, und somit werden auch vom Unbewußten her Reaktionen erfolgen. Im Patienten tauchen gewisse Gefühle gegenüber seinem Analytiker auf (Linie e). Er kann es kaum erwarten, den Analytiker wieder zu sehen, freut sich auf die Sitzungen, ist begeistert vom Wissen des Analytikers, fühlt sich bei ihm geborgen und erleichtert. Oder es steigen Angstgefühle auf. A wird ihm zunehmend unsympathisch. Er haßt ihn, weil er so viel Peinliches und Unangenehmes aus ihm «herauslockt». P stellt sich vor, A mache sich heimlich über ihn lustig, lehne ihn ab. Er fühlt Vertrauen zu A oder mißtraut ihm zutiefst. Es steigen vielleicht auch Ängste auf, P könnte sich in A verlieben, könnte ihm hörig werden, nicht mehr von ihm loskommen. Diese Möglichkeit erfüllt P mit Ängsten, kann aber zugleich auch einem Wunsch entsprechen.

Jedenfalls wird A mit Emotionen, Ängsten und Phantasien ausgestattet, die kaum zu ihm gehören, vielmehr der Erlebensweise von P entsprechen. Damit hat A die Möglichkeit, anhand dieser Projektionen von unbewußten Anteilen in P Kenntnis zu nehmen und sich bis zu einem gewissen Grad in das Phantasieleben von P einzufühlen. Er wird diese Projektionen vielleicht für P deuten, sich deren Sinn überlegen usw. Es braucht oft viel sensible Beobachtungsgabe und viel Erfahrung, um gewisse Übertragungsphänomene zu erkennen, da sie von P häufig abgewehrt werden.

In der Jungschen Analyse versucht jedenfalls A, eine Beziehung herzustellen, sowohl zu den bewußten als auch den unbewußten Anteilen des Patienten, in der Hoffnung, damit auch die Beziehung von P zu seiner unbewußten Seele zu fördern (Linie d).

Selbstverständlich ist auch A von seiner unbewußten Psyche durchwirkt. Auch in ihm finden aufgrund der Begegnung mit P bestimmte Gefühlsreaktionen statt. So erlebt er P als einen netten, überaus wertvollen Menschen und hat den Impuls, ihm unbedingt helfen zu wollen. P kann ihm aber auch als ein oberflächlicher Langweiler, phantasieloser Schwätzer, als arrogant, schmeichlerisch aufdringlich oder höchst anspruchsvoll vorkommen. Auch ist er, wenn er ehrlich ist, gegenüber körperlichen Attraktionen nicht unempfindlich. Vor allem stellen sich bei A auch spontane Ideen zur gegenwärtigen Verfassung von P ein sowie Vorstellungen, was sich durch die Therapie verändern sollte. A spürt den Impuls, P aus seiner Passivität einmal richtig herauszuschütteln. Oder A denkt, P sollte doch endlich einmal den Mut zu einer sexuellen Begegnung haben – er/sie sollte sich doch hübscher anziehen und von Zeit zu Zeit zum Coiffeur gehen –, ich hätte in seinem/ihrem Fall schon lange eine Initiative ergriffen, das sollte er/sie doch endlich auch tun. Wenn das Wörtchen «sollte» bei A allzu oft auftaucht, ist Vorsicht am Platz vor dem eigenen Bild, der eigenen Vorstellung, der P entsprechen «sollte». Oder A wendet sich liebend P zu, weil er sich von P verehrt und geliebt fühlt, hingegen ist ihm P widerwärtig, falls er unangenehme Widerstände zeigt und A entwertet. A kann auch furchtbar enttäuscht sein, wenn sich kein Erfolg einstellt, was sich P gegenüber in unterschwellig gereizter Laune bemerkbar macht.

Letzten Endes beruhen sowohl die Diagnose als auch die Deutungen und Bewertungen von P's seelischer Verfassung weitgehend auf gefühlsmäßigen Wahrnehmungen von A. Und hier kommen wir zu der heiklen Frage: sieht A seinen P einigermaßen richtig? Sind seine Vorstellungen, Erwartungen, Fühlurteile der psychischen Wirklichkeit von P angemessen, oder projiziert er eigene unbewußte Inhalte auf ihn, stülpt ihm seine eigene Welt- und Selbstsicht über (Linie f)? Gibt es Kriterien, um diese so entscheidende Frage gültig beantworten zu können?

Ich glaube nicht, daß es gegen verfälschende Projektionen ein absolutes Mittel gibt oder geben kann, handelt es sich doch in der Analyse um die Auseinandersetzung zwischen zwei Menschen mit ihrem je persönlichen Hintergrund an unbewußten Wertungen, Vorurteilen, Bedürfnissen, Weltanschauungen. Nur muß billigerweise von A verlangt werden, daß er sich über die Gefahr verzerrender Projektionen ständig bewußt ist. Er muß also wissen, daß auch er in Gefahr steht, an P Dinge wahrzunehmen und zu erwarten, die eigentlich seiner eigenen Erlebenswelt entsprechen. Daraus erhellt, daß alles theoretische Wissen nicht zur Durchführung von Analysen und tiefergehenden Psychotherapien befähigt. Man kann sich nicht im Sinne eines akademischen Studiums mittels Lektüre zum Analytiker ausbilden. Das Seelische muß erlebt und nicht bloß gedacht werden, vor allem ist es nötig, daß ein Analytiker Einblick in seine eigenen unbewußten Konflikte und Komplexe gewinnt und seine seelischen Wunden zu spüren bekommt, um nicht seine eigene Neurose an seinen Patienten behandeln zu wollen (Linie c). Menschen, welche die Intensität zumindest neurotischer Phänomene nicht bei sich selbst erlebt und sich nicht mit ihnen auseinandergesetzt haben, eignen sich schlecht zur Ausübung der Analyse. Um mich einfühlen zu können, muß ich bis zu einem gewissen Grade erlebt haben, auf welche Art seelische Schmerzen weh tun können. Auch scheint es mir wichtig, daß der zukünftige Analytiker an sich selbst erfährt, daß Bewußtwerdung und adäquater Umgang mit eigenen Schwierigkeiten und Komplexen zu günstigen Persönlichkeitsentwicklungen führen kann. Er benötigt ein solches Erfahrungswissen in bezug auf die potentielle Wirksamkeit analytischer Psychotherapie, denn es kann ihm über Stunden der Verzweiflung mit hoffnungslos scheinenden Fällen weiterhelfen.

Aus diesem Wissen heraus hat Jung für jeden, der analytisch arbeiten will, eine vorhergehende gründliche Eigenanalyse gefordert und wußte sich darin mit Freud einig. So schreibt er:

> «Schwere Fälle bedeuten für den Patienten sowohl wie für den Arzt nichts Geringeres als eine menschliche Bewährungsprobe. Dafür soll letzterer so gut wie möglich durch eine ernsthafte Lehranalyse ausgerüstet werden. Sie ist gewiß kein ideales und absolut sicheres Mittel, um Illusionen und Projektionen zu verhindern. Sie kann aber dem angehenden Psychotherapeuten wenigstens die Notwendigkeit der Selbstkritik demonstrieren und eine gewisse Bereitschaft dazu unterstützen» (Jung 1951a, Par. 239).

Jung setzte also keine grandiosen Erwartungen in die sogenannte Lehranalyse, hoffte aber, daß sie beim Therapeuten die Bereitschaft zu realistischer Selbstkritik fördern könnte. Denn um eine subjektive Beurteilung des analytischen Geschehens wird der Analytiker nie herumkommen, soll es auch gar nicht, solange er sich immer wieder um die Voraussetzungen seiner persönlichen Gleichung bemüht. Dazu gehört auch die Bewußtwerdung der eigenen Schwachstellen und der emotionalen Wurzeln seiner Weltanschauung. Patienten haben oft instinktiv das Geschick, die jeweilige Verwundbarkeit des Analytikers herauszuspüren, sie zum Schaden der Therapie zu umgehen oder umgekehrt den Therapeuten damit zu provozieren. Dies gehört zu den Herausforderungen seines Berufs und trägt im besten Fall ein entscheidendes Stück zum Prozeß seiner Individuation bei. Es ist also wesentlich, daß er seine emotionalen Reaktionen sensibel und wahrheitsgetreu registriert und sich mit seinen Träumen auseinandersetzt (Linie c). Damit besteht die Hoffnung, daß er besser imstande sein könnte, die Wirklichkeit seiner Person von der Phantasieperson zu unterscheiden, zu der er im Erleben vieler Patienten stilisiert wird.

Wenn der Analytiker in Träumen von P auftaucht, was häufig

vorkommt, ist das natürlich ein wichtiges Übertragungsindiz. Allerdings ist in Betracht zu ziehen, daß es sich nicht immer nur um Projektion handeln muß. Der Traum kann auch A's wirkliches Verhalten gegenüber P widerspiegeln oder überhaupt eine unbewußte Wahrnehmung von A's Wirklichkeit sein. Wenn sich im Traum von P eine kritische Haltung gegenüber A zeigt, ist selbstverständlich an entsprechend negative Übertragungsgefühle zu denken. Zugleich ist es aber immer günstig, wenn A sich fragt, ob nicht wirklich ein blinder Fleck in ihm angesprochen ist oder eine inadäquate therapeutische Haltung vermerkt wird.

Häufig handeln Träume beispielsweise davon, daß P versucht, mit A telephonisch Kontakt aufzunehmen, A ist aber nicht da, nicht erreichbar, oder die Kommunikation wird unterbrochen. Nach einem solchen Traum ist es für A immer wieder wichtig, sich zu fragen, inwiefern er wirklich nicht «da», nicht offen genug ist für P's Anliegen oder an welcher Stelle der Dialog abreißt. Meistens ist es günstig, diese Frage auch an P zu stellen, denn es ist auf jeden Fall ernst zu nehmen, daß P *subjektiv* anscheinend das Gefühl hat, A sei nicht genügend für ihn da, wenn er ihn benötige. Ob dies objektiv auch zutrifft, ist eine andere Frage.

Eine solche Traumaussage kann vielerlei Bedeutung haben: Vielleicht kann sich A wirklich nicht genügend in P einfühlen, so daß an gewissen Stellen der Kontakt abbricht und P sich alleingelassen fühlt. Ist A wirklich genügend zuverlässig «da» für die Anliegen von P? Vielleicht quält P aber auch das unerlöste frühkindliche Bedürfnis, A müsse wie eine Idealmutter jederzeit zur Verfügung stehen. Unter Umständen ist es dem Autonomiestreben von P auch förderlich, wenn A nicht jederzeit da ist. Ein solcher Traum kann selbstverständlich auch «subjektstufig» verstanden werden, indem dem Patienten gesagt wird, er habe Schwierigkeiten, mit seinem «inneren Arzt», seiner eigenen Heilungstendenz in Kontakt zu kommen. Vorschnelle Interpretationen dieser Art beruhen allerdings oft auf einer Verteidigungshaltung von A. Er fühlt sich kritisiert und möchte die «Schuld» abschieben – und schiebt sie auf subtile Weise dem Patienten zu. Dies geschieht meist unbewußt und verbirgt sich hinter seiner therapeutischen Absicht, durch subjektstufige Deutung dem Analysanden einen Bewußtseinszuwachs zu vermitteln. (Damit soll selbstverständlich nicht grundsätzlich der bewußtseinsfördernde Wert subjektstufiger Trauminterpretation verneint werden. Es kommt aber immer auf den situationsgerechten Einsatz unserer therapeutischen Mittel an.) Andererseits, wenn A leicht verwundbar oder übergewissenhaft ist, können durch solche Träume Schuldgefühle bei ihm auftreten. Er nimmt die «Kritik» persönlich, glaubt Wiedergutmachung leisten zu müssen und nimmt P gegenüber eine therapeutisch oft ungünstige Verwöhnungshaltung ein. Ganz allgemein scheint es mir das Wesentlichste zu sein, die Gefühle von P, daß er streckenweise mit A nicht in Kontakt kommt, ernst zu nehmen und immer wieder zum Thema zu machen.

Aus diesen Erörterungen geht jedenfalls hervor, daß der analytische Prozeß auch auf die Befindlichkeit von A seine Wirkungen zeigt.

Eine entscheidend wichtige Verbindungslinie wurde bisher noch nicht diskutiert, nämlich die Beziehung des Unbewußten von P zu demjenigen von A (Linie b). Hier kommen Faktoren ins Spiel, die für beide therapeutischen Partner im dunkeln liegen. In diesem Bereich ist es schwierig, Objekt und Subjekt auseinanderzuhalten, die Grenzen verschwimmen. Es entsteht ein Zustand, den Jung «unbewußte Identität» (Jung 1921, Par. 821 ff.) oder «Participation mystique» (Jung 1921, Par. 836) genannt hat. Für den Analytiker ist es höchst bedeutsam, um diesen Bereich der gemeinsamen Unbewußtheit zu wissen. Wenn er dazu noch seine Wahrnehmungsantennen sensibilisiert, kann er anhand verschiedener Anzeichen manchmal gewisse Aspekte der unbewußten Dynamik erspüren.

In diesem Bereich sind archetypische Phänomene wirksam, welche das Übertragungs/Gegenübertragungsgeschehen gewissermaßen strukturieren. Es ist beispielsweise fast unumgänglich, daß in der analytischen Situation der Heilerarchetypus konstelliert wird, denn A wird selbstverständlich davon affiziert, daß P leidet und geheilt werden möchte. Es wird zu seinem Anliegen, so gut es geht, Hilfestellung zu gewähren, und wenn ihn P's Leiden vollständig unberührt ließe, wäre er als Therapeut wohl nicht am richtigen Platz.

Zwar weiß jeder Jungsche Analytiker, daß er letztlich nur ermöglichenden Raum gewähren kann, in dem der Prozeß des Dialogs mit dem Unbewußten zum Tragen kommt. Er kann höchstens versuchen, mit P eine bewußte Einstellung zu erarbeiten, die es dem «Unbewußten erlaubt zu kooperieren anstatt zu opponieren» (Jung 1946, Par. 366). Wenn er nun aber unbewußt dem Heilerarchetypus verfallen ist, wird er vielleicht diese bewußten Einstellungsänderungen vorschnell erzwingen wollen. Er wird viel therapeutischen Optimismus zeigen und dabei suggestive oder pädagogische Mittel einsetzen.

Mythologisch personifiziert sich der Heilerarchetypus in göttlichen Gestalten. So war es in der griechischen Mythologie der «göttliche Arzt» Asklepios, der Heilung bewirken konnte. Oft wurde diese Funktion aber auch dessen Vater Apollo zugeschrieben. Apollo ist nun einerseits «Musagetes», das heißt Anführer der Musen – was an die therapeutische Wirksamkeit kreativen Ausdrucks denken läßt. Dazu ist er Herr des Orakels zu Delphi, vermittelt also dem Bewußtsein Inhalte des Unbewußten. Andererseits ist er der göttliche Pfeilschütze, und seine Pfeile können zwar verwunden, aber auch heilen. In vielen Fällen haben seine Pfeile eine durchaus tödliche Wirkung.

Nun äußert sich ein unbewußtes Ausagieren des Heilerarchetypus oft in einer Überaktivität des Analytikers, die an Apollos Pfeilschießen erinnert. Er muß Deutungen, Vor- und Ratschläge auf den Patienten «losschießen» – was letztlich vor allem der Befriedigung seines eigenen Helferwillens dient. Das Resultat ist nicht voraussehbar, da solche Pfeile heilen, verwunden oder töten können. Es kann heilende Volltreffer geben – eine Deutung trifft z. B. ins Schwarze. Patienten werden unterschiedlich auf die

Ratschläge von A reagieren, die beispielsweise lauten: «Sie sollten malen, aktiv imaginieren, Ihren entfremdenden Beruf wechseln, sich vom destruktiven Partner trennen, endlich aus der Wohnung der Mutter ausziehen usw.» Pfeile in seine Wunde können sich unter Umständen günstig auswirken. P wird vielleicht vom Helferenthusiasmus seines Analytikers angesteckt. Dies verleiht ihm den Impetus, einen Vorschlag auszuführen, er gewinnt dadurch die Befriedigung gewisser Anfangsresultate, was ihn wiederum zu weiteren Schritten ermutigen kann.

Vielleicht hat er sich aber auch nur ein weiteres Mal den äußeren Erwartungen angepaßt, und der therapeutische Scheinerfolg bedeutet nichts anderes als eine Verstärkung seines eigentlichen Leidens, nicht zu sich selbst zu finden.

Die pädagogischen Aktivitäten von A können beispielsweise auch auf einen schwierigen unbewußten Vaterkomplex treffen. Dadurch fühlt sich P vermehrt außerstande, irgendwelche Vor- oder Ratschläge von A anzunehmen, geschweige denn auszuführen. Das bringt ihn in Verzweiflung über sich selbst oder/und in Widerstände gegen A. Er fühlt sich vom Analytiker unverstanden und überfordert, wobei es ihm wahrscheinlich nur halb bewußt ist, daß er sich ursprünglich von seinem Vater genauso unverstanden und überfordert gefühlt hatte. So treten also Widerstände gegen den Analytiker bei P auf, während A seinen Patienten offen oder versteckt dafür tadelt, daß er nicht die richtige Einstellung zur Analyse hätte, sie nicht «ernst genug nähme». Manchmal kommen in solchen Fällen hilfreiche Träume, aber bei weitem nicht immer. Und da Widerstände die Mitarbeit von P beeinträchtigen, kann er auch Deutungen von A nicht annehmen und begegnet ihnen mit Mißtrauen.

Was wirklich nottut, ist Selbstbefragung des Analytikers. Er muß sich vor allem fragen, warum P von all der angebotenen Hilfe keinen Gebrauch machen kann. Vielleicht wird A erst jetzt bewußt, daß P eine negative Vaterübertragung auf ihn entwikkelt hat. In seinem Helfereifer hat er diesen Umstand wohl kaum bemerkt. Dabei kann gerade diese Form von Übertragung aufgrund des pädagogischen Verhaltens von A induziert worden sein. Therapeutisch wäre nun einfühlendes Verständnis für P's Widerstand und eine Übertragungsanalyse im Zusammenhang mit P's Kindheitserfahrungen angebracht.

Eigentlich stellt sich ganz allgemein immer wieder die Frage: sind es die Erwartungen und Hoffnungen von seiten des Patienten, welche bei A den Heilerarchetypus mit seiner ganzen Energieladung konstellieren? Könnte es nicht auch umgekehrt sein, daß nämlich der in A wirksame Heilerarchetypus P in verstärktes Patientsein drängt, um Bedürfnisse in A zu befriedigen? Es ist bezeichnend für diesen Bereich der Linie b, daß man solche Fragen nie genau beantworten kann, sich aber nichtsdestotrotz um Antwort bemühen müßte.

Weiterhin ist hier noch beizufügen, daß unser Wissen um die Gefahren der Identifikation mit dem Heilerarchetypus dazu führen kann, eine Abwehr gegenüber allen Helferimpulsen aufzubauen. Der Analytiker fühlt sich dazu berechtigt, auf die Bedürfnisse und Anliegen von P wenig Rücksicht zu nehmen, in seiner Zuwendung unzuverlässig zu sein und egoistisch immer seinen Interessen nachzugehen unter dem Motto: Ich verfalle nicht der «Inflation», Heiler für P sein zu können – er muß ja lernen, auf eigenen Beinen zu stehen. – Ich habe hier eine Karikatur gezeichnet von Tendenzen, die ebenfalls in unserem Beruf zu beobachten sind. Es ist sicherlich so, daß ein angemessener Umgang mit dem Heilerarchetypus in erneuter Selbstbefragung immer wieder gewonnen werden muß.

In diesem Zusammenhang scheint es mir auch wichtig, ein Augenmerk darauf zu richten, wie der einzelne Patient die von Jung her tradierten Forderungen an seine Mitarbeit jeweils erlebt. Viele Jungsche Analytiker verlangen ja von ihren Patienten, daß sie ihre Träume aufschreiben und während der Sitzung vorlegen, daß sie malen, imaginieren, Tagebuch führen sollen. Es ist nicht zu vergessen, daß alle Vorschläge und Erwartungen von seiten des Analytikers in P's Erleben Bedeutungen annehmen können, die im Lichte der Übertragung gesehen werden müssen.

Die Übertragung bringt es ja mit sich, daß der Patient A's Äußerungen unter Umständen anders oder vielschichtiger wahrnimmt, als sie gemeint waren.

Jedenfalls finden im Bereich des «gemeinsamen Unbewußten» (Linie b) alle Arten gegenseitiger Beeinflussungen statt. Sehr oft ereignet sich das Spiel Mutter-Kind oder Vater-Kind. Oftmals ist es natürlich P, der A dazu verführt, die Mutter- oder Vaterrolle zu übernehmen. Es kann aber auch ein unbewußtes Bemutterungs- oder Bevaterungsbedürfnis im Analytiker sein, der den Patienten in die Kindesrolle schiebt. Gefühle, den Patienten beschützen, sich um ihn sorgen zu müssen, lassen oft auf solche Bedürfnisse im Analytiker schließen. Oftmals ist es schwer, auszumachen, wer auf wen einwirkt, sobald es sich um den Bereich unbewußter Symbiose, Verschmelzung, mystischer Partizipation handelt.

Es ist aber auch wichtig zu wissen, daß solche Konstellationen therapeutisch notwendig und fruchtbar sein können. Höchstwahrscheinlich übt analytische Psychotherapie ihre Wirkungen vor allem von diesem Bereich her aus, in dem unbewußt gegenseitige Beeinflussung stattfindet. Das Unbewußte zeitigt dort seine kreativen, aber auch seine verführend-destruktiven Möglichkeiten. Unsere Wahrnehmungsantennen sind deshalb auf diesen Bereich hin einzustellen, damit sie möglichst sensibel dessen Wirkungen auf das Bewußtsein registrieren. Es ist der Bereich, wo verschiedenste Elemente beider Analysepartner verschmolzen sind. So hat P beispielsweise einen Traum, der genau die psychische Situation des Analytikers zum Thema hat. Oder es kann vorkommen, daß A plötzlich von Ängsten um P befallen wird, bei ihm anruft und dadurch gerade noch einen Selbstmord verhüten kann. Hierher gehört auch Jungs Entdeckung, daß Kinder die Problematik ihrer Eltern träumen können, selbst wenn sie dafür noch gar kein bewußtes Verständnis haben.

Zugleich ist hier aber viel Selbstkritik und größte Vorsicht am Platz, denn es handelt sich um einen Bereich, von dem ein Sog zu magischen Vorstellungen, abergläubischen Befürchtungen oder inflativem Beziehungswahn ausgehen kann. Von größter Bedeutung für den Analytiker ist aber die Verfeinerung seiner aus diesem Bereich stammenden Gegenübertragungswahrnehmungen, worüber noch zu sprechen sein wird.

Einflüsse der Übertragungssituation auf das Traumgeschehen

Jung war der Ansicht, daß Träume autonome spontane Naturereignisse seien, die keiner direkten Beeinflussung von seiten des Bewußtseins unterliegen. Nach Auffassung Freudscher Analytiker sind hingegen die Träume während der Analyse in hohem Grad von der Übertragung beeinflußt. So bringt zum Beispiel der Wunsch, dem Analytiker zu gefallen, auch Träume hervor, die er erwartet und die seinen psychologischen Anschauungen entsprechen. Die Träume der Analysanden passen sich also den Erwartungen des Analytikers an. Dies würde bedeuten, daß es «Jungsche» und «Freudsche» Träume gäbe, je nachdem ob die Analyse bei einem Jungianer oder Freudianer durchgeführt würde.

Inwiefern die jeweilige Übertragungssituation die Trauminhalte wirklich beeinflußt, ist eine schwer zu beantwortende Frage, die weitgehend von der Interpretationsweise des Analytikers abhängt. Der unvoreingenommene Betrachter wird immerhin die Erfahrung machen, daß nach Beginn einer Analyse im allgemeinen häufiger geträumt wird und daß sich auch die Inhalte der Träume öfters verändern. Sobald wir in Analyse sind, werden Gespräche und Interaktionen mit dem Analytiker auch zu bewußten inneren Beschäftigungen, auf welche vom Unbewußten her wiederum reagiert wird. Wir sind uns auch der Tatsache bewußt, daß wir die Träume mit dem Analytiker diskutieren werden, daß wir also nicht mehr nur für uns allein träumen. Irgendwie ist also der Analytiker miteinbezogen, und so sind Träume häufig eben doch Botschaften nicht nur an das Ich des Patienten, sondern auch an den Analytiker – eine Ansicht, die auch Jung zuzeiten vertreten hat, wie aus einem Brief an J. Kirsch hervorgeht: «Im tiefsten Sinne träumen wir alle *nicht aus uns*, sondern aus dem, was *zwischen uns und dem andern liegt*» (Jung 1934).

Mit dieser Feststellung soll aber nicht behauptet werden, daß jeder Traum offen oder versteckt von der Beziehung zum Analytiker handelt und im Sinne der Übertragung gedeutet werden muß. Sonst würde ein vielschichtiges Traumleben auf unzulässige Weise eingeengt, und Widerstände von Patienten, die sich gegen solche Deutungsverfahren wehren, hätten ihre Berechtigung. Ein Beharren auf dem Übertragungsaspekt kann sich in vielen Fällen auch destruktiv auswirken, kann z. B. beginnende Autonomiegefühle untergraben.

Ich denke dabei an folgendes Beispiel: Eine Patientin träumte wiederholt, von einem Mann verfolgt zu werden und daraufhin die Flucht zu ergreifen. Nach einigen Monaten analytischer Arbeit änderte sich dieses Traumgeschehen folgendermaßen: Sie wird verfolgt, beschließt aber für einmal, nicht zu fliehen, dem Verfolger ins Gesicht zu sehen und zu fragen, was er eigentlich von ihr wolle. Im Moment dieser Konfrontation merkt sie, daß dieser Mann ihr freundlich gesinnt ist, besser über sie Bescheid weiß als sie selbst und ihr beistehen will.

Als Deutung ist es vom Jungschen Standpunkt aus naheliegend, von Wandlung im Bereich der Animusfunktion zu sprechen. Wie schon erwähnt, kann solch ein verfolgender Mann subjektstufig für selbstvernichtende Urteile stehen, die nicht weiter hinterfragt werden. Die Wandlung, die im Traum geschieht, ist wohl ein Paradebeispiel für Jungs therapeutischen Leitsatz: «Die einzige Möglichkeit (den Wirkungen und Eigenschaften unbewußter Inhalte) praktisch beizukommen, besteht darin, daß man versucht, dem Bewußtsein jene Einstellung zu geben, die es dem Unbewußten erlaubt zu kooperieren, anstatt zu opponieren» (Jung 1946, Par. 366). Natürlich hatte ich während der Besprechung der Verfolgungsträume meiner Patientin auch folgenden Kommentar gegeben: «Was würde wohl passieren, wenn

Sie in der Phantasie den Verfolger befragten, was er eigentlich von Ihnen will? Wer weiß, vielleicht verfolgt er Sie, weil er von Ihnen angenommen sein, zu Ihnen kommen möchte.» Im Traum führt sie nun meinen Vorschlag aus. Paßt sie sich damit meiner Ansicht an? Tut sie es, um meine Erwartungen nicht zu enttäuschen und meiner Liebe nicht verlustig zu gehen? Oder könnte man auch annehmen, daß die Erkenntnis der Jungschen Psychologie über die kompensatorische Funktion des Unbewußten ein Stück ihrer eigenen Erfahrung geworden ist? Es ist schwierig, diese Frage eindeutig zu beantworten, und es ist wahrscheinlich, daß beide Faktoren eine Rolle spielen.

Falls ich nun aber auf Übertragungsdeutung insistieren sollte, ihr zum Beispiel sagte, daß sie nach diesem Traum sicherlich erleichtert gewesen sei, weil sie für einmal nicht hätte befürchten müssen, mich zu enttäuschen, so könnte ich den Gewinn an Selbstvertrauen, der ihr dieses Traumerlebnis sicher auch bringt, unter Umständen wieder zunichte machen. Sie könnte mich zu Recht im Zusammenhang mit der verfolgenden Traumgestalt erleben, welche die ersten Schritte ihrer Selbständigkeitsentwicklung untergräbt. Denn bei ihrer Verletzlichkeit wird sie meine Deutung leicht im Sinne ihres Komplexes mißverstehen und mich sagen hören, sie hätte diesen Traum *nur* deshalb geträumt, weil sie mir gefallen möchte. Daraus würde sie den Schluß ziehen, daß sie mir – ähnlich wie früher ihrer Mutter – mit gar nichts gefallen könne. Sie würde sich ertappt und von Scham überflutet fühlen, und der ganze sie verfolgende Komplex wäre wieder konstelliert.

Sicherlich wurde der Traum von meinen therapeutischen Interventionen beeinflußt, die Tatsache aber, daß diese Interventionen im Traum Gestalt annehmen, läßt darauf schließen, daß sie mindestens zum Teil auch dem Selbstverwirklichungsstreben der Patientin entsprechen. Die ausdrückliche Würdigung dieses Faktums ist meines Erachtens zunächst wichtiger als eine Deutung der Übertragung.

Wenn aber Träume nur auf ihre subjektstufige Aussage hin

gedeutet werden, besteht für den Analytiker die Gefahr, wichtige Tendenzen, die in der Übertragungssituation fruchtbar angegangen werden könnten, zu übersehen. Denn bei näherer Beobachtung stellt sich heraus, daß viele im Traum sich manifestierende innere Figuren *unter anderem auch* dem Analytiker projektiv übergestülpt werden. Zum Beispiel war in den Träumen der soeben erwähnten Analysandin die verfolgende, bedrohliche Figur auch auf mich übertragen, wobei es therapeutisch wichtig war, ihre Ängste vor meiner Präsenz einfühlend anzusprechen und mit ihrer Lebensgeschichte in Zusammenhang zu bringen. Nach dem Wandlungstraum konnte sie mir auch etwas freier begegnen, mußte weniger befürchten, daß ich ihre Erscheinungsweise und alle ihre Äußerungen ins Lächerliche ziehen und mit vernichtender Kritik entwerten würde.

Im zuletzt erwähnten Traum wurde eine gewisse Beeinflussung durch bewußte Interventionen des Therapeuten sichtbar – in diesem Fall zum besten des therapeutischen Prozesses. Die Frage besteht aber, ob aus dem Bereich des «gemeinsamen Unbewußten» (Linie b unseres Modells) auch Träume entstehen, welche beide Analysepartner etwas angehen, wo gegenseitige unbewußte Beeinflussung Evidenz gewinnt. Diese Frage ist mit ziemlicher Sicherheit zu bejahen, wofür ich ein Beispiel geben will.

In einer psychiatrischen Klinik behandelte ich eine 23jährige Patientin, die an einer schweren Form von Urbeziehungsstörung im Sinne E. Neumanns litt (Neumann 1963, S. 63 ff.). Sie hatte das grundlegende Gefühl, nicht zur menschlichen Gesellschaft zu gehören, ausgestoßen zu sein und für sich kein Lebensrecht beanspruchen zu dürfen. Auch durfte ihr im Leben nichts glücken, denn sie war zutiefst von ihrer Schuldhaftigkeit überzeugt und davon, daß Gott von ihr dieses schlimme Schicksal als Strafe verlangte. Natürlich wurden diese Gefühle des vollständigen Abgelehntseins auch auf mich übertragen. Sie erwartete, von mir abgelehnt, verachtet und lächerlich gemacht zu werden. Oft fühlte sie sich so häßlich, daß sie nicht angeschaut werden wollte, stockte mitten im Satz, weil ihr sein Inhalt so dumm vorkam.

Nun brachte sie zur 10. Sitzung folgenden Traum:

«Ich bin in einem großen Zimmer. Wir sind ungefähr 10 Mädchen, die auf Therapie warten. Herr Jacoby kommt und fragt uns alle, wer etwas über die Bedeutung des Namens von J. S. Bach wisse. Ein Mädchen sagt etwas über Isis und Osiris, worauf Herr J. mit ihr hinausgeht.»

An anderer Stelle habe ich diesen Traum in seinen Einzelheiten ausgearbeitet (Jacoby 1971). Er verdient aber hier insofern Erwähnung, als er für unsere Fragestellung sehr interessant ist. Jedenfalls hatte die Patientin in der Klinik erfahren, daß ich starke Beziehung zu Musik hätte, ja, daß ich früher Berufsmusiker gewesen sei. Wie es scheint, war auch sie musikalisch, spielte Klavier und hatte bis vor kurzem noch Klavierstunden besucht. Natürlich ging während jener Periode der Therapie ihr ganzes Bestreben dahin, von mir geliebt und angenommen zu werden, ein Bestreben, welches ständig durch ihre Gefühle vollständiger Wertlosigkeit überschattet wurde. Ich fühlte mich als menschlicher Partner von ihr kaum wahrgenommen, sondern wurde in ihre Komplexwelt eingebaut, die darin bestand, zwischen kindlicher Liebessehnsucht und Gefühlen ewigen Verstoßenseins hin und her zu schwanken. Wie kam sie aber zu dem Traum, in dem der Name J. S. Bach eine Rolle spielt?

Dies hatte wahrscheinlich mit ihrem Bestreben zu tun, meiner Wirklichkeit nahezukommen, was ihr auch gelang. Denn mit dem Namen J. S. Bach war ich ganz persönlich betroffen, war etwas angesprochen, was mir allerhöchsten Wert bedeutet. Bachs Musik hat einen zutiefst religiösen Charakter, schrieb er doch bewußt seine Werke nur zu Ehren Gottes. Seine genialen, nach strenger Gesetzmäßigkeit geordneten Fugen vermitteln dem Hörer das Erlebnis des Zeitlosen. Ähnlich dem Mandala, welches Transzendentes durch geometrische Ordnung darzustellen sucht, dürfte es sich – psychologisch gesehen – bei den Bachschen Fugen um Ganzheitssymbole handeln. Ein weiteres, höchst sinnreiches Faktum ist im Zusammenhang mit dem Traum noch erwähnenswert, in dem es um die Bedeutung des *Namens* J. S. Bach geht. Bach benützte in der *Kunst der Fuge* die Buchstaben seines Namens BACH als musikalisches Thema. Während seiner Arbeit an der Fuge, die auf diesem Thema beruht, starb er. Sein Lebenswerk war vollendet. Dies sind beeindruckende Zusammenhänge, die der Träumerin unbekannt waren.

Aber der Zusammenhänge sind noch mehr: Ein Mädchen im Traum sagt etwas über «Isis und Osiris», was die richtige Antwort zu sein scheint. Als Assoziation fiel der Patientin Mozarts *Zauberflöte* ein, welche ihr von einer Aufführung her bekannt war. Auch Mozart gehört neben Bach zu den Komponisten, die mir am meisten bedeuten. In seiner *Zauberflöte* geht es um die Überwindung der Macht der dunklen Göttin – was zugleich das Zentralproblem meiner Patientin war. Wie erwähnt, hatte ich ihre Schwierigkeiten im Licht von Neumanns Auffassung zur Urbeziehungsstörung gesehen. Nun ist es wiederum Neumann, der eine interessante Interpretation von Mozarts *Zauberflöte* veröffentlicht hat (Neumann 1953). So war auch «Isis und Osiris» ein Thema, welches mich zu jener Zeit beschäftigte – nicht zuletzt im Zusammenhang mit Neumann.

Inhaltlich stellt die *Zauberflöte* in symbolischer Form die Problematik meiner Patientin dar, zeigt aber auch die Möglichkeit sie zu überwinden: Die Königin der Nacht, in deren Herzen «der Hölle Rache» kocht, will ihre Tochter Pamina dazu benutzen, Sarastro, den Priester des Lichts, zu töten, um dadurch den Sonnenkreis in ihre Macht zu bringen. Doch durch die starke, trotz Feuer- und Wasserprobe nicht beeinträchtigte Liebe zum Prinzen gelingt die Befreiung vom Machtbereich der rachsüchtigen Mutter und die Einweihung in den Weisheitstempel des Isis- und Osiriskults.

Dies ist eine Wandlungssymbolik, welche von der bewußten Erlebensmöglichkeit meiner Patientin noch weit entfernt war. In ihrem Traum erlebt sie unmittelbar zunächst nur ihr altes Muster, daß sie zwar die Auserwählte sein möchte, aber wie immer abgewiesen wird. Sie weiß ja die «Antwort» nicht, was für sie bedeutet, daß sie überhaupt nichts kann und weiß, nichts wert ist und deshalb abgelehnt und verlassen wird.

Sobald wir aber die Möglichkeit subjektstufiger Deutung dieses Traums miteinbeziehen, ist die Gestalt, die um «Isis und Osiris» weiß, zugleich ein unbewußter Anteil in ihr selbst. Diesen Anteil hatte sie in Wirklichkeit auf ihre Schwester projiziert. Zeit ihres Lebens fühlte sie sich von ihrer so künstlerischen Schwester, die von ihr idealisiert und zugleich beneidet wurde, in den Schatten gestellt. Es wurde mir zunehmend klar, daß ich ganz spontan zu dieser inneren «auserwählten» Schwester in Beziehung gekommen war – genau wie es ihr Traum ausdrückt. Es war mir nämlich immer wieder aufgefallen, daß meine Patientin trotz ihrer schweren Störung gelegentlich Einfälle oder Phantasiebilder von großer Originalität äußern konnte, die ich als sehr anregend empfand.

Auf jeden Fall war ich von diesem Traum sehr berührt, ein Traum, der genausogut aus meiner Innenwelt hätte auftauchen können. Er war gleichsam etwas Gemeinsames, auch wenn seine Vielschichtigkeit der Patientin noch nicht verständlich war. Ob es nun ihr Traum war oder meiner, er enthielt einen Inhalt, der auch mich persönlich etwas anging und die Wirkung hatte, mein therapeutisches Engagement für diese so schwierige Patientin zu verstärken.

Sicherlich hätte sie diesen Traum ohne unsere analytische Beziehung nicht auf diese Weise geträumt. Er war durch die analytische Begegnung *konstelliert* worden. Das heißt, Inhalte und Kräfte, die im Unbewußten gleichsam noch «schlummerten», wurden durch die Begegnung geweckt. Daraus entsteht jeweils die Möglichkeit, daß sie sukzessiv zum Bewußtsein kommen und die weitere Persönlichkeitsentwicklung fördern.

Übertragung und Gegenübertragung als allgemeinmenschliche Phänomene

Das beschriebene Modell der analytischen Situation gilt zugleich für nahe menschliche Beziehungen ganz allgemein. Die bewußte Beziehung zwischen zwei Menschen mit relativ abgegrenztem Ichbewußtsein (Linie a) wird zunehmend von Gefühlen durchsetzt, welche die Tendenz haben, diese Grenzen zu verwischen. Je stärker ein Mensch sich an einen anderen gebunden fühlt, um so mehr kommen die Kräfte ins Spiel, die aus der Verbundenheit im Unbewußten stammen (Linie b). So wird der andere Mensch weitgehend als ein Stück Eigenwelt erlebt, was auf Gegenseitigkeit beruhen kann. (Viele Beziehungsdramen rühren allerdings daher, daß diese Gegenseitigkeit nicht zustande kommt oder nicht ausgewogen ist.) Der Geschlechtstrieb, insofern er dazu treibt, sich mit einem anderen Menschen zu vereinen, «ein Fleisch» zu werden, wie die Bibel sagt, ist der physisch-konkrete Ausdruck dieses Strebens nach Einswerdung. Er veranschaulicht unseren Wunsch, Drang oder auch Zwang, mit einem andern Menschen zu verschmelzen. Im Moment eines voll erlebten Orgasmus tritt ein vorübergehender Verlust der Ichkontrolle und des Identitätsgefühls ein. Hinter der Symptomatik von Impotenz oder Frigidität steckt deshalb oft die Angst davor, sich auszuliefern, sich im andern zu verlieren, vom andern gleichsam «aufgeschluckt» zu werden. Nicht jeder Mensch kann es ertragen, wenn ein Liebespartner ihn «zum Fressen» gern hat – können doch dadurch Kindheitswunden wieder aufgerissen werden, die daher resultieren, daß die beginnende kindliche Selbstwerdung den Bedürfnissen mächtiger Erwachsener zum Opfer fiel. In solchen Fällen konstelliert sich leicht das archetypische Bild der «verschlingenden Mutter» (wie sie z. B. in der kinderfressenden indischen Göttin Kali verbildlicht ist). Häufig ist deshalb die Sehnsucht nach Einswerdung mit riesigen Ängsten befrachtet.

So gibt es nicht nur symbiotische Bindungen, die als befriedigend erlebt werden, wo sich zwei Menschen als ein Herz und eine

Seele fühlen und das Wort «Ich» mit einem nie hinterfragten «Wir» vertauscht ist. Man beobachtet immer wieder auch starke gegenseitige Gebundenheit, die von sogenannten sadistisch-masochistischen Impulsen zu leben scheint. Es sind Partner, die sich gegenseitig das Leben zur Hölle machen und trotzdem nicht voneinander lassen können. Dieses Phänomen der Haßliebe wurde auch zur Vorlage berühmter Dramatisierungen auf dem Theater. Man denke an Strindbergs *Totentanz* oder an Albees *Wer hat Angst vor Virginia Woolf?*

Als Beispiel muß ich an eine mir bekannte Ehe denken, deren Partner vom Schicksal verdammt zu sein scheinen, sich gegenseitig seelische Torturen zu bereiten. Jeder Außenstehende mit einigermaßen «gesundem Menschenverstand» würde den Rat erteilen, eine solche Ehe zum besten der beiden Partner aufzulösen. Die beiden Partner aber trennen sich selten. Falls der Mann für zwei Tage einmal geschäftlich unterwegs ist, ruft er von den entferntesten Orten zu Hause an, weil er sich ohne seine Frau so verloren vorkommt und nicht weiß, wie er allein den Abend verbringen kann. Die Frau klagt, daß sie es mit diesem Mann nicht länger aushalte. Wenigstens möchte sie für einige Zeit, von ihm getrennt, an einem schönen Ort Ferien machen. Es ergab sich die Gelegenheit, mit guten Freunden ins Tessin zu fahren und im Grandhotel ihrer Sehnsucht zu logieren. Am nächsten Tag blieb sie mit verweinten Augen im Bett, weil sie sich so nach ihrem Gatten sehnte.

Auch destruktive Freundschaften zwischen Personen des gleichen Geschlechts, geschäftliche Konkurrenzbeziehungen, Rivalitäten, die mit Haßgefühlen verbunden sind, zeichnen sich oft durch starke Bindung aus. Die Partner benötigen sich gegenseitig als Zielscheibe ihrer destruktiven Bedürfnisse.

All diese Komplikationen machen menschliche Beziehungen so schwierig, oft ambivalent. Durcharbeitung von Beziehungsproblemen bedeutet, sich der eigenen Situation in diesem Kräftespiel möglichst bewußt zu werden in der Hoffnung, damit auch einige Projektionen zurücknehmen zu können, die den Blick auf die Wirklichkeit des Partners verstellt haben. Erst durch solche Bewußtwerdungsanstrengung würden beide Beteiligte in der Beziehung zugleich ein Stück freier Selbstentfaltung gewinnen. Das sind Probleme menschlicher Beziehung, auf die wir noch zurückkommen werden.

Die therapeutische Bedeutung der Gegenübertragung

Wie erwähnt, war Jung der Auffassung, es sei «mit keinem Kunstgriff zu vermeiden, daß die Behandlung das Produkt einer gegenseitigen Beeinflussung ist, an welcher das ganze Wesen des Patienten sowohl wie das des Arztes teilhat» (Jung 1929, Par. 163). Somit ist Jung der erste, der das in der Gegenübertragung inhärente therapeutische Potential gesehen hat, allerdings ohne es weiterhin in differenzierter Weise zu bearbeiten. Freud war bereits 1909 auf das Phänomen der Gegenübertragung gestoßen, sah darin aber vor allem eine Gefahr für den Analytiker, seine emotionale Neutralität gegenüber dem Patienten einzubüßen. Deshalb sollten Gegenübertragungsgefühle möglichst vermieden und durch Selbstanalyse beseitigt werden (Freud 1909, S. 255).

> «Wir sind auf die ‹Gegenübertragung› aufmerksam gemacht worden, die sich beim Arzt durch den Einfluß des Patienten auf das unbewußte Fühlen des Arztes einstellt, und sind nicht weit davon, die Forderung zu erheben, daß der Arzt diese Gegenübertragung in sich erkennen und bewältigen müsse» (Freud 1910, S. 108).

Diese Sicht behielt für Jahrzehnte in der Freudschen Psychoanalyse ihre Geltung. Erst im Jahre 1950 erschien von psychoanalytischer Seite eine Anzahl von Arbeiten, welche die Ansicht vertraten, daß Gegenübertragung nicht nur als Hindernis anzusehen sei. Im Gegenteil stecke in ihr auch das Potential, unbewußte Vorgänge im Patienten besser wahrnehmen zu können

(Heimann 1950, Reich 1951). Heinrich Racker stellt auf sehr subtile Weise und anhand vieler Beispiele dar, wie Übertragung und Gegenübertragung sich gegenseitig bedingen (Racker 1982). Es erinnert an das dargestellte Jungsche Modell, wenn Racker davon spricht, daß in der analytischen Situation zwei Menschen in ihrer Gesamtpersönlichkeit involviert seien, beide mit einem gesunden und einem neurotischen Teil, mit ihrer Gegenwart und Vergangenheit, ihrer Wirklichkeit und Phantasiewelt. In beiden manifestiert sich sowohl der Erwachsene als auch das Kind, und so kann jeder den anderen als Elternfigur und als Kind erleben (Racker 1982, S. 125).

So absurd es klingen mag, auch Analytiker haben manchmal die Neigung, auf gewisse Analysanden Elternfiguren zu übertragen. Wenn ein Therapeut seine Gefühle gegenüber dem Patienten ehrlich zulassen kann, wird er vielleicht phasenweise Ängste in sich wahrnehmen, zum Beispiel die Befürchtung, er müsse gewisse Erwartungen seines Patienten enttäuschen. In Gegenwart bestimmter Analysanden kann er sich auch dumm und unbeholfen vorkommen, sein Einfallsreichtum und seine Kombinationsfähigkeit scheinen wie weggeblasen. Bei einem anderen Patienten mag er plötzlich den Wunsch verspüren, von sich selber zu erzählen, etwas von seiner eigenen Problematik mitzuteilen, denn dieser Analysand oder diese Analysandin besitzt für ihn eine so warme, reife und mitfühlende Ausstrahlung.

Bei solchen Reaktionen handelt es sich zunächst sicherlich um Projektionen von seiten des Analytikers, um Phänomene, die von M. Fordham als «illusionäre Gegenübertragung» (Fordham 1957), von Racker als «neurotische Gegenübertragung» (Racker 1982) bezeichnet wurden. Dies sind Regungen aus dem Unbewußten des Analytikers, die er für sich selber verarbeiten müßte. Gehören Ängste des Therapeuten, die Erwartungen des Patienten zu enttäuschen, nicht zu seiner eigenen Problematik? Überträgt er auf den Patienten nicht vielleicht die Erwartungen seiner Mutter der frühen Kindheit, die eifersüchtig darüber wachte, stets Liebeszeichen von ihm zu bekommen, und beim kleinsten Anzeichen seiner unabhängigen Selbständigkeitsregung tief verletzt und enttäuscht war? Hat er also nicht Angst, der Patient könnte ihm ein Stück Liebe entziehen – ähnlich wie er es früher von seiner Mutter erlebt hat? Könnte es am Ende aber auch sein, daß er durch seine eigenen Ängste die Empfindlichkeit seiner Patienten wahrzunehmen vermag? Daß er spüren kann, wie der Analysand unbewußt Erwartungen nach Zuwendung in seine Umgebung setzt, die immer wieder enttäuscht werden? Im letzteren Fall hätten die Gegenübertragungsgefühle dem Therapeuten also einen Schlüssel geliefert zum Verständnis der tieferen Problematik seines Analysanden. Seine Gegenübertragung würde sich deshalb in einer Weise auswirken, die von Fordham «synton» genannt wurde (Fordham 1957), und könnte für die Therapie von großem Nutzen sein (siehe auch Asper 1987).

Wenn der Analytiker sich dem Patienten gegenüber dumm und unbeholfen vorkommt und sich außerstande fühlt, auf sinnvolle Weise auf ihn einzugehen, projiziert er da nicht vielleicht eine überkritische Elternfigur auf den Analysanden, etwa einen Vater, der mit keiner seiner Leistungen je zufrieden war und ihn damit blockierte? Wäre es aber nicht möglich, anhand seiner Minderwertigkeitsgefühle wahrzunehmen, wie der Patient unbewußt gezwungen ist, ihn zu entwerten, um seinen frühkindlichen Neid oder seine Abhängigkeitsängste abzuwehren?

Auch der Analysand, der dem Analytiker so reif und verständnisvoll vorkommt, daß er ihm am liebsten eigene Probleme mitteilen wollte, konstelliert wahrscheinlich zunächst eine Gegenübertragungsillusion. Der Analytiker projiziert auf den Patienten vielleicht eine warme, einfühlende Elternfigur, die er sich als Kind immer gewünscht hatte. Es ist aber auch denkbar, daß er anhand seiner Gefühle die Problematik des Patienten wahrnimmt, der unbewußt seinen Selbstwert und seinen Lebenssinn nur darin sehen kann, stets für die Nöte anderer da zu sein, und als gute Mutter- oder Vaterfigur von andern auch stets ausgenützt wird. Denn er glaubt, nur auf diese Weise sich Liebe erkaufen zu können, hat aber zu seinen eigenen wahren Bedürfnissen oft keinen Zugang.

Ich habe hier einige Beispiele gewählt, um zu zeigen, wie schwierig eine Unterscheidung zwischen illusionärer und syntoner Gegenübertragung zu treffen ist. Oft treten beide Formen vermischt auf, und deshalb ist immer wieder die Notwendigkeit zu betonen, daß der Analytiker seine neurotischen Knoten wahrnimmt und diejenigen Bereiche seiner Psyche kennt, in denen er verwundbar ist und deshalb leicht in illusionäre oder neurotische Gegenübertragungsreaktionen fallen kann. Wenn solche Projektionen nicht bewußt gehandhabt werden, können sie für die Analyse großen Schaden anrichten.

Zugleich kann aber nicht auf den Einsatz der Gegenübertragung als zentrales therapeutisches Instrument verzichtet werden. Gerade aus dem Umstand, daß sich Analytiker und Analysand im Bannkreis unbewußter gegenseitiger Beeinflussung befinden, ergibt sich für den Therapeuten auch die Möglichkeit, Informationen über die tieferen Vorgänge im Patienten mittels eigener Phantasien oder emotionaler Regungen wahrzunehmen. Wie sich der Analytiker in Anwesenheit des Patienten fühlt und erlebt, an welchen Stellen ihm Ängste, Spannungen oder gewisse Phantasien auftauchen, all das kann auch mit der unbewußten Befindlichkeit des Patienten zu tun haben.

Wie schon erwähnt, hat also der Jungsche Analytiker M. Fordham dieses Phänomen als *syntone* Gegenübertragung bezeichnet in Unterscheidung zur vorhin erwähnten *illusionären* Gegenübertragung (Fordham 1957). Racker hat eine Unterscheidung vorgenommen zwischen der *neurotischen* Gegenübertragung oder «Gegenübertragungsneurose» und der eigentlichen Gegenübertragung, welche er als Antwort auf die Übertragung des Patienten versteht. Die Gegenübertragung im Sinne eines therapeutischen Instruments hat Racker nochmals unterteilt, indem er von *konkordanter* und *komplementärer* Identifizierung von seiten des Analytikers spricht (Racker 1982,

S. 73 ff.). Ich finde diese Differenzierung nützlich und möchte dafür Beispiele geben.

Eine Kandidatin brachte in die Supervisionsstunde ein Tonband, das sie während einer analytischen Sitzung mit einer ihrer Patientinnen aufgenommen hatte. Beim Anhören dieses Tonbandes hatten sowohl die Kandidatin als auch ich oft größte Mühe, ihre eigene Stimme von derjenigen ihrer Patientin zu unterscheiden. Dies war vor allem an jenen Stellen auffallend, wo ihre Patientin sehr leise sprach und sichtlich Mühe hatte, Schamgefühle zu überwinden. Die Kandidatin war über diese Feststellung ziemlich schockiert und fragte mich, ob sie wohl auf ungesunde Weise mit ihrer Patientin identifiziert sei. Für mein Empfinden waren aber ihre Interventionen auf die «Melodie» ihrer Patientin abgestimmt und entsprachen in dem Moment deren Bedürfnissen. Dies wurde mir nicht zuletzt daran deutlich, daß im weiteren Verlauf der Sitzung die Patientin an Selbstvertrauen gewann und sich freier zu äußern vermochte, was auf dem Tonband zu hören war. Ich würde meinen, daß diese Kandidatin mit ihren *konkordanten* Gegenübertragungsgefühlen reagiert hat.

Ich erlebe die konkordante Form meiner Gegenübertragung dann, wenn ich zu spüren glaube, auf welche Weise mich der Patient – seinen therapeutischen Bedürfnissen entsprechend – benötigt, und wenn ich dies auf adäquate Weise ausdrücken kann, was nicht unbedingt verbal zu sein braucht. Ich habe immer wieder an mir beobachtet, daß, wenn ich mich vom inneren Gefälle des Patienten gleichsam mittragen lasse, meine Einfühlung tiefere Regionen erreicht. Im Zustand von Gegenübertragung, die auf konkordanter Identifizierung beruht, ist es immer wieder erstaunlich, wie Gefühle, Emotionen, Gedanken oder Intuitionen in mir aufsteigen, die zur selben Zeit den Patienten beschäftigen, von denen er im selben Moment zu sprechen beginnt. Dies sind oft beeindruckende gleichsam «telepathische» Phänomene. Vom Standpunkt des Analytikers aus stellt sich dabei die Frage, ob es therapeutisch günstig ist, diese Gleichzeitigkeit des Erlebens dem Patienten gegenüber zu erwähnen. Wenn ich ihm mitteilte, daß ich im selben Moment dasselbe gedacht habe wie er, könnte das von ihm als anbiedernd oder zudringlich erlebt werden. Vielleicht würden Ängste aktiviert, daß er vor mir nichts verbergen könne, daß ich offensichtlich in der Lage sei, alles zu durchschauen – Ängste also, seine Ichgrenzen nicht aufrecht erhalten zu können. Oft aber wirkt sich erfahrungsgemäß die Mitteilung solcher Gemeinsamkeit auch günstig aus. Der Analysand fühlt sich dadurch verstanden und zutiefst ernstgenommen – eine Vorbedingung, um mit der Zeit Verständnis für sich selbst aufzubringen und seine seelischen Belange ernst zu nehmen. Er wird vielleicht auch größeres Vertrauen in die Kräfte des Unbewußten gewinnen.

Konkordante Gegenübertragung bezeichnet also die Fähigkeit des Analytikers, den Patienten bis zu einem gewissen Grad in seinem eigenen Innern zu spüren und dadurch tieferen Einblick in dessen psychische Verfassung zu gewinnen. Zugleich tritt er mit dem Analysanden auch auf tieferer Ebene in Kontakt, bezieht sich darauf, wie der Patient sich selbst und seine Welt erlebt und wie er an seinen Konflikten leidet und mit ihnen umgeht.

Ich möchte nun von einem Ereignis ganz anderer Art sprechen: Eine junge Frau, die vor einem Jahr ihre Analyse bei mir begonnen hatte, eröffnete die jetzige Sitzung mit der folgenden Bemerkung: «Ich weiß einfach nicht, ob ich etwas, was mich jetzt beschäftigt, nur geträumt oder wirklich erlebt habe.» Dies äußerte sie in leicht depressivem, aber auch etwas kindlich anmutendem Tonfall. Wie aus der Kanone geschossen kam sofort meine Reaktion. Ich hörte mich auf barsche und irritierte Weise antworten: «Aber Sie *müssen* doch wissen, ob etwas Traum oder Wirklichkeit ist.» Nach dieser Intervention versanken wir beide in ein langes Schweigen.

Ich machte mir, während wir schweigend dasaßen, natürlich Gedanken über meine merkwürdige, mir sehr ungewohnte Reaktion. Was war in mir vorgegangen? Rückblickend wurde mir klar, daß ich von plötzlicher Angst gepackt worden war, meine Patientin könnte psychotisch werden, wenn sie Traum und Wirklichkeit nicht mehr auseinanderzuhalten weiß. Diese Befürchtung wurde mittels Verleugnung sofort abgewehrt: Das kann einfach nicht wahr sein, ich muß ihr mit Nachdruck sagen, daß sie Traum und Wirklichkeit auseinanderzuhalten weiß, es wissen *muß*.

Wir saßen weiterhin in Schweigen. Ich sinnierte weiter über diese für mich sehr ungewohnte Reaktion und spürte starke Selbstvorwürfe wegen meines inadäquaten und untherapeutischen Verhaltens in mir aufsteigen. Ich war mir auch sicher, daß gar kein Anlaß bestand, eine psychotische Entwicklung in meiner Patientin zu befürchten. Spontan kam mir nun der Gedanke, daß ich mich meiner Patientin gegenüber wie ein Elternteil verhielt, welcher sich um sein Kind Sorgen macht und Befürchtungen hegt, es könnte ihm etwas zugestoßen sein. Sofort setzt auch die Abwehr ein: Es kann nicht wahr sein, ich will nicht, daß es wahr ist. Diese Idee war für mich plausibel, und mit einiger Erleichterung glaubte ich nun zu wissen, was sich zwischen uns abspielt.

Meine Patientin saß immer noch schweigend da in sichtlich schmollender Stimmung, während ich nach einer geeigneten Form suchte, um ihr meine gewonnene Einsicht mitzuteilen. In diesem Moment sagte sie: «Wissen Sie, ich war eben sehr ärgerlich über Sie. Sie haben vorhin genauso reagiert, wie dies immer meine Mutter tat.» So hatte ich also recht mit meiner Vermutung. Ich sagte ihr, daß ich mir auch merkwürdig «daneben» vorgekommen sei und mich fragen mußte, warum ich auf diese Weise reagiert hätte. Dabei sei mir ebenfalls die Idee gekommen, dies hätte mit ihrer Mutter zu tun. Sicherlich sei es von mir eine Fehlleistung, so zu reagieren. Dann fügte ich aber hinzu: «Wenigstens weiß ich jetzt aus eigener Erfahrung, wie Ihre Mutter reagiert haben mag und welche Auswirkung das auf Sie hatte.»

Es war wichtig, die Fragwürdigkeit meines Verhaltens zuzugeben und nicht auf therapeutischer Unfehlbarkeit zu beharren, denn dadurch wurde die Frage möglich, ob und inwiefern mein Verhalten von ihr induziert worden war und unter welchen Umständen sie Menschen ihrer Umgebung unbewußt zu einem ähnlichen Verhalten veranlaßt.

In Wirklichkeit hatte sie ihre Mutter als überängstlich und überfürsorglich erlebt. Dazu stand allerdings im Gegensatz, daß sie als Kind bei ihr jedesmal auf Abwehr gestoßen war, wenn sie körperliche oder seelische Schmerzen spürte und es ihr mitteilen wollte. Die Mutter gab ihr dann zu verstehen, daß sie sich das nur einbilde, daß sie maßlos übertreibe und alles doch gar nicht so schlimm sei. Mit anderen Worten war es stets die Mutter, die «wußte», welche Gefühle des Kindes der Wirklichkeit entsprachen und welche nicht. Dies war wohl der Grund für die auffallende Gefühlsunsicherheit meiner Patientin. Sobald sie sich für etwas zu entscheiden hatte, fühlte sie sich unsicher und verwirrt und glaubte, den Rat der Mutter (oder einer Mutterfigur), die es stets «am besten weiß», zu benötigen. Zugleich verübelte sie es aber jedem, der als Reaktion auf ihr Ansinnen auch wirklich zu wissen glaubte, was für sie das beste sei. Es war eine Wiederholung dieses ambivalenten Spiels, was sich auch zwischen uns zugetragen hatte.

In diesem Fall ist also meine Gegenübertragungsreaktion als «komplementär» im Sinne Rackers zu bezeichnen. Ich wurde gleichsam zu einer Verkörperung ihrer Mutter, der wichtigsten Figur der Vergangenheit, die aber in der Gegenwart als innerer Komplex weiterhin ihre Wirksamkeit entfaltete. Einerseits muß es als Fehler angesehen werden, daß ich so spontan mitagiert habe. Es wäre professioneller gewesen, wenn ich in relativ neutraler Stimmung meiner Patientin hätte deuten können, was sich zwischen uns abspielt. Andererseits spürten wir beide auf diese Weise sozusagen am eigenen Leib die Kräfte, welche von diesem Komplex in die Umwelt ausstrahlten. So war von einem tieferen Gesichtspunkt aus mein Fehler zugleich therapeutisch fruchtbar. Jedenfalls hat er keinen therapeutischen Schaden angerichtet, nachdem wir unsere Interaktionen einer bewußten Analyse hatten unterziehen können – ganz im Gegenteil.

Folgendes ist aber noch anzumerken: Das hier erwähnte Beispiel ist eher etwas ungewöhnlich, weil die Komplementarität der Gegenübertragung relativ eindeutig sichtbar wird. Das Unübliche und Wesensfremde meiner Reaktion wurde mir sofort evident. Oft fühlen sich Gegenübertragungsgefühle aber nicht wesensfremd an, man spürt höchstens eine erhöhte emotionale Intensität. Sie sind meistens aus illusionären und syntonen Anteilen gemischt, und es ist nicht immer leicht, unbewußte Projektionen und objektive Wahrnehmung auseinanderzuhalten. Mit beiden Möglichkeiten ist stets zu rechnen. Damit ist auch der Analytiker, wie Jung betonte, immer mit seinem eigenen Differenzierungsprozeß beschäftigt, ist also auch «in Analyse». Denn, so schreibt Jung:

> «Auch der erfahrene Psychotherapeut muß immer wieder entdecken, daß eine ihn angehende Bindung und Verbindung auf Grund eines gemeinsamen Unbewußten eingetreten ist. Und wenn er schon über alle nötigen Begriffe und Kenntnisse der konstellierten Archetypen unterrichtet zu sein wähnt, so wird er doch schließlich zur Einsicht kommen, daß es noch sehr viele Dinge gibt, die sich seine Schulweisheit nicht von ferne träumen ließ» (Jung 1946, Par. 367).

3. Narzißtische Formen der Übertragung

Die Diagnose «narzißtische Störung» wird in letzter Zeit sehr häufig gestellt. Man beobachtet eine Zunahme narzißtischer Persönlichkeitsstörungen und sucht nach deren Ursache. Vielleicht haben solche Störungen, die meist auf der frühesten Entwicklung beruhen, wirklich enorm zugenommen. Vielleicht ist aber dadurch, daß sie theoretisiert wurden, der Blick dafür geschärft worden, was früher nicht der Fall war. Die Diagnose ist zudem vage und umfaßt die verschiedensten Formen und Schweregrade von Selbstwertstörungen. Sie bezieht sich sowohl auf schwerstgestörte Menschen mit «pathologischem Narzißmus» (Kernberg 1975) als auch auf die meisten von uns, die wir an Minderwertigkeitsgefühlen und entsprechenden Überkompensationen leiden. Es gibt wohl kaum Menschen, deren Selbstwertgefühl so stabil ist, daß sie nie für narzißtische Schwankungen anfällig sind, nie von unrealistischen Inflationen (z. B. Größenvorstellungen) oder von Gefühlen vollständigen Unwerts gequält werden können.

Heinz Kohut hat in einer Reihe von Büchern die verschiedensten Formen narzißtischer Störungen analysiert und neue Wege zu ihrer Therapie aufgezeigt, die von der klassischen Technik der Psychoanalyse abweichen (Kohut 1971, 1977, 1984). In mancher Hinsicht haben sich Kohuts Ideen den Vorstellungen der analytischen Psychologie Jungs angenähert (Jacoby 1985). Nach Kohuts Beobachtungen stellen sich bei der Analyse solcher Störungen zwei hauptsächliche Formen von Übertragungsmanifestationen ein, die er als «Spiegelübertragung» und als «idealisierende Übertragung» in ihren einzelnen Auswirkungen beschreibt (Kohut 1971, 1977). Aus diesen Beobachtungen gewinnt er neue Ansätze für die analytische Praxis, die ich für sehr nützlich und einleuchtend halte und die mit meinem eigenen therapeutischen Vorgehen wesensverwandt zu sein scheinen. Da Kohuts Ideen zudem viel Verbreitung gefunden und enthusiastische sowie ablehnende Reaktionen hervorgerufen haben, möchte ich, von meiner Jungschen Perspektive aus, kurz auf diese zwei Übertragungsformen eingehen.

Die Spiegelübertragung

Die Spiegelübertragung beruht auf dem grundlegenden und vitalen menschlichen Bedürfnis nach «empathischem Widerhall» (Kohut 1977, S. 255). Genauso, wie wir einen Spiegel benötigen, um uns selber zu erkennen, benötigen wir empathischen Widerhall von seiten unserer Umwelt zur Aufrechterhaltung unseres seelischen Gleichgewichts. Diese Erkenntnis läßt mich oft an einen griechischen Mythus denken, der in einer Hymne von Pindar erzählt wird:

> «Als Zeus sein Reich eingerichtet hatte, fragte er auf seiner Hochzeit die anwesenden Götter, ob sie noch etwas vermißten, was in der bisherigen Schöpfung gefehlt habe. Da baten die Götter, er möge doch noch Gottheiten erschaffen, die diese großen Schöpfungswerke und die ganze Ordnung der Welt mit Worten und Musik preisend ausschmückten» (Barmeyer 1968, S. 65).

Offensichtlich können sich die Götter nicht damit begnügen, daß die Schöpfung einfach existiert und das Leben einfach gelebt wird. Das Existierende benötigt Widerhall und Re-flexion im doppelten Sinne als Widerspiegelung und als bewußtes Nach-Denken. Die Musen sorgen dafür, daß unser Dasein als beseelt erlebt werden kann, sie setzen Seelisches in Schwingung und stehen für Inspiration und kreative Impulse. Durch sie will die göttliche Schöpfung bewußte Aufmerkamkeit auf sich ziehen, will gepriesen werden durch Gesang und Worte, um nicht in unreflektierter Selbstverständlichkeit dahinzudämmern. Wenn also selbst der Makrokosmos Widerhall und Widerspiegelung benötigt, um wieviel mehr gilt dies für den Mikrokosmos, für das so zerbrechliche und verwundbare menschliche Individuum.

Wenn in der weiten Welt niemand existiert, der sich über mein Dasein freut und dem ich etwas bedeute, wenn niemand da ist, der seelisch mitschwingt und mich liebt und schätzt, dann ist ein gesundes narzißtisches Gleichgewicht, ein realistisches Selbstwertgefühl wohl kaum aufrechtzuerhalten. Es stellt sich das Grundgefühl des Isoliertseins ein, an dem narzißtisch gestörte Menschen oft leiden. Niemand ist «da» für sie, um ihrer Existenz den ersehnten Widerhall zu geben. Das mag der äußeren Wirklichkeit entsprechen, hat aber in den meisten Fällen mit innerpsychischen Schwierigkeiten zu tun. Es handelt sich meistens um Angst vor Nähe, und so darf niemand nahe genug kommen, um diese so vital benötigten Bedürfnisse zu erfüllen. Dies beruht meist auf einem Mangel an Vertrauen und ist Zeichen einer gestörten Urbeziehung zur Mutter im ersten Lebensjahr. Mit gutem Grund wird in der Tiefenpsychologie betont, daß der erste und entscheidende Spiegel der Existenz eines menschlichen Wesens durch diejenige Person vermittelt wird, die nach seiner Geburt die Pflege übernimmt. Bei ausreichend guter Bemutterung werden dem Kind nicht nur die triebhaften Bedürfnisse befriedigt. Es geschieht gleichzeitig Zuwendung zum Säugling in seiner Ganzheit, was von Kohut – wie vor ihm schon von Winnicott – als Spiegelung bezeichnet wird. Durch einfühlende Zuwendung wird dem Säugling gleichsam ein Spiegel gereicht, durch den er sich allmählich erleben und erkennen kann.

Die mütterliche Pflegeperson, welche diese Spiegelungsfunktion innehat, wird von Kohut «Selbstobjekt» genannt. Diesen paradoxen Ausdruck verwendet er überall dort, wo Umweltpersonen so erlebt werden, als wären sie Teile der eigenen Person (des eigenen Selbst). Das ist natürlich in der frühen Kindheit, wo Ich und Du, Selbst und Objekt nicht emotional unterschieden werden können, in natürlicher Weise der Fall. Jedenfalls hängt

Entwicklung eines realistischen und relativ stabilen Selbstwertgefühls weitgehend davon ab, ob die Mutter genügend Bereitschaft und Fähigkeit besaß, ihren Säugling in einfühlender Weise zu spiegeln. «Der Glanz im Auge der Mutter» ist eine fast formelhaft wiederkehrende Satzprägung Kohuts für diese mütterliche Haltung, welche Freude an der Existenz des Babys und seiner verschiedenen Aktivitäten zurückstrahlt.[2]

Was wir nun mit Kohut als Spiegelübertragung bezeichnen, stammt aus der Beobachtung, daß gewisse Patienten den Analytiker zeitweise so erleben, als wäre er nichts anderes als ein Spiegel ihrer selbst. Ähnlich wie in frühester Kindheit die Mutter und deren Funktionen als Anteile des eigenen Selbst erfahren wurden, hat auch der Analytiker in ihrem Erleben keine autonome, von ihrem Selbst abgetrennte Existenz. Natürlich gibt es viele Schattierungen und Intensitätsgrade im Kaleidoskop solcher Illusionen, und es ist auch selbstverständlich, daß jeder Patient den Analytiker rein kognitiv als anderen Menschen erkennen kann. Das ist aber kein Hinderungsgrund, ihn emotional doch so zu erleben, als wäre er nichts anderes als ein Teil seiner eigenen Bedürfniswelt. Somit entstehen riesige Erwartungen an den Analytiker und seine unbegrenzte Verfügbarkeit. Er soll selbstverständlich in jeder Beziehung für den Patienten stets «da» sein und sonst für nichts und niemanden existieren. In sehr vielen Fällen sind diese grenzenlosen Ansprüche am Anfang der Analyse bis zu deren Negierung abgewehrt. Man hat doch gar keine Berechtigung, Ansprüche zu stellen, und hat nur dafür dankbar zu sein, daß sich der Analytiker überhaupt mit einem beschäftigt.

[2] Zur Psychologie dieser frühesten Entwicklungsphasen ist in den letzten Jahrzehnten eine Fülle von Forschungsergebnissen erschienen, deren Thesen zum Teil kontrovers sind. Man denke an M. S. Mahler (1978), R. Spitz (1967), D. W. Winnicott (1974). Von seiten der Jungschen Psychologie ist vor allem auf E. Neumann (1963) und M. Fordham (1974) zu verweisen. Besonders möchte ich die moderne Säuglingsforschung erwähnen, wie sie vor allem von Daniel Stern (1985) veröffentlicht wurde. Für vergleichende Darstellung s. a. M. Jacoby (1985 und 1991).

Im Hintergrund steht aber meist die Erwartung, der Analytiker werde alle Bedürfnisse erraten und erfüllen, ohne daß sie der Analysand erst anzumelden braucht. Es besteht ein Riesenanspruch auf Empathie, auf präverbal-symbiotisches «Ein-Herz-und-eine-Seele-Sein», was meist damit zusammenhängt, daß dieses Grundbedürfnis in der frühesten Kindheit nicht genügend erfüllt wurde. So lebt es in überwertiger Weise im Hintergrund weiter – verbunden allerdings mit empfindlichster Verwundbarkeit. Solche Patienten haben meist sensibelste Antennen entwikkelt, welche die minimalsten Anzeichen möglicher Ablehnung registrieren. Sie wittern den kleinsten Vorbehalt gegenüber ihrer Person und fassen oft harmlose Bemerkungen als Kritik auf, die ihr Selbstwertgefühl auf vernichtende Weise erschüttert. Als Abwehr und Schutz vor solcher Verwundbarkeit wird manchmal eine Art innerer Panzer aufgebaut, der auf der unbewußten «Trotzreaktion» beruht: «Ich benötige gar niemanden, ich kann mir vollständig selber genügen.» Damit verfallen sie einer Identifikation mit frühkindlichen Allmachtsgefühlen, mit dem sogenannten «Größenselbst» – um Kohuts Terminologie zu verwenden (Kohut 1971).

Menschen, die an dieser psychischen Konstellation leiden, kommen nur dann in Analyse, wenn ihr überkompensatorisches Abwehrsystem ganz oder teilweise zusammenbricht.[3] Vor allem besteht dann ihr dringendes Bedürfnis darin, das Gefühl der eigenen Großartigkeit und Besonderheit wiederherzustellen. Dabei wird der Analytiker gänzlich auf seine Spiegelfunktion reduziert, die das Bedürfnis nach Größe, Besonderheit und Unabhängigkeit zu bestätigen hat. Solche Erwartung äußert sich in den meisten Fällen nicht offen und direkt, da sie dem Analysanden mehr oder weniger unbewußt ist. Vielmehr ist sie indirekt anhand der Gegenübertragungsgefühle des Analytikers erschließbar. Jedesmal, wenn er sich in seinen therapeutischen Bemühungen ent-

[3] Es muß hier allerdings beigefügt werden, daß sie nicht selten eine «Lehranalyse» aufsuchen mit dem Anspruch, sich zum Analytiker ausbilden zu wollen.

wertet, nutzlos und impotent vorkommt, kann diese Form von Spiegelübertragung konstelliert sein.

Das sogenannte «Größenselbst» spielt in den Narzißmustheorien eine große Rolle (Jacoby 1985, S. 88 ff.), und die beiden bedeutendsten Forscher auf dem Gebiet des Narzißmus, H. Kohut und O. Kernberg, haben divergierende Auffassungen zu dessen Psychodynamik vorgelegt. Dementsprechend verschieden sind auch ihre behandlungstechnischen Empfehlungen zum therapeutischen Umgang mit der Größenselbstproblematik.

Kohut ist der Ansicht, das Größenselbst stelle eine Fixierung auf der Stufe eines archaischen, aber doch «normalen» kindlichen Selbst mit seinen Illusionen von Allmacht und Allwissenheit dar. Die frühkindlichen Allmachtsphantasien konnten mangels einfühlender Spiegelung nicht zu realistischer Selbstachtung reifen, sie wurden deshalb früh abgespalten und fristen im Unbewußten auf archaischer Stufe ihr Eigenleben. In der Analyse benötigt nun der Patient auf weite Strecken empathischen Widerhall durch den Analytiker. Wenn sich der Patient in seinem ganzen Sein verstanden und gespiegelt fühlt, wird allmählich die Nachreifung eines realistischen Selbstwertgefühls ermöglicht (Kohut 1971).

Nach Kernbergs Auffassung ist das Größenselbst bereits etwas Pathologisches, eine Selbststruktur, die vor allem der Abwehr heftiger archaischer Neidgefühle dient. Die vom Größenselbst ausgehenden Entwertungstendenzen in bezug auf den Analytiker und seine Funktionen verhelfen dazu, die Gefahr des Abhängigwerdens vom Therapeuten abzuwehren. Denn verständlicherweise wird Abhängigkeit von narzißtischen Persönlichkeiten in besonders hohem Maße gefürchtet. Kernbergs therapeutisches Vorgehen besteht deshalb vornehmlich in der Deutung der verschiedenen Nuancen des jeweiligen Abwehrverhaltens. Er versucht dem Patienten zu zeigen, wie er unbewußt mit dem Analytiker als Übertragungsfigur umgeht (Kernberg 1975, S. 325 ff.), deutet also aufgrund der komplementären Gegenübertragungsreaktionen.

Meines Erachtens haben sowohl die Interpretation aus einfühlendem Verstehen als auch die Deutung aufgrund von Gegenübertragungsreaktionen ihre Vor- und Nachteile. Deutungen aufgrund der Gegenübertragung im Sinne Kernbergs können therapeutisch sehr wirksam sein. Es besteht aber die Gefahr, daß sie sich mit persönlichen Komplexen des Therapeuten vermischen und damit die Wirklichkeit des Patienten verfälschen. Sie sind also mit Vorsicht und genügender Selbstkritik anzuwenden.

Wenn der Abwehrcharakter des Größenselbst im Vordergrund steht, sind selbstverständlich Deutungen des offenen oder subtilen Abwehrverhaltens angezeigt. Im Zweifelsfall ziehe ich aber die einfühlende Verstehenshaltung vor. Sie ist meist die therapeutisch adäquate Antwort auf die Spiegelübertragung narzißtisch gestörter Patienten. Der Nachteil dieses empathischen Verhaltens liegt darin, daß persönliches Betroffensein des Analytikers leicht überspielt wird und sich hinter Einfühlung für den Patienten versteckt, was oft nicht ganz echt und ehrlich ist. Denn es stellt sich bei den manchmal schwer erträglichen Aspekten der Spiegelübertragung die Frage: Soll dem Patienten geduldig zugehört werden, sollen seine Ansprüche und seine Entwertungstendenzen, seine Negierung der Autonomie des Analytikers stets einfühlsam verstanden werden? Wäre es nicht echter und ehrlicher – und auf lange Sicht therapeutisch wirksamer –, ihm zu deuten, was er mit dem Analytiker tut, in welche Rolle er ihn schieben muß? Natürlich gibt es darauf nie eine generelle Antwort. Letztlich ist es immer wieder wesentlich, daß sich das Verhalten des Therapeuten nicht an einer Theorie, sondern an den Bedürfnissen des Patienten orientiert.

Für mich steht jedenfalls diese einfühlend-spiegelnde Haltung des Analytikers manchmal im Konflikt mit meiner Überzeugung, daß Patienten Anrecht auf Echtheit und möglichste Wahrhaftigkeit meiner Interventionen haben. Wir dürfen nicht vergessen, daß viele unserer Patienten von früh an mit bewußten oder unbewußten Ausreden, falschen Tröstungen usw. abgespeist wurden, mit denen Eltern, oft wohlmeinend, ihrer Erziehungspflicht nachzukommen glaubten. Sie wurden einbezogen in das Gewebe einer Lebenslüge, in dem ihre Familie gefangen war. Um so wesentlicher ist es, daß sie sich in der Analyse auf die Echtheit der Zuwendung ihres Therapeuten verlassen können und die Verzerrungen ihres Selbstbildes nicht durch ihn noch verstärkt werden. Dadurch ergibt sich immer wieder die Frage, wie der Analytiker mit den Kränkungen und Frustrationen, die ihm durch das Spiegelübertragungsverhalten des Patienten zugefügt werden, umgehen kann, ohne weder sich selbst zu vergewaltigen noch dem Patienten therapeutisch schädliche Kränkungen zu verursachen. Wenn er seinem natürlichen Instinkt freien Lauf ließe, würde er sich wahrscheinlich gegen die Entwertungsversuche wehren und dem Patienten seine realen Verdienste vor Augen führen. Ein solches Vorgehen könnte noch von der therapeutischen Absicht bestärkt werden, dem Patienten früher oder später bewußt zu machen, wie er mit dem Analytiker umgeht, weil dies zum großen Teil seinen Umgang mit nahen Beziehungspersonen und mit gewissen innerseelischen Figuren widerspiegelt. Jedenfalls würde es einer «spontanen menschlichen Reaktion» des Analytikers entsprechen, den Patienten mit seiner eigenen Realität zu konfrontieren.

Nach meiner Erfahrung steht dem aber entgegen, daß ich mich von dem Entwertungsversuch oft gar nicht wirklich betroffen fühle und somit weder Ärger noch Gekränktheit in mir wahrnehme. Die Entwertung gilt ja nicht mir als Person, sondern den inneren Figuren, die mir in der Übertragung übergestülpt werden. Es wäre deshalb auch nicht stimmig, mich persönlich in Einsatz zu bringen. Aber selbst wenn ich unter dem Undank des Patienten leide oder mich in meinem Helferkomplex minderwertig fühle, es bleibt immer wichtig, einfühlend in die Schuhe des Patienten zu schlüpfen, um möglichst nachzuvollziehen, was sein Übertragungsverhalten bedeutet und was ich in seiner Phantasie darstelle. Aus dieser einfühlenden Haltung heraus finde ich vielleicht zugleich den richtigen

Ton und den richtigen Zeitpunkt, um ihm auch deuten zu können, wie er sich mir gegenüber verhält.

Ich denke in diesem Zusammenhang an einen jungen Kunstmaler, bei dem sich in einer längeren Phase seiner Analyse ein Schub sogenannt «narzißtischer Wut» (Kohut 1973, Jacoby 1985, S. 170ff.) hervorwagte. Immer häufiger geriet er in Wutausbrüche, weil sein Leben unverdient nichts als «Scheiße» sei, sein Künstlertum nirgends geschätzt werde, Kollegen mit viel weniger Talent Erfolge einheimsen würden, nur weil sie Geld oder die richtigen Beziehungen hätten. So war er auch voller Haß gegen die Verrottetheit unserer Gesellschaft, die solche Ungerechtigkeit fördere. Im Grunde war er wütend, weil die Welt nicht seinen Vorstellungen entsprach, sich nicht seinen Bedürfnissen fügte, weil gleichsam sein Hungerschrei nicht augenblicklich die nährende Brust herbeizauberte.

Es war für mich nicht leicht, diese ständigen Tiraden auszuhalten, obwohl sie sich nicht direkt gegen mich richteten. Ich hatte vielmehr den Eindruck, daß ich zu einer Art Schallmauer degradiert worden war, die seiner wütenden Rechthaberei ein verstärkendes Echo verleihen sollte. Wenn ich mich in seine Situation einfühlte, verstand ich, daß es therapeutisch günstig für ihn war, seine Wut zulassen zu können. Trotzdem waren die so fruchtlosen Aggressionen schwer erträglich und ärgerlich. Vor allem war es frustrierend für mich, daß er jeglicher Interpretation gegenüber unzugänglich geworden war, und daß die leiseste Infragestellung nur seine Wut verstärkte. Die ganze Schuld an seiner Misere lag an der bösen Umwelt, und es stand immer auf Messers Schneide, ob er mich nicht auch jener feindlichen Welt zurechnen müßte, sobald ich nicht zu allem bestätigend nickte. Das konnte ich natürlich nicht tun, und so lauerte untergründig immer die Gefahr, daß er die Analyse abbrechen würde. Ehrlicherweise konnte ich aber nicht vor mir leugnen, daß mir ein Analyseabbruch zugleich auch willkommen wäre, fühlte ich mich doch von ihm entfremdet und zu Hilflosigkeit reduziert. Sein aggressives Verhalten brachte ihm auch in der Realität immer mehr berufliche Schwierigkeiten, was seiner Wut nur neue Nahrung gab, wollte er doch trotz seines Hasses von seinen Bezugspersonen geliebt werden. Als ich nahezu entschlossen war, mein «empathisches Verhalten» («es ist doch von seiner Kindheit her einfühlbar, daß er an solchen narzißtischen Spannungen leidet und ihnen durch Wut irgendwie Luft verschaffen muß») aufzugeben und die Analyse wegen ihrer Fruchtlosigkeit abzubrechen, kam er eines Tages mit folgendem Traum:

Er befindet sich in einer Wüste, ähnlich der Sahara. Plötzlich gibt der Boden unter seinen Füßen nach, und er versinkt im Sand, kann nur noch einen Arm hinausstrecken, um nach Hilfe zu winken. Darauf erwacht er in Panik.

Ich fand diesen Traum sehr alarmierend, sah die um Hilfe winkende Hand vor mir und spürte plötzlich ein gewisses Schuldgefühl darüber, daß ich ihn offenbar in letzter Zeit doch allzusehr im Stich gelassen hatte. So entschloß ich mich, seine Hand zu ergreifen und zuzupacken, das heißt ihn zu konfrontieren. Ich gab in emotionalem Ton meiner Alarmiertheit Ausdruck, sagte ihm, daß er mit einem Vorstellungsgebäude identifiziert sei, welches «auf Sand gebaut» ist. So müsse er erleben, wie er mitsamt seinen irrealen Ansprüchen versinke. «Sie sehen Ihre wirkliche Situation überhaupt nicht, weil Ihnen Sand in die Augen gestreut wird. Sie machen die Umwelt für alles verantwortlich und flüchten sich in unreale Größenphantasien, weil die Welt nicht mit ihren Wünschen und Vorstellungen übereinstimmt. Sie wissen, daß all dies aus Ihrer Vergangenheit sehr verständlich ist – wie wir es oft besprochen haben. Sie gehen aber nicht verständnisvoll mit sich selber um – dabei hätten Sie in Wirklichkeit genügend Grund, sich selber mitsamt Ihren Möglichkeiten und Begabungen anzunehmen. Mit Ihren ständigen Aggressionen machen Sie sich aber überall unbeliebt und finden es gleichzeitig unerhört, daß Sie dafür nicht geliebt und bewundert werden. Auch mir geht es nicht anders, auch ich habe zunehmend Mühe, Ihre ständigen Aggressionen zu ertragen, obwohl ich zu Ihnen halte und verstehe, warum Sie so reagieren müssen. Ich glaube aber, es ist wichtig, daß ich Ihnen einmal scharf und direkt meine Meinung über Ihre Situation sage. Es gibt – wie Sie im Traum sehen – keine Zeit zu verlieren, ich muß zupacken, damit Sie vielleicht gerettet werden.»

Geknickt ging er diesmal nach Hause. Er kam aber pünktlich zur nächsten Sitzung und erzählte, daß er sich nach der letzten Stunde wie ein begossener Pudel gefühlt habe und unsäglich deprimiert gewesen sei. Eigentlich hätte er nicht mehr kommen wollen. Dann habe aber unser Gespräch immer weiter gewirkt, und die Einsicht habe sich gefestigt, daß es sich mit ihm wirklich so verhalte, wie ich es interpretiert hatte.

Zu Recht fragte er mich auch etwas vorwurfsvoll, warum ich ihm nicht schon früher mitgeteilt hätte, was ich von ihm und seinem Verhalten wirklich hielte. Ich gab zu, daß ich mir diese Frage auch gestellt hatte, konnte ihn aber nun auch darauf hinweisen, wie schwierig es sei, ihn zu konfrontieren, ohne eine Riesenwut in ihm auszulösen. Er verstand auch, daß seine Wut vielleicht zu einem Therapieabbruch hätte führen können, was kontraproduktiv gewesen wäre. Es wurde ihm nun möglich, «den Kopf gleichsam wieder über dem Sand zu halten», das heißt, eine gewisse Objektivität seiner narzißtischen Wut gegenüber zu finden. Jedenfalls waren wir beide dankbar für diese Traumreaktion aus dem Unbewußten, half sie uns doch dazu, einen Ausweg aus der sterilen Sackgasse zu finden, in die unsere Zusammenarbeit geraten war.

Nicht immer manifestiert sich die Spiegelübertragung in den beschriebenen Entwertungstendenzen. Ebenso häufig wird der Analytiker von narzißtisch verwundeten Analysanden maßlos überschätzt, benötigen sie ihn doch dringend als Spiegel, in dem sie sich als wirklich, lebensberechtigt und wertvoll wahrnehmen können. Sie brauchen seine legitimierende Bestätigung, daß ihre Handlungen und Gedanken – als Teil ihrer selbst – richtig und nicht falsch, annehmbar und nicht lächerlich, gut und nicht böse sind. Jedes Wort, jeder Tonfall oder jede Geste des Analytikers wird daraufhin getestet, ob damit Zuwendung oder Ablehnung gemeint ist.

Es geht ihnen wie der Märchenkönigin im *Schneewittchen*, die von ihrem Spiegel eine fortwährende Bestätigung ihrer einzigartigen Schönheit benötigt. Die unerhörte Tatsache, daß der Spiegel eines Tages ihre grandiose Idee, die Schönste im Lande zu sein, relativieren muß, erlebt sie als psychische Katastrophe. Das Märchen erzählt, daß sie grün und gelb vor Neid wurde und auf Rachegedanken sann. In der Tat werden narzißtisch verwundete Patienten oft von Neid und Eifersucht überschwemmt, wenn sie zu Recht oder zu Unrecht daran zweifeln, daß sie vom Analytiker in ihrer besonderen Einzigartigkeit gespiegelt werden. Sie kommen sich vollständig entwertet vor und werden von der Phantasie gequält, alle anderen Patienten seien viel interessanter, schöner und intelligenter.

Da solche in der Spiegelübertragung konstellierten Gefühle vom Patienten oft als beschämend erlebt werden, sind sie in den ersten Phasen einer Analyse meist verdrängt, dem Bewußtsein verborgen. Es bedeutet deshalb für die Therapie einen Fortschritt, wenn sich die Spiegelübertragung einstellt und die damit zusammenhängenden Ansprüche und Verletzlichkeiten wahrgenommen, erlebt und geäußert werden können. Da der Analytiker in seiner Spiegelfunktion vom Patienten unbewußt als Teil seines eigenen Selbst erlebt wird (Kohuts «Selbstobjekt»), ist es einfühlbar, daß der Analysand besitzergreifend reagiert und unter Verlustängsten leidet, wenn ihm die Erkenntnis einfährt, daß der Analytiker noch vielen anderen Menschen ebenfalls seine Aufmerksamkeit schenkt. Dabei ist es wesentlich, daß sich der Analytiker in solch tiefsitzende Ängste einzufühlen vermag, sonst fühlt er sich leicht durch die Possessivitätsansprüche des Patienten bedrängt, und um sich aus solchen Fesseln zu befreien, wendet er dann vielleicht Mittel an – wie moralisierende Zurechtweisung, sarkastische Bemerkungen, emotionale Distanzierung usw. –, die sich vom therapeutischen Standpunkt aus kontraproduktiv auswirken. Der Patient erlebt dies unter Umständen als totale Ablehnung, was zu schweren Rückfällen oder gar zu einem Abbruch der Analyse führen kann.

Wie erwähnt, benötigen narzißtisch verwundete Patienten während langer Phasen ihrer Analyse «empathischen Widerhall» auf jede ihrer geringsten Äußerungen. Ich persönlich habe es mir allerdings zu einer Art Regel meiner therapeutischen Arbeit gemacht, erst dann mit einer Reaktion oder einer Deutung herauszurücken, wenn mir sozusagen aus der Herz- oder Magengegend etwas Stimmiges aufsteigt. Sonst liegt routinemäßig vom Kopf her sofort eine Intervention bereit. Dieses Vorgehen kann aber bei Spiegelübertragungen Schwierigkeiten bereiten. So erinnere ich mich eines Analysanden, der mit großen Hemmungen über eine für ihn delikate Problematik sprach. Ich konnte im Moment keine passende Antwort oder Deutung finden, die einen echten Bezug herstellen würde, mußte also warten und das Geäußerte erst auf mich wirken lassen. Gleichzeitig wurde mir das Gefühl immer deutlicher, daß er unbedingt *jetzt* ein Echo, einen «empathischen Widerhall» von mir benötigen würde, sonst zöge er sich verletzt wieder in sein Schneckenhaus zurück. Dies war mir im Moment aber in echter Weise nicht möglich, und so herrschte unangenehmes Schweigen. Da wir vorgängig seine Angst, durch kritische Bemerkungen Ablehnung hervorzurufen, einigermaßen bearbeitet hatten, konnte er in diesem Moment etwas schüchtern äußern, er hätte plötzlich das Gefühl, wie gegen eine Wand zu sprechen. Daraufhin sagte ich, daß ich mich auch etwas unbehaglich fühle, weil ich im Moment nichts, was wirklich stimmig wäre, zu sagen hätte, obwohl ich genau spürte, wie notwendig das für ihn sei. Ich konnte ihm aber auch erklären, daß seine Äußerungen zuerst in mich hineinsinken müßten, bevor ich darauf eine auf echtem Verstehen beruhende Reaktion geben könne. Damit fühlte er sich wiederum verstanden, und dieses Intermezzo brachte dazu noch einen therapeutischen Gewinn. Er mußte nämlich ein Stück meiner

Autonomie zur Kenntnis nehmen – ein Schritt zur graduellen Auflösung seiner Spiegelübertragung.

Zusammenfassend wäre zu sagen, daß die Spiegelübertragung das therapeutische Potential in sich birgt, eine gewisse Wandlung in der jeweiligen Selbstwahrnehmung und Selbstbewertung herbeizuführen. Bisher verpönte oder in Zweifel gezogene Eigenimpulse des Patienten werden nach und nach als berechtigt anerkannt und von ihm zugelassen. Es geht letztlich überhaupt um An-Erkennung des eigenen Wesens in seinem spezifischen Sosein. Dies kann bei narzißtisch gestörten Menschen im Laufe einer Analyse nur dadurch zustande kommen, daß sie sich zuerst vom Analytiker in ihrem Wesen verstanden, gespiegelt, erkannt und anerkannt fühlen. Für eine günstige Entwicklung hängt alles davon ab, in welchem Maße der Patient die am Analytiker erfahrene Einstellung als eigene Einstellung verinnerlichen kann, und daß es ihm allmählich gelingt, auf einfühlend-verstehende Weise mit seinen eigenen Impulsen, Bedürfnissen und Verletzlichkeiten umzugehen, so daß er sie weder abspalten noch auf unrealistische Weise ausleben muß.

Die idealisierende Übertragung

In Jungscher Terminologie kann die von Kohut beschriebene idealisierende Form der Übertragung als Projektion archetypischer Inhalte auf den Analytiker verstanden werden. Gemäß Kohut werden dabei kindliche Bedürfnisse wiederbelebt, welche für die Ausformung des Selbst von entscheidender Bedeutung sind. Es handelt sich um folgendes: Das sich etablierende Selbst benötigt nicht nur einfühlende Spiegelung und Bewunderung seiner Existenz, es erlebt umgekehrt auch Mutter oder/und Vater als allmächtig und vollkommen. Da aber in der Frühphase die Elternfiguren kaum von der Eigenwelt des Kindes unterschieden sind – sie werden von Kohut deshalb «Selbstobjekte» genannt –, so bedeutet deren Vollkommenheit zugleich eigene Vollkommenheit. Es findet also Verschmelzung mit der Allmacht und Vollkommenheit der Elternfigur als «Selbstobjekt» statt. In der Folge ist es die allmähliche Enttäuschung darüber, daß die wirklichen Eltern gar nicht so allmächtig, allwissend und vollkommen sind, die entscheidend zur Entwicklung eines relativ unabhängigen Identitätsgefühls beiträgt.

Mit anderen Worten: Selbstwertgefühl kann auch dadurch entstehen und aufrechterhalten werden, daß aus der Verschmelzung mit dem als vollkommen idealisierten Selbstobjekt Ideale entstanden sind, für die sich der Einsatz lohnt und die den Sinn eines jeweiligen Lebens ausmachen. Wenn solche Prozesse in der Kindheit nicht oder nur ungenügend stattgefunden haben, stellt sich in der Analyse oft idealisierende Übertragung ein als Bedürfnis, mit dem als allwissend oder allmächtig erlebten Analytiker zu verschmelzen. Der Patient strebt mehr oder weniger bewußt danach, am unfehlbaren Wissen und an der «Vollkommenheit» seines Analytikers teilhaben zu können.

An sich sind Qualitäten wie Unfehlbarkeit, Allmacht oder Vollkommenheit allgemeinmenschliche Vorstellungen, die archetypisch-schöpferischer Phantasie entspringen und bereits im Säugling und Kleinkind wirksam zu sein scheinen – wird doch die Realität seiner persönlichen Eltern unbewußt mit dieser Phantasie angereichert. Im Erwachsenenleben werden diese Attribute bewußt zwar einer Gottheit zugeschrieben – was nicht daran hindert, daß sie im Unbewußten noch mit dem eigenen Ich oder mit einer bewunderten Person verknüpft sein können. Insofern viele Gottheiten menschliche Züge tragen, haften ihnen unter anderem noch Spuren des allmächtigen Selbstobjekts aus der Kindheit an, welches ja ein Mischwesen ist aus Phantasie und Realitätswahrnehmung.

Die meisten Formen idealisierender Übertragung bestehen darin, daß dem Analytiker gleichsam göttliche Qualitäten zugeschrieben werden, er unbewußt also mit archetypischer Phantasie ausgestattet wird. Solche Idealisierung ist während längerer oder kürzerer Übergangsphasen manchmal von größter Bedeutung für den psychotherapeutischen Prozeß und sollte vom Analytiker akzeptiert werden. Natürlich besteht dabei immer auch die Gefahr, daß es zu einer Fixierung an das Bild des Analytikers kommt, welches mit dem des eigenen Selbst eine Verschmelzung eingeht. «Werde, der du bist» ist dann gleichbedeutend mit «Werde wie dein Analytiker», was echter Autonomie im Wege sein kann.

Kohut ist zu Recht der Ansicht, daß der Analytiker Idealisierungen nie brüsk zurückweisen sollte. In der Folge beginnt dann der Patient früher oder später wahrzunehmen, daß der Analytiker nicht vollständig dem auf ihn projizierten Ideal entspricht, und so kommt es zu manchmal schmerzhaften Enttäuschungsgefühlen, welche letztlich den Prozeß der Ablösung stimulieren. Ich finde den Ausdruck Ent-täuschung sehr zutreffend, denn die vorangegangene Idealisierung beruhte zum Teil auf illusionärer Täuschung. Es ist deshalb von größter Wichtigkeit, daß der Prozeß sukzessiver «Enttäuschung» und Ernüchterung vom Analytiker verstanden und zugelassen wird. Keinesfalls dürfen solche Gefühle unbesehen als «Widerstand» gedeutet werden, was oft einem unbewußten Versuch des Analytikers gleichkommt, die Idealisierung seitens des Patienten aufrechtzuerhalten.

Nach Kohut führen Erlebnisse schrittweiser Enttäuschung – parallel zur Entwicklung eines kohärenten Selbst in der frühen Kindheit – zu «umwandelnder Verinnerlichung» (Kohut 1979, S. 21, 41, 113, 262). In Jungscher Terminologie bedeutet dies «Rücknahme von Projektionen», ein Vorgang, welcher den Analysanden schrittweise dazu befähigt, manche psychischen Inhalte, welche er vorher projektiv am Analytiker wahrgenommen hatte, in sich selber zu spüren. Solche Entdeckung kann großen Zuwachs an Bewußtwerdung und eventueller Sinnfindung bringen und ist letztlich das therapeutische Potential, das in der idealisierenden Übertragung steckt.

Es sei hier noch hinzugefügt, daß es für den Analytiker gar nicht selbstverständlich ist, idealisierende Übertragungen, bei denen er grenzenlos bewundert wird, mühelos zu verkraften.

Einerseits kann die Angst vor der Peinlichkeit eigener latenter Größenphantasien konstelliert werden. Andererseits kann auch Angst davor entstehen, die idealisierten Erwartungen des Patienten zu enttäuschen. Denn auch ein Analytiker kann manchmal seinen Patienten unbewußt als «Selbstobjekt» erleben, dessen Bewunderung er zwar benötigt, der Inadäquatheit wegen aber zugleich fürchtet. Vor allem ist es für den Analytiker oft peinlich, wenn er den eigenen Genuß wahrnehmen muß, den er aus der Tatsache zieht, daß er zu einer idealisierten und bewunderten Figur erhoben wird. Dies schließt wiederum Stiche narzißtischer Kränkung nicht aus, wenn er erlebt, wie der Patient Projektionen zurückzieht und ihn deshalb nicht mehr so stark bewundert, liebt und benötigt.

Ein therapeutisch fruchtbarer Umgang mit der idealisierenden Übertragung hat jedenfalls zur Voraussetzung, daß der Analytiker seine überdimensionierte Bedeutung als *Übertragungsfigur* nicht inflativ als narzißtische Aufwertung seiner *Person* mißversteht. Ein genügendes Maß an realitätsgerechter Selbsteinschätzung ist dazu unabdingbar.

Es sei hier ein Beispiel angeführt, um den Vorgang der Rücknahme von Projektionen archetypischen Inhalts auf den Analytiker zu verdeutlichen. Und zwar handelt es sich um einen jungen Mann, der an schwerer Agoraphobie (Platzangt) und einer Fülle unspezifischer psychosomatischer Symptome litt, die ihm Anlaß zu ständigen Klagen und hypochondrischen Ängsten gaben. Am Anfang der Psychotherapie war es mir kaum möglich, seinen Redefluß mit irgendeiner Intervention zu unterbrechen. Sobald ich meinen Mund öffnen wollte, erhob er mit abwehrender Geste seine Hand, und in seinem Blick konnte ich panische Angst feststellen. Ich hatte für ihn vorerst die Funktion einer stummen Klagemauer zu übernehmen. Dabei fühlte ich mich trotzdem nicht entwertet, wie das beispielsweise in der Spiegelübertragung des vorher erwähnten Analysanden der Fall war. Ganz im Gegenteil schien es, daß ich für ihn etwas Zentrales darstellte, in dem allerdings ein äußerst bedrohlicher Aspekt enthalten sein mußte. Es kam mir vor, als ob er von mir sein Todesurteil erwarten würde, weshalb er mich ganz instinktiv am Sprechen zu hindern wußte. Eines Tages aber schrie er mich ganz unvermittelt an: «Was immer Sie mit mir auch tun werden, eines werde ich niemals zulassen: Sie werden mir nie meinen Glauben an Gott rauben können!»

Woher kamen diese Befürchtungen eines Patienten, der nicht als paranoid im psychotischen Sinne bezeichnet werden kann? Er hatte als uneheliches und unerwünschtes Kind in der frühen Spiegelung durch die Mutter sich selbst gleichsam nur als Fratze wahrnehmen können. Seinen Bedürfnissen war kaum eigenes Lebensrecht eingeräumt worden, und doch klammerte er sich in verzweifelter Angst ans Leben. Um die Geborgenheit, nach der er sich immer sehnte, endlich zu finden, trat er später in eine religiöse Bruderschaft ein, wo aber von neuem seine Erwartungen ganz gravierend enttäuscht wurden. Jedenfalls wurde ihm beim Ausbruch seiner Agoraphobie und seiner Symptome bedeutet, dies geschehe als Strafe dafür, daß er nicht richtig an Christus glaube. Es sei auch nur Christus, der ihn von diesem Leiden erlösen könne. Und als er den Wunsch äußerte, einen Psychotherapeuten aufzusuchen, wurde ihm gesagt, daß alle Psychotherapeuten weltliche Sünder seien, die sich mit Sex und anderen schmutzigen Dingen beschäftigten. Seine Symptome wurden aber immer schlimmer, so daß er Urlaub nehmen mußte, in eine andere Stadt zog und trotz dem Verdikt der Bruderschaft und ihres Rektors einen Psychotherapeuten zu konsultieren wagte.

So war er also nicht sicher, ob ich nicht als «weltlicher Sünder» zu betrachten sei, und litt unter Bestrafungsangst, weil er mich überhaupt aufsuchte. Zugleich war ich als «weltlicher Sünder», der mit Frauen und Sex in Berührung sein mußte, auch sehr attraktiv für ihn, und er wagte die Vermutung zu äußern, daß die moralischen Ansichten der Bruderschaft vielleicht allzu eng sein könnten. Während er sich nun einerseits nach «Geborgenheit» bei mir sehnte, wußte er andererseits wiederum nicht, ob Gott ihn nicht bestrafen würde, wenn er sich an einen «weltlichen

Sünder» anlehne und sich erst noch kritische Gedanken über die Bruderschaft erlaube. Das Jüngste Gericht war auch der hauptsächlichste Inhalt seiner aus archaischen Überichängsten bestehenden Religiosität.

Es wurde bald evident, daß ich in seiner Phantasie vom weltlichen Sünder bereits zum Antichrist in Person emporstilisiert worden war. Ich war für ihn übermächtig in meiner Anziehungskraft und zugleich in höchstem Maße angsterregend, da ich nach seiner Meinung alle Versuchungen der Hölle in ihm weckte und förderte. Er sah also in mir die Verkörperung seiner verdrängten Triebwelt, projizierte auf mich seinen Schatten, wobei dieser Schatten ihm so übermächtig und in archetypischer Weise dämonisch erschien, weil er von früh an hatte abgespalten werden müssen. Als unerwünschtes Kind hatte er schon früh in der illusionären Phantasie gelebt, daß er vollkommen «gut» (was immer das heißen mag) sein müßte, um angenommen und geliebt zu werden. Ein solch vollkommenes Gutsein ist aber menschenunmöglich. Trotzdem mußte er sich unbewußt an diese Vorstellung klammern, um nicht dem Jüngsten Gericht zu verfallen (d. h. verlassen und hilflos in seine Hölle verstoßen zu werden).

Im Laufe der Analyse konnte er nun schrittweise wahrnehmen, daß ich keineswegs so verführerisch teuflisch war, wie er es sich anfangs vorgestellt hatte. Somit konnte die Rücknahme von Projektion Stück für Stück stattfinden. Hand in Hand damit, daß er sich etwas mehr Toleranz gegenüber seinen sexuellen Phantasien und Handlungen zugestehen konnte, mußte auch ich immer weniger Projektionsträger des übermächtig Teuflischen sein. Auch Kritik an der religiösen Engstirnigkeit der Bruderschaft konnte er nun überzeugter äußern, selbst auf die Gefahr hin, mit solch kritischen Gedanken einem Teufel zu verfallen, der ihn zum Zweifel an Gottes Wahrhaftigkeit und Güte anzustiften vermöchte. Indem er begann, Schattenaspekte in sich selber vermehrt zu akzeptieren, wurde auch ich mit der Zeit etwas «vermenschlicht».

Ich habe bewußt dieses Beispiel gewählt, weil es sich dabei um eine oft anzutreffende Übertragungsform handelt, eine Idealisierung, die mit negativen, zumindest ambivalenten Gefühlen verbunden ist. Ich wurde vom Patienten anfänglich vorwiegend als übermächtig «dämonische» Figur erlebt. Viel häufiger versteht man unter Idealisierung aber die Projektion eines archetypischen Inhalts, der vom Analysanden mit positiven Vorzeichen ausgestattet ist. Das kann so weit gehen, daß der Analytiker zur Verkörperung des höchsten Persönlichkeitswertes wird, zum Projektionsträger für das Selbst des Analysanden.

Ich erinnere mich, daß ich zu Beginn meiner Ausbildung am Zürcher Jung-Institut eines Tages eine ältere Dame traf, die soeben eine Sitzung mit Jung hinter sich hatte und noch ganz davon erfüllt war. Während sie von ihrem Erlebnis mit leuchtenden Augen erzählte, spürte ich in mir als Reaktion eine Mischung von Neid, Bewunderung und Neugier, denn ich hatte zu jenem Zeitpunkt Jung in Person noch nie zu Gesicht bekommen. So fragte ich sie: «Wie ist eigentlich Jung in Wirklichkeit?» «Wissen Sie», antwortete sie etwas pathetisch, «er ist wie Gott.» Ich war doch etwas ernüchtert und enttäuscht, daß sie keine differenziertere Beschreibung von Jung geben konnte. Ihre Gleichsetzung von Jung mit Gott kam mir doch etwas abstrus vor, und ich fragte mich, ob ihre geistige Verfassung wohl noch in Ordnung sei. Dem war aber entgegenzuhalten, daß sie immerhin gesagt hatte, Jung sei *wie* Gott. Sie erlebte ihn also so, *als ob* er Gott wäre – ein typisches Phänomen idealisierender Übertragung. Es sei hier nochmals daran erinnert, daß Jung bei seiner Entdeckung der archetypischen Übertragungsformen die Frage stellte:

> «Sollte der Drang des Unbewußten vielleicht nur scheinbar nach der Person (des Arztes) greifen, in tieferem Sinne aber nach einem Gott? Könnte das Verlangen nach einem Gott eine unbeeinflußter, dunkelster Triebnatur entquellende *Leidenschaft* sein? ... vielleicht der höchste und eigentlichste Sinn dieser unzweckmäßigen Liebe, die man Übertragung nennt? Vielleicht ein Stück wirklicher ‹Gottes-

minne›, die seit dem 15. Jahrhundert dem Bewußtsein entschwunden ist?» (Jung 1928, Par. 214).

Außergewöhnliche Menschen wie Jung oder Freud ziehen idealisierende Übertragung magnetisch an, werden für viele Menschen leicht zu Projektionsträgern des Selbst. So sind Schüler, die sich um einen Meister scharen, meist von idealisierenden Verschmelzungswünschen erfüllt, was die Möglichkeit bietet, die je eigene Auseinandersetzung zu vermeiden und sich trotzdem auf dem Weg in die eigene Tiefe zu wähnen. Jung selbst hat in drastischer Weise von der Gefahr inflativer «Jüngerphantasie» gesprochen, bei der man bescheiden dem «Meister» zu Füßen sitze und sich vor eigenen Gedanken hüte. «Die geistige Trägheit wird zur Tugend, man darf sich der Sonne eines mindestens halbgöttlichen Wesens erfreuen» (Jung 1928, Par. 263). Hier erwähnt Jung also die Gefahr solcher «Verhimmelung des Meisters» (Jung 1928, Par. 263), welche darin besteht, die Entwicklung zur eigenständigen individuellen Persönlichkeit nicht wahrzunehmen.

Sowohl Spiegelübertragung als auch idealisierende Übertragung nehmen, wenn sie in der Praxis auftreten, verschiedene Intensitätsgrade an und können sich auch im Wechselspiel manifestieren. Manchmal ist eine Übertragungsform während längerer Phasen vorherrschend, manchmal treten beide Formen fast simultan auf. Zu solchem Wechsel in der Übertragungsform, der sich manchmal äußerst subtil ankündet, möchte ich im folgenden noch ein Beispiel geben:

Während drei aufeinanderfolgenden Sitzungen mit einer gut 40jährigen Analysandin überkam mich nach einiger Zeit jedesmal ziemlich starke Müdigkeit, so daß ich gegen den Schlaf zu kämpfen hatte. Der Idealanalytiker in mir schätzt solche Reaktionen gar nicht, die dreimalige Wiederholung zeigte mir aber an, daß es sich wahrscheinlich um eine syntone Gegenübertragungsreaktion handeln müsse. Aber was war deren Bedeutung? An der Thematik, über welche die Patientin sprach, konnte es eigentlich nicht in erster Linie liegen, denn sie war nicht uninteressant, wenn auch etwas weitschweifig hervorgebracht.

Zu dieser Zeit war die Patientin bereits vier Jahre bei mir in Analyse, die sie wegen Errötungsängsten begonnen hatte. Sie fühlte sich dadurch auf grausamste Weise exponiert, von Schamgefühlen überflutet und vermied deshalb immer mehr die Gesellschaft anderer Menschen. Sich zu exponieren und damit gesehen zu werden, war zunehmend mit Angst und Schamgefühlen besetzt.

Dabei hatte sie eine große Gabe, auf andere Menschen einzugehen, hatte also eine sehr gut entwickelte Empathie, was gemäß Kohut bei narzißtischen Störungen sonst gerade fehlt. Diese Gabe war wohl dadurch gefördert worden, daß sie sich von klein auf in die Erwartungen ihrer offensichtlich narzißtisch gestörten Mutter einzufühlen hatte, um wenigstens ein Minimum an lebensnotwendiger Zuwendung zu bekommen. Die Bedürfnisse anderer Menschen hatten dann auch später immer Vorrang vor ihren eigenen, und wenn sie deren Erwartungen nicht erfüllen konnte, wurde sie von heftigsten Schuldgefühlen gequält. So ergab sich bei näherem Zusehen doch die Frage, ob ihre jeweilige Einfühlungshaltung nicht allzusehr die Tendenz hatte, mit Projektionen durchsetzt zu werden.

Auch in der Analyse versuchte sie, sich auf «meine Erwartungen» einzustellen, wobei sie mich als geistige Potenz mächtig idealisierte. Diese Idealisierung hatte gleichzeitig für sie die Konsequenz, daß sie mir bedeutsame Träume und geistig interessante Thematik zu liefern hatte. Jedesmal, wenn ihr das nicht gelang, fühlte sie sich sehr geängstigt, beschämt und minderwertig – hatte auch das Gefühl, daß alles in ihr leer sei. Es wurde dann immer deutlich, daß die Verschmelzung mit dem idealisierten Selbstobjekt, mit dem so hoch geschätzten «geistigen Prinzip», wieder einmal nicht gelungen war. Im ganzen zeigte sie lebhaftes Interesse an der Analyse, arbeitete gut mit, besaß Intelligenz und viel differenziertes Fingerspitzengefühl für psychische Zusammenhänge. Wegen ihres Taktgefühls erlebte ich ihre

Bewunderung für mich nie unangenehm aufdringlich, der so betonte Akzent auf dem Geistigen war nicht allzu offenkundig nur eine Abwehr der erotischen Komponente, sondern entsprach meines Erachtens auch einem echten Bedürfnis.

Meine Gegenübertragung wirkte sich im ganzen so aus, daß ich mich von ihr beflügelt erlebte und voller Deutungseinfälle war. Allerdings gab ich manchmal zu lange, von Wissen gespickte Erläuterungen ab. Sie fand aber, daß sie durch solche Gespräche genährt und bereichert würde – hatte allerdings manchmal Angst, all die interessanten Zusammenhänge auf dem Heimweg wieder zu vergessen. Die Symptome wurden langsam etwas besser, es war uns beiden aber bewußt, daß Hemmungen und Schamgefühle ihrer Spontaneität immer noch im Wege standen. Dabei war es bezeichnend, daß sie sich nun in *beruflicher* Hinsicht vor einem größeren Team und auch vor Vorgesetzten bedenkenlos exponieren konnte, sobald es sich um ein ihr wichtig erscheinendes prinzipielles Anliegen von Gerechtigkeit oder ähnlichem handelte. Sie fühlte sich dann von einem überpersönlichen, geistigen Ideal getragen. Mit denselben Leuten aber in ein Restaurant zu gehen und einen Kaffee zu trinken, bedeutete immer größte Überwindung ihrer Exponierängste.

Ich konnte ihre idealisierende Übertragung nicht abschütteln, konnte sie nicht zu «nichts als Kompensation» umdeuten – für sie war ein zu vitales und echtes Anliegen dahinter. Wie erwähnt, baut sich bei günstigem Verlauf eine idealisierende Übertragung anhand kleiner Enttäuschungserlebnisse graduell ab. Auch bei meiner Analysandin wagte sich da und dort mit der Zeit etwas Kritik an mir hervor, was ich vom therapeutischen Standpunkt aus begrüßte.

Was bedeutete nun aber das Auftreten meiner wiederholten Anfälle von Schläfrigkeit? Anstatt mit mir selber um Wachheit zu kämpfen, entschloß ich mich, bei der dritten Wiederholung dieses Phänomens meine Gegenübertragungsreaktion ins Gespräch zu bringen. Selbstverständlich konnte ich – bei der Empfindlichkeit meiner Patientin – das Problem nicht direkt angehen und ihr mitteilen, daß sie mich offensichtlich bis zur Schläfrigkeit langweile. Das hätte auch gar nicht der Wahrheit entsprochen. Hingegen fragte ich sie, ob es wohl möglich sei, daß sie sich im jetzigen Moment weit entfernt und isoliert von mir erlebe. Und in der Tat konnte sie daraufhin mitteilen, daß sie das Gefühl habe, lauter völlig uninteressantes Zeug zu quatschen, womit sie selbstverständlich bei mir nicht auf Interesse stoßen könne. Deshalb fühle sie sich mehr und mehr verunsichert. Was sie mir damit mitteilte, bedeutete mit anderen Worten, daß sie sich mangels «empathischen Widerhalls» meinerseits von mir abgelehnt fühlte. Die weitere Analyse unserer Situation ergab, daß sie ein immer drängenderes Bedürfnis abwehren mußte, nämlich den Wunsch nach dem «spiegelnden Selbstobjekt». Langsam kam also die tief in ihr verschüttete Seite zum Vorschein, welche bewundernde Spiegelung fordert und vom «Glanz im Auge der Mutter» erkannt und damit als existierend und wertvoll an-erkannt werden will. Ein solches Bedürfnis war aber mit Erinnerungen an frühe traumatische Enttäuschung verkoppelt und verursachte deshalb Angst. So mußte es verdrängt werden. Bewußt erlebte die Analysandin also nur verstärkte Angst, mich mit uninteressanten Dingen zu langweilen. Wie meine Schläfrigkeit zeigte, gelang es ihr auch, mich zur abweisenden Mutterfigur zu machen, während kein noch so schüchternes Signal ihr eigentliches Bedürfnis mitteilen durfte. Die Erhellung der nun auftauchenden Spiegelübertragung brachte es mit sich, daß es ihr in zunehmendem Maße möglich wurde, sich zu äußern, wann immer sie sich von mir mißverstanden, gekränkt oder abgelehnt fühlte, und bildete den Beginn weiterer Fortschritte in Richtung Selbstbehauptung und Überwindung ihrer Symptomatik.

Illusionäre und wahnhafte Formen der Übertragung

Es sollen hier noch einige Bemerkungen zu der in der Praxis wichtigen Unterscheidung zwischen illusionären und wahnhaften Formen der Übertragung folgen (Lambert 1981, S. 142, Fordham 1978), und in diesem Zusammenhang möchte ich auf die erwähnte Dame zurückkommen, die Jung zu einem Gott idealisiert hatte. Wenn diese Dame nun der unverrückbaren Überzeugung gewesen wäre, daß Jung wirklich Gott *ist,* so wäre das einem Übertragungswahn zuzuschreiben. Sie erzählte aber, Jung sei ihr *wie* Gott vorgekommen, und scheint sich damit der «Als-ob-Qualität» ihrer Wahrnehmung bewußt zu sein. Ihre Form der Übertragung ist deshalb als illusionär zu bezeichnen.

Der junge Mann, der mich während seiner Analyse als Antichrist in Person erlebte, war zeitweise von wahnhafter Übertragung befallen. Bald konnte er aber in seinen besseren Momenten mit mir *über seine Ängste* sprechen, ich könnte eine Art teuflische Macht sein, die ihn zum Bösen anstiftet. Er war offensichtlich nun nicht mehr der festen Überzeugung, ich sei wirklich Antichrist in Person, denn nach und nach hatte er begonnen, mich zugleich auch als Therapeuten wahrzunehmen, von dem er Hilfe zur Linderung seiner Ängste erwartete. Es dämmerte ihm, daß der an mir erlebte «Antichristaspekt» auf einer Illusion beruhen könnte, und somit war es möglich, ein gemeinsames Arbeitsbündnis zu schließen, das sich mit zunehmendem Vertrauen festigte.

Bei der sogenannten illusionären Übertragung steht eine gewisse Flexibilität zur Verfügung, es ist bis zu einem gewissen Grad möglich, die Übertragungsinhalte in Frage zu stellen und zu deuten. Ein Patient, dessen Übertragung auf illusionäre Weise wirksam ist, gibt seinem Analytiker z. B. folgendes zu verstehen: «Ihre Präsenz wirkt auf mich so, als ob Sie Vater, Mutter, Liebhaber, Lehrer, Teufel oder Gott wären – als ob Sie alles verkörpern würden, was ich mir je gewünscht habe, oder alles, was ich im Grunde hasse. Mir kommt es vor, als ob Sie immer alles wissen und alles durchschauen, als ob es Ihre unantastbare Vollkommenheit wäre, die einen so lähmenden Einfluß auf mich ausübt. Zugleich weiß ich aber auch, daß diese Vorstellungen vor allem in mir wirksam sind und mit Ihrer Wirklichkeit wenig zu tun haben.» Damit ist meist die Motivation gegeben, in Zusammenarbeit mit dem Analytiker die tiefere Bedeutung dieser Phantasien und Gefühle aufzuspüren.

Wahnhafte Übertragung ist gekennzeichnet durch zumindest partiellen Verlust an Realitätsprüfung und manifestiert sich vor allem in psychotischen Zuständen. Oft sind aber fließende Übergänge zwischen den beiden Übertragungsformen zu beobachten, und Episoden vorwiegend wahnhafter Übertragung treten in manchen Analysen auf. Während solcher Phasen ist es dem Patienten nicht möglich, sich von den wahnhaften Aspekten seiner Erfahrung am Analytiker zu distanzieren. Zum Beispiel erfährt mich ein Patient als eine Art Rattenfänger von Hameln und wähnt, daß ich ihn suggestiv nach meinem Willen beeinflusse und dadurch von der Bahn seines wahren Selbst abzubringen trachte. Wenn ich dabei einfühlend auf ihn eingehe, ist doppelte Vorsicht angezeigt, denn dies könnte gerade mein Mittel sein, ihn in mein eigenes Denkgebäude einzuschließen, ihn verführerisch zu zwingen, meine Gedanken zu denken.

Allerdings kann sich im Verdacht meines Patienten auch ein Kern Wahrheit verbergen, was vom Analytiker immer selbstkritisch in Betracht zu ziehen ist. Mit solchen Verdachtsmomenten steht mein Patient nicht unbedingt allein. Er kann sich auf die wohlbekannten, immer wieder geäußerten Vorurteile berufen, daß Psychoanalyse nichts anderes als eine Art zersetzender Hirnwäsche sei. Ich kann ihm nicht beweisen, daß ich keinerlei Rattenfängerabsichten habe. (Kann ich je mir selber beweisen, daß ich von solchen Tendenzen vollständig frei bin?) Sicher ist nur, daß mein Patient in einer unangehbaren Widerstandshaltung befangen ist, die im Moment respektiert werden muß. Die Bedeutung dieser Widerstandshaltung mag mir aus seiner

Lebensgeschichte einsichtig geworden sein. Wahrscheinlich benötigte er von früh an mißtrauische Abkapselung gegen jegliche Beeinflussung als Schutz vor verletzenden seelischen Ein- und Zugriffen uneinfühlsamer Eltern – was einer unbewußten Überlebensstrategie gleichkam. Ein Übermaß an Energie war notwendig, um den seelischen Eigenbereich zu verteidigen, und somit wird es verständlich, daß er noch heute menschliche Nähe mit ihren Einflüssen und Grenzüberschreitungen abwehren muß. Vieles spricht also für die Deutung, daß er die mächtigen internalisierten Elternfiguren, die seine Selbstsicherheit unterminieren, projektiv am Analytiker abwehrt.

Wenn ich nun den Versuch unternehme, ihm diese Zusammenhänge aufzuzeigen, so fühlt er sich von neuem in die Enge getrieben. Er wehrt sich, meinen Interpretationen «Glauben zu schenken», denn er vermutet, ich wolle ihn nur zu meinen Gunsten beeinflussen und ihn von seinem eigenen Weg abbringen. Genau dieses von mir so virtuos gehandhabte analytische «Messer» sei es, welches ihm den Weg zu seiner Selbstfindung immer wieder abschneide. Dabei deutet er seine Träume selbst, und zwar immer so, wie er sie sehen möchte, während er von mir die Bestätigung seiner eigenen Interpretation erwartet. Der kleinste Einwand meinerseits, ja selbst ein ergänzender Gesichtspunkt zu seiner Trauminterpretation wird im Sinne meiner Einmischung verstanden und nährt die wahnhafte Befürchtung, ich wolle ihn insgeheim von seinem eigenen Weg weglocken. Der Analysand ist aber nicht als psychotisch zu bezeichnen, setzt auch seine Analyse mehr oder weniger regelmäßig fort. Zwar müsse er sich vor mir als Analytiker schwer in acht nehmen, käme aber, weil er mich als Mensch gern habe. Nach wie vor fühlt er sich von seinen Konflikten und Beziehungsschwierigkeiten gequält und meint, wir hätten noch vieles durchzuarbeiten.

Solch wahnhafte Verkennung der therapeutischen Beziehung kann als «paranoid» bezeichnet werden, ist aber nicht unbedingt psychotisch und kann sich auf einen Teilbereich der Persönlichkeit begrenzen. Dem Analytiker bleibt nichts anderes übrig, als die scheinbar unangreifbare Widerstandshaltung mit Geduld und Einfühlung anzunehmen und die minimalsten Anzeichen eines vielleicht doch wachsenden Vertrauens zu erspüren. Letztlich ist es ja ein tief verankertes Mißtrauen, welches die wahnhaften Überzeugungen nährt, und nur durch wachsendes Vertrauen wird der Patient den riskanten Gedanken zulassen können, ich sei vielleicht gar kein feindlicher Eindringling, der seine Integrität verletzen will. Damit jedoch müßte er zugleich die Möglichkeit in Betracht ziehen, daß es *innerseelische* Gegebenheiten sind, die ihn dazu zwingen, mich so zu erleben, *als ob* ich ein Rattenfänger sei. Die wahnhafte Übertragungsform könnte sich somit in Übertragungsillusion wandeln, was eine grundlegende Voraussetzung zur Analyse der damit verbundenen Ängste ist. Der Patient wird nun auch mehr spezifische Aussagen darüber machen können, wann und zu welchen Gelegenheiten er diesen entfremdenden Einfluß von mir spürt, und wird weniger globale Abwehr benötigen. Dies wiederum bringt mehr Leben und Farbe in den Dialog, fördert die Spontaneität seelischen Ausdrucks und damit die therapeutischen Chancen.

Im allgemeinen kommt man aber um die Feststellung nicht herum, daß die Fruchtbarkeit analytischer Arbeit sehr in Frage gestellt ist, wenn wahnhafte Übertragung sich nicht auflockern läßt. Wir nähern uns dann dem Gebiet der Therapie von Psychosen, die oft nicht mit psychologischen Mitteln allein angegangen werden können, sondern auch psychiatrisch-medikamentöser Behandlung bedürfen.

«Spiegelübertragung», «idealisierende Übertragung», «archetypische Übertragung» sind Begriffe zur Bezeichnung der Gefühle, Phantasien, Erwartungen, die ein Patient, meist unbewußt, in bezug auf seinen Analytiker hegt. Sie geben auch einen Hinweis darauf, welche Funktionen des Analytikers für den Reifungsprozeß des Patienten vorwiegend benötigt werden. Hingegen versuchen die Bezeichnungen «illusionär» oder «wahnhaft» anzugeben, ob der Analytiker nicht nur als Übertragungsfigur, sondern zugleich auch als reale Person wahrgenommen wird oder nicht. Bekanntlich sprechen wir erst dann von Übertragung, wenn eine menschliche Beziehung mit illusionären Elementen durchsetzt ist, wenn z. B. der Analytiker nicht nur in seiner persönlichen, begrenzten Realität als Dr. X erlebt wird, sondern auch so, als ob er allwissend oder allmächtig wäre. Je mehr Wahnhaftes sich in die Übertragung einnistet, um so weniger ist es dem Patienten möglich, den Analytiker zugleich auch als realen Dr. X wahrzunehmen. Er wird zur Verkörperung der jeweiligen Projektion, die nicht mehr hinterfragt werden kann – ein Zeichen dafür, daß die Fähigkeit des Patienten zu symbolischer Als-ob-Erfahrung verschüttet ist. All die erwähnten Übertragungsformen (Spiegel-, idealisierende, archetypische Übertragung) können also sowohl auf illusionäre als auch auf wahnhafte Weise auftreten.

Natürlich gibt es nicht nur illusionäre oder wahnhafte Formen von Übertragung auf seiten des Patienten, auch der Analytiker ist in seiner *Gegenübertragung* auf den Patienten nicht unbedingt vor wahnhaften Vorstellungen gefeit. Man denke z. B. an die gelegentlich auftretende «Folie à deux», von der beide therapeutischen Partner erfaßt werden.

An dieser Stelle möchte ich für wahnhaftes Gegenübertragungsverhalten ein persönliches Beispiel geben. Kurz nach meiner Praxiseröffnung suchte mich ein sehr kultivierter, meines Erachtens höchst intelligenter Mann auf, weil er mit mir analytisch arbeiten wollte. Während er nun in mehreren Sitzungen seine differenzierte Kultiviertheit und sein scharfes Denken entfaltete, befiel mich in zunehmendem Maße ein unangenehmes Minderwertigkeitsgefühl, denn ich konnte meistens gar nicht verstehen, was er mir mit seinen verschlungenen Gedankengängen mitteilen wollte. Ich war zwar stolz darauf, daß dieser bedeutende und sehr kritische Mann ausgerechnet mich aufgesucht hatte. Um so mehr sah ich jeder Sitzung mit Unbehagen entgegen, fühlte mich seinen Erwartungen nicht gewachsen und hegte ständig die Befürchtung, er würde mich aus Enttäuschung bald wieder verlassen. Damit würde mir dasselbe passieren wie zuvor einem renommierten älteren Analytiker, den er verlassen hatte, um zu mir, dem damaligen Anfänger zu kommen, weil er – wie er sagte – von einer meiner Vorlesungen beeindruckt gewesen war.

Es dauerte einige Wochen, bis ich meine wahnhaften Gegenübertragungsreaktionen zu durchschauen begann. Langsam dämmerte mir, daß bei genauem und kritischem Hinhören eigentlich wenig Substanz in den Äußerungen dieses Patienten war. Vielmehr zeigte sich unverkennbar eine gewisse Inkohärenz seines Denkens. Kein Wunder also, daß ich ihn nicht verstehen konnte. Was er von sich gab, entpuppte sich als intellektualisierender Blödsinn, der von seinen sehr archaischen Emotionen in gefährlicher Weise abgeschnitten war. Diesem Tatbestand gegenüber war ich, weil in einem narzißtischen Komplex befangen, erstaunlich blind gewesen. Einerseits hatte ich mich geschmeichelt gefühlt, daß dieser anscheinend so kritische Mann den berühmten Kollegen verlassen hatte und mich aufsuchte, andererseits war ich enttäuscht, die Erwartungen meines eigenen Größenselbst, die ich auf diesen Patienten projiziert hatte, nicht erfüllen zu können. Natürlich war er ein guter «Haken», um diese Projektion daran «aufzuhängen», aber mein eigener Komplex hatte mich meiner diagnostischen Fähigkeiten beraubt. Ich war also zur Zeit meiner Gegenübertragung nicht genügend bewußt, um mir die Frage zu stellen, was es wohl für die analytische Situation *bedeutete*, daß ich diesen Mann so erlebte, *als ob* er grandios allwissend und überintelligent sei. Ich hatte mich nicht gefragt, warum er mein Selbstwertgefühl als Analytiker zu beeinflussen vermochte und mir das Gefühl vermittelte, *als ob* ich vollständig inkompetent sei. Es ist im allgemeinen also ein eigener, unbewußt wirkender Komplex, der den Analytiker in wahnhafte Gegenübertragungsreaktionen einzulullen vermag.

Gegenübertragung bedeutet sowohl in ihrer wahnhaften als auch illusionären Form ein schädliches Hindernis für den analytischen Prozeß. Sie stellt eine Gefahr dar, der ein Analytiker jederzeit ausgesetzt sein kann. Sensibilisierung auf die Symptome ihres Auftretens ist deshalb ein Haupterfordernis jeglicher Ausbildung zum Analytiker. Es ist entscheidend, daß diese Gegenübertragung erkannt und nach ihrer Bedeutung befragt wird, denn – wie erwähnt – sie vermag unter Umständen einen Schlüssel zum Verständnis tieferer Vorgänge im Patienten zu liefern. Auf differenzierte Weise angewendet, ist sie also ein wesentliches therapeutisches Instrument.

4. Zur Unterscheidung von Übertragung und zwischenmenschlicher Beziehung

In den vorausgegangenen Kapiteln haben wir uns mit der Vielfalt derjenigen Phänomene befaßt, die in der tiefenpsychologischen Fachsprache als Übertragung und Gegenübertragung bezeichnet werden. Es handelt sich dabei um Projektionen, die sich innerhalb des Beziehungsfeldes von Patient und Analytiker abspielen. Bekanntlich sind aber menschliche Beziehungen ganz generell mit Projektionen durchsetzt; auf ihnen beruhen meistens die Mißverständnisse und Illusionen, die eine Beziehung belasten, unter Umständen auch beflügeln können. Wie unterscheidet sich aber nun echte menschliche Beziehung von Übertragung?

«Ich-Du» und «Ich-Es» – zwei Formen menschlicher Grundhaltung

Ich glaube, daß zur Beantwortung dieser Frage Martin Bubers Ideen des «dialogischen Prinzips» etwas weiterhelfen können, auch wenn sie für die tiefenpsychologische Betrachtungsweise einiger Modifikationen bedürfen. Es geht dabei vor allem um die zwei Formen menschlicher Grundhaltung, die sich in den Grundworten «Ich-Du» und «Ich-Es» ausdrücken. Er schreibt:

> «Die Welt ist dem Menschen zwiefältig nach seiner zwiefältigen Haltung. Die Haltung des Menschen ist zwiefältig nach der Zwiefalt der Grundworte, die er sprechen kann. Die Grundworte sind nicht Einzelworte, sondern Wortpaare. Das eine Grundwort ist das Wortpaar Ich-Du. Das andere Grundwort ist das Wortpaar Ich-Es» (Buber 1923, S. 7).

Dieser Aussage fügt Buber etwas entscheidend Wichtiges bei: «Somit ist auch das Ich des Menschen zwiefältig. Denn das Ich des Grundworts Ich-Du ist ein anderes als das des Grundworts Ich-Es.» Dies bedeutet, daß die Art meiner Bezogenheit auf Welt und Du zugleich mein Selbsterleben verändert. Denn, so meint Buber: «Das Grundwort Ich-Du kann nur mit dem ganzen Wesen gesprochen werden.» Hingegen kann das «Grundwort Ich-Es nie mit dem ganzen Wesen gesprochen werden» (Buber 1923, S. 7).

Es muß hier vorausgeschickt werden, daß ich – von Buber zwar angeregt – diese Grundhaltungen etwas anders interpretiere, als er es von seinem philosophisch-dichterischen Standpunkt aus tut. Der Unterschied ergibt sich aus der tiefenpsychologischen Einbeziehung des Unbewußten, während Buber die Tiefenpsychologie weitgehend abgelehnt hat.

So verstehe ich unter der Einstellung, die sich im Grundwort «Ich-Es» formulieren läßt, die Fähigkeit des Menschen, Personen seiner Umgebung und seine ganze Umwelt als Objekte wahrzunehmen und zu gebrauchen. Das kann sich auf vielen Ebenen abspielen. So können Menschen Objekte meiner Überlegungen oder Objekte meiner Kritik sein. Ich kann sie aber auch als Objekte meiner eigenen Bedürfnisse oder meiner Ängste erleben. Mit anderen Worten: Es werden Menschen als Objekte benötigt und für eigene bewußte oder auch unbewußte Interessen benützt. So betrachtet z. B. der Chef eines großen Betriebs die Menschen seiner Belegschaft nur als Objekte seines Gewinnstrebens. Öfters gereicht die Grundhaltung Ich-Es aber auch zu gegenseitigem Vorteil. Ich halte etwa die Verbindung zu einem einflußreichen Mann nur deshalb aufrecht, weil er mir für mein Fortkommen nützlich ist. Umgekehrt liebt es der einflußreiche Mann, von Menschen umgeben zu sein, die seinen Einfluß auch benötigen. Er kann sie dadurch auf «Dankbarkeit» verpflichten, was wiederum sein eigenes Machtgefühl nährt. Was ist ein König ohne Untertanen? Doch die Sehnsucht des von Schmeichlern umgebenen Machtmenschen nach echter Du-Beziehung wird

z. B. von F. Schiller in der Gestalt Philipps II. von Spanien eindrücklich dargestellt. Wie Buber zu Recht betont, kann die Ich-Es-Haltung nie dem ganzen Wesen entsprechen, kann nie Grundlage einer vollen, wesensmäßigen Beziehung sein.

In subtilerer Form enthält jede menschliche Verbindung mehr oder weniger große Anteile an Ich-Es-Haltung. Sie spielt sich dann vorwiegend unbewußt ab. Zum Beispiel kann es für einen jungen Mann äußerst wichtig sein, daß seine Partnerin schön ist und deshalb allgemein bewundert wird. Die Ich-Es-Haltung kann hier insofern vorherrschen, als er unbewußt die Schönheit des Mädchens zur Aufwertung seines männlichen Selbstwertgefühls benötigt. Es verlangt ihn danach, für seinen Erfolg bei einer schönen Frau bewundert und beneidet zu werden, die Frau wird Objekt zur Befriedigung seines Narzißmus. Umgekehrt erinnere ich mich an eine junge Frau, die unter ihrer außergewöhnlichen Schönheit zu leiden schien, weil sie befürchtete, einzig um dieser Schönheit willen geliebt zu werden. Sie war deshalb gegenüber jeder Annäherung sehr mißtrauisch und wähnte, als Objekt gesehen zu werden, an dem sich Männer narzißtisch aufwerten wollen. Zugleich wurde sie von der Vorstellung verfolgt, sie könnte durch Unfall oder Krankheit verunstaltet werden und ihre Schönheit verlieren. Im weiteren ist auch daran zu denken, wie Mütter ihre Kinder als «Lieblingsobjekte» in Besitz nehmen oder wie häufig ein Sohn als Objekt zu dienen hat, um den Ehrgeiz seines Vaters zu erfüllen.

Demgegenüber betrachte ich die Haltung, die dem Grundwort «Ich-Du» entspricht, als echtes Bezogensein auf den Wesenskern eines anderen Menschen in Anerkennung seiner Andersartigkeit. Ich als ganzheitliches Wesen beziehe mich also auf ein Du in dessen eigenständiger Ganzheit. Nun mag ich bewußt danach streben, der subjektiven Eigenwirklichkeit meiner Bezugsperson in echter Weise zu begegnen, sie also nicht zum Objekt eigener Anliegen und Bedürfnisse zu machen. Woher will ich aber wissen, ob dies unbewußt nicht trotzdem geschieht? Da das Unbewußte nicht auslotbar ist, kann diese Frage nie mit Sicherheit beantwortet werden. Wir können uns nur um ständige Bewußtwerdung bemühen. Dabei ist es wichtig, die eigenen Bedürfnisse, Phantasien, Ängste, Werthaltungen kennenzulernen, um sie nicht auf Bezugspersonen zu projizieren und damit unbewußt mit ihnen in einem Ich-Es-Verhältnis zu stehen. Um in echte Beziehung zu treten zum Anderssein des Du, muß ich in Bezug stehen zu meinem eigenen Wesen, muß ich wissen, wer ich selber bin. Dies setzt wiederum einen Differenzierungsprozeß voraus, in dem Grenzen zwischen «dir» und «mir» erlebbar werden und in dem es um Rücknahme von Projektionen geht.

Wenn in meiner Auffassung echte Du-Beziehung ohne Abgrenzung zwischen «mir» und «dir» nicht möglich ist, so weiche ich damit deutlich von den Auffassungen Bubers ab. Für ihn ist Du-Beziehung etwas Primäres und geht der Ich-Es-Haltung voraus. Er schreibt, daß aus Beobachtungen an archaischen Völkern und auch an Kindern hervorgehe, daß das Grundwort Ich-Du auf gleichsam «vorgestaltliche Weise» gesprochen werden könne, ehe ein Mensch sich als Ich erkannt habe. Das Grundwort Ich-Es aber werde eben erst durch diese Erkenntnis, durch die Ablösung des Ich möglich (Buber 1923, S. 26). «Im Anfang ist die Beziehung», schreibt Buber (Buber 1923, S. 22). In tiefenpsychologischer Sicht werden diese «vor-ichhaften» Erfahrungen aber als «mystische Partizipation», Dual-Union, symbiotische Verschmelzung usw. bezeichnet und deutlich von reifer Beziehung zur Eigenwirklichkeit eines Du unterschieden. Zwar nennt Erich Neumann die Interaktionen zwischen Mutter und Kind im 1. Lebensjahr die «Urbeziehung», und insofern der Bezug des Säuglings zu seiner Mutter als ganzheitlich angesehen werden muß, wäre eine Entsprechung zu Bubers Sicht der Du-Beziehung denkbar. Zugleich ist aber die Mutter ein für das kindliche Überleben und Wohlbefinden dringendst benötigtes Objekt, und somit müssen wir annehmen, daß beide Grundhaltungen im vor-ichhaften Dasein des Säuglings unbewußt wirksam sind, wobei der Urbeziehung meist die Bedeutung zukommt, Wurzel aller späteren Beziehungen zu sein.

Auch die Jungsche Analytikerin Rosemary Gordon benutzt Bubers Unterscheidung der beiden menschlichen Grundhaltungen im Zusammenhang mit Übertragung und echter Beziehung und meint, daß das Durcharbeiten der Übertragung in der Analyse zu einem Wandel von Ich-Es-Haltung zu Ich-Du-Beziehung führen kann. Auch sie betrachtet die Ich-Es-Haltung als Übertragungsbeziehung, während die Haltung Ich-Du sich gerade dadurch auszeichne, daß ein ganzheitliches Subjekt nicht auf ein Objekt trifft, sondern mit einem ganzheitlichen anderen Subjekt in Beziehung tritt (Gordon 1968).[4] Diese Auffassung entspricht tiefenpsychologischer Erfahrung, steht damit aber unter einem anderen Blickwinkel als die Unterscheidungskriterien Bubers.

Für die meisten Formen der Übertragung ist es charakteristisch, daß ein Du als relativ abgegrenztes, in sich ganzheitliches Subjekt kaum zu existieren scheint. Die jeweilige Bezugsperson ist Träger der Projektion meiner eigenen psychischen Wirklichkeit, sie ist Teil meiner selbst und nicht ein «Du» von eigener Autonomie. Natürlich ist es in jeder nahen Beziehung so, daß ein Partner *auch* Objekt der eigenen Bedürfnisse des andern ist, denn dies ist ein wichtiges Element menschlicher Bindung. Geben und Nehmen sollte aber bei reiferen Beziehungen in einem gewissen Gleichgewicht sein, und dieses Gleichgewicht ist nicht möglich, ohne die seelische Wirklichkeit des eigenständigen Du gegenseitig mit einzubeziehen. In der Übertragungsbeziehung werden

[4] Es dürfte den mit der Freudschen Psychoanalyse vertrauten Lesern klar geworden sein, daß sich das hier besprochene «Es» oder «Objekt» von den in der Psychoanalyse verwendeten Fachtermini des «Es» und «Objekts» deutlich unterscheidet. Bekanntlich deckt sich das «Es» im Sinne Freuds weitgehend mit dem triebhaften Unbewußten. Unter «Objekt» hingegen versteht die Psychoanalyse alles, was als Nicht-Selbst erlebt wird, so die näheren und ferneren Bezugspersonen und die gesamte «Außenwelt». Daß allerdings Bezugspersonen, die gerade in ihrem autonomen Subjektsein erlebt und anerkannt werden sollten, als «Objekte» apostrophiert werden, gehört m. E. nicht zu den Prunkstücken psychoanalytischer Begriffsbildung. Es ist aber zugegebenermaßen schwer, diesen Terminus zu ersetzen, sobald es um relativ allgemeine Aussagen zur Unterscheidung des Selbst von der Welt der Objekte geht.

aber durch den Druck eigener Bedürfnisse oft Wahrnehmungsverzerrungen erzeugt, welche der Wirklichkeit der jeweiligen Bezugsperson Gewalt antun.

Ich schlage deshalb vor, immer dann von Übertragung zu sprechen, wenn eine Bezugsperson *unbewußt* als «Es» erlebt wird. Wenn andere Menschen *bewußt* als Objekte eigener Bedürfnisse gebraucht oder mißbraucht werden, so handelt es sich – wenigstens an der Oberfläche – nicht um Übertragung, sondern vielleicht um fragwürdiges ethisches Verhalten. Die Ich-Es-Haltung gehört aber zu unserer täglichen Realität und ist bis zu einem gewissen Grad unumgänglich. Wir alle müssen im Interesse der Gesellschaft eine Funktion ausüben, und wir benötigen Arbeiter, die unsere Häuser bauen, Ärzte, die für unsere Gesundheit zuständig sind, Lehrer, die uns auf allen Stufen ausbilden usw.

Auch ein Analytiker ist zunächst für den Patienten bewußt ein «Objekt», welches er aufsucht, um sein psychisches Leiden loszuwerden. In diesem Sinne beginnt die therapeutische Begegnung in einer Ich-Es-Haltung, die noch nicht unbedingt als Übertragung bezeichnet werden kann. Im Gegenteil entspricht es heutiger Realität, bei psychischen Schwierigkeiten die Hilfe eines Therapeuten in Anspruch zu nehmen. Ein Analytiker mag die Neigung haben, seine Patienten nur als «Forschungsobjekte» zu benützen, ohne sich auf ihre subjektive Wirklichkeit echt einzulassen. Er steht dann zu ihnen in bewußter Ich-Es-Haltung. Bekanntlich sind aber hinter jeder bewußten Einstellung auch unbewußte Motivationen wirksam. So verbirgt vielleicht ein Therapeut, dessen objektives Forschungsinteresse im Vordergrund seiner Tätigkeit steht, unbewußt die Ängste vor seinen eigenen Gefühlen. Unbewußt ist der Patient für ihn ein Objekt von Bedrohung. Seine bewußte Ich-Es-Haltung in der Praxis dient somit der Abwehr seiner Gegenübertragungsängste.

Übertragung in der zwischenmenschlichen Beziehung

Da das Unbewußte in uns allen stets wirksam ist und auch unsere bewußten Intentionen beeinflußt, sind Übertragungselemente im Sinne der unbewußten Ich-Es-Haltung in allen nahen menschlichen Beziehungen vorhanden. Wir brauchen ganz einfach andere Menschen um unser selbst willen. Wir benötigen sie sogar als Objekte, die bewußt oder unbewußt unsere Reifung, unseren Individuationsprozeß anregen und fördern. Oft haben sie auch nur die Funktion, unsere Komplexe zu konstellieren, damit wir ihrer überhaupt bewußt werden können. Jung hat zu Recht gesagt:

> «Der Individuationsprozeß kann nicht auf der Spitze des Mount Everest stattfinden, an einem Ort, wo man von keinem Menschen belästigt wird. Individuation bedeutet immer Beziehung» (Jung 1976, S. 506).

Wenn in menschlichen Beziehungen aber Übertragung allzusehr die Oberhand gewinnt, so wird die Wirklichkeit einer Bezugsperson so weit verzerrt, bis sie dem zu entsprechen scheint, was an unbewußten Inhalten auf sie projiziert wird. Statt einer Du-Beziehung entsteht ein konfliktreiches Spiel mit unbewußt verteilten Rollen.

Ich möchte dafür zwei Beispiele geben. Als erstes denke ich an eine junge Frau, die unter einem schweren negativen Mutterkomplex litt. Sie hatte als Kind ihre Mutter vor allem als sadistische Verfolgerin erlebt, die sie körperlich und seelisch quälte und ihre Bedürfnisse nach Liebe, Geborgenheit und Spiegelung ablehnte. Mit diesen frühen Erlebnissen hing ihre Grundphantasie zusammen, eigentlich kein Lebensrecht zu besitzen, und in dieser Grundphantasie lag der Kern ihres schweren psychischen Leidens. Zugleich war aber nicht zu übersehen, daß ihr die Vorstellung, von aller Welt ausgestoßen zu sein, auch ein gewisses

Maß an masochistischer Befriedigung gab. Es war, als ob ein starkes Bedürfnis in ihr wirksam wäre, die verfolgende Mutter auch in Gestalt ihrer Bezugspersonen immer wieder zu erleben. Da sie sich vorstellen mußte, sie werde von aller Welt nur verachtet und verlacht, hielt sie es an keiner Arbeitsstelle für längere Zeit aus. Nach ein paar Tagen schon wurden jeweils ihre Phantasien, daß sie sicherlich unerwünscht sei und in den Augen ihrer Umgebung alles falsch mache, fast unerträglich. Oft gab sie dann mit einer Ausrede die Arbeit vorzeitig wieder auf, um der befürchteten Kündigung zuvorzukommen. Oft versuchte sie aber auch, weiterhin am Arbeitsplatz durchzuhalten, stellte sich jedoch so linkisch an, daß sie wirklich weggeschickt wurde. Es war eine Art Zwang in ihr, immer wieder Ablehnung seitens ihrer Umgebung zu provozieren, um im Gefühl des eigenen Unwerts bestätigt zu sein. Das gleiche Spiel mußte sie natürlich mit mir in der analytischen Situation durchexerzieren. Sie warf mir unablässig vor, daß ich sie ablehnen und verachten würde, was keineswegs meinen wirklichen Gefühlen entsprach. Natürlich versuchte ich, ihre Gefühle zu verstehen und deren Zusammenhänge mit ihren frühen Erlebnissen aufzuzeigen. Es war jedenfalls offensichtlich, daß ihre Erwartung, von aller Welt abgelehnt zu werden, jeder Du-Beziehung mit anderen Menschen im Wege stand. Jeder Bezugsperson wurde unbewußt die Rolle der sadistischen Mutter zugeschrieben, was für sie zwar qualvoll war, aber auch einem masochistischen Bedürfnis entsprach.

Als weiteres Beispiel wäre ein junger Mann zu erwähnen, dessen Wunschphantasie darin bestand, einer Frau zu begegnen, die ihn von allem Ungemach des Lebens erlösen würde. In seiner Vorstellung kamen seine inneren Spannungen, Ängste und Depressionen alle daher, daß er noch nicht die entsprechende Frau gefunden hatte. Tatsächlich heiratete er eines Tages, und während der ersten Monate seines Ehestandes hatte sich sein Lebensgefühl wirklich verbessert, was er der Beziehung zu seiner Frau zuschrieb. Er war nicht mehr allein, seine sexuellen Bedürfnisse fanden Erfüllung, und zugleich wurde er von seiner Frau mütterlich umsorgt. Er konnte sie sogar mit seinen politischen Ideen indoktrinieren, was ihm sehr wichtig war. Aber schon nach kurzer Zeit begann er sich über sie zu beklagen. Sie sei ihm in intellektueller Hinsicht nicht ebenbürtig, wiederhole nur, was er ihr gesagt habe, sei überhaupt ein Kind und mache sich von ihm abhängig. Er aber benötige eine Frau, die ihn zu seiner künstlerischen Arbeit inspiriere, die ihm geistig ebenbürtig und von ihm unabhängig sei. Es war allerdings ersichtlich, daß sich das Maß ihrer Abhängigkeit oder Unabhängikeit nach seinen jeweiligen Bedürfnissen zu richten hätte. Eigentlich erwartete er von ihr, sie müsse unablässig spüren, in welcher Situation er Freiraum benötige und wann sie für ihn da zu sein habe.

So begann er, seine Frau scharf dafür zu kritisieren, daß sie in ihrer Eigenwirklichkeit nicht seinem Wunschbild entsprach – trotz größter Anstrengung nicht entsprechen konnte. Sie reagierte mit Angst vor seiner Kritik, mit Verunsicherung, emotionellem Rückzug und sexueller Frigidität. Seine Ansprüche und seine Kritik erschienen ihr unrealistisch. Sie nahm aber eine Dulderhaltung an und versuchte ihn zu entschuldigen, indem sie sich sagte, er besitze eben ein kompliziertes Künstlertemperament, und das Zusammenleben mit einem Künstler sei nun mal schwierig. Für ihn wurde die Ehe aber zunehmend zu einem Gefängnis, und seine ständigen Klagen lauteten: «Jetzt bin ich an eine Frau gefesselt, die mir nicht geben kann, was ich benötige. Überdies bin ich durch diese Ehefessel noch daran gehindert, die wirkliche Liebe, das wirkliche Glück mit einer mir ebenbürtigen Frau zu suchen.» Offensichtlich konnte er sein Augenmerk nur darauf richten, was er an seiner Frau zu bemängeln hatte, auf welche Weise sie ihn enttäuschte. Der Gedanke, daß auch sie etwas Verständnis und Zuwendung von seiner Seite benötigen könnte, kam ihm typischerweise gar nicht in den Sinn.

Es ist nicht schwer zu erkennen, daß er seiner Frau die Rolle der Anima übertragen hatte, die ihn sowohl von seinen Selbstzweifeln als auch von all seinen Lebenskonflikten erlösen müßte.

Dies entspricht auch seiner mehrmals geäußerten Phantasie, nur eine ihm schicksalsmäßig zugehörende Frau könnte ihm letztlich zu seiner eigentlichen Geburt verhelfen. In der Auffassung Jungs bedeutet die Anima – für den Mann meist in weiblicher Gestalt symbolisiert – die seelische Beziehungsfunktion, ja, der «Archetypus des Lebens schlechthin» (Jung 1935a, Par. 66). Mit anderen Worten versinnbildlicht sie die menschliche Möglichkeit, sich lebendig, beseelt, inspiriert zu fühlen, d. h. sich als «animiert» zu erleben. Natürlich konnte seine arme Frau solche Erwartungen nicht erfüllen – für ihn eine schwer zu verkraftende Enttäuschung.

Auch dies ist ein Beispiel dafür, wie unrealistische Übertragungsphänomene Bezugspersonen zu einem «Es» eigener innerer Bedürfnisse reduzieren und die Möglichkeit menschlicher Du-Beziehung überschatten. Solange eine Liebespartnerin ausschließlich Trägerin der Animaprojektion eines Mannes ist, wird sie von ihm unbewußt nur als Teil seiner Bedürfniswelt, als «narzißtisches» Objekt erlebt. Erst die Rücknahme dieser Projektion würde der Frau genügend Raum zur Eigenmanifestation ihrer Persönlichkeit erlauben und gleichzeitig dem Mann Erkenntnis vermitteln über die Beschaffenheit seiner eigenen diesbezüglichen Erwartungen, Sehnsüchte, Emotionen – kurz, seiner Animaphantasien. Erst damit ist Ich-Du-Beziehung möglich als eine Haltung, welche die Eigenständigkeit seiner Bezugsperson voll berücksichtigt und in vollem Sinne mit einem Du und nicht nur mit einem Teil seiner selbst in Beziehung steht.

Aber auch in Menschen, die anscheinend die seelische Eigenwirklichkeit ihrer Bezugspersonen voll berücksichtigen, sind manchmal Übertragungsbedürfnisse wirksam. Bei näherem Zusehen fällt nämlich auf, daß ihr Lebenssinn darin zu bestehen scheint, sich nur für andere nützlich zu machen, als «Objekte» zur Bedürfnisbefriedigung ihrer Bezugspersonen zu dienen. Sie selber spüren ein Bedürfnis, die wirklichen oder phantasierten Erwartungen ihrer Mitmenschen unablässig zu erfüllen. Dabei halten sie sich offensichtlich an das christliche Gebot «Liebe deinen Nächsten wie dich selbst». Allerdings sagt dieses Gebot nirgends, man müsse seinen Nächsten *mehr* lieben als sich selbst. Gerade darin aber liegt meist das unbewußte Problem solcher Menschen, daß sie sich selber nicht lieben können. Sie können sich deshalb auch nicht vorstellen, von anderen Menschen geliebt und angenommen zu werden. Ihr Dasein hat nur seine Berechtigung unter der Bedingung, daß sie stets für die Anliegen anderer da sind, sich für andere Menschen aufopfern. Natürlich wird eine solche Bereitschaft von andern auch in mißbräuchlicher Weise ausgenutzt.

Zum Beispiel muß ich hier an eine Analysandin denken, für die Freundschaftsbeziehungen ein hohes Ideal darstellten. Dieses Ideal erfordere großen persönlichen Einsatz, meinte sie, und sie war bereit, ihn zu leisten. Bei näherem Zusehen entdeckten wir aber, wie sie sich von Freunden beiderlei Geschlechts ausnützen ließ. Was immer ihre Freunde benötigten – sei es gefühlsmäßigen Rückhalt, sei es einen Zuhörer, Beichtvater, Babysitter, Hundehüter oder einfach nur Geld –, sie war immer für deren Bedürfnisse da. Sie konnte sich in die jeweilige Hilfsbedürftigkeit ihrer Freunde immer einfühlen und fand es ohne viel Überlegung notwendig, ihnen beizustehen.

Diese junge Frau war schon als Kind von ihrer Mutter ausgenutzt worden. Sie mußte immer auf schnellstem Wege von der Schule nach Hause eilen, um ihrer Mutter im Haushalt zu helfen und Arbeiten zu verrichten, vor denen die Mutter sich drückte. So war es ihr nicht vergönnt, mit anderen Kindern zu spielen, und wenn sie in ihrem Zimmer etwas lesen wollte, wurde sie von der Mutter sofort gestört, denn Lesen bedeutete «Nichtstun», während es im Haushalt stets Arbeit in Hülle und Fülle zu verrichten gab. Dabei hätte sie schon als Kind leidenschaftlich gern gelesen. Es war aber verboten, sich eigene Bedürfnisse zu erfüllen oder den eigenen Interessen zu folgen. Denn die Liebe der Mutter war an eine Bedingung geknüpft, die da hieß: du mußt mir für meine Anliegen stets hilfreich zur Hand sein. Sich selber mit seinen eigenen Bedürfnissen und Interessen ernst zu nehmen bedeutete, der Liebe der Mutter verlustig zu gehen und sich schuldig zu machen. Daraus wird ersichtlich, daß meine Analysandin die ewig fordernde Mutter auf ihre Freunde übertrug mitsamt dem Grundgefühl: sie lieben und akzeptieren mich nur unter der Bedingung, daß ich ihre Erwartungen nicht enttäusche.

Wie schon gesagt, enthält jede menschliche Beziehung Elemente von Übertragung, d. h. von unbewußten Projektionen. Unsere menschlichen Beziehungen sind ja ein wesentlicher Teil des eigenen «Weltentwurfs» – um mit Heidegger zu sprechen. Je mehr wir unserer eigenen Ganzheit bewußt werden, desto eher ist Du-Beziehung zum Anderssein anderer Menschen möglich. Trotzdem muß eine «gemeinsame Wellenlänge» da sein, auf der Beziehungen in Schwingung kommen. Denn der Wunsch und das Bedürfnis nach Eins-Sein, nach seelischer und vielleicht auch körperlicher Übereinstimmung, ist menschlichem Wesen inhärent. Zugleich ist das entgegengesetzte Streben in uns wirksam, das Bedürfnis nach Eigenständigkeit, Abgrenzung, Individuation. Dies sind zwei Grundbedürfnisse, die miteinander in Konflikt stehen und unsere Beziehungen oft mit Ambivalenzen belasten. Zwar können Phasen – oft nur Momente – gegenseitig erfüllender Übereinstimmung das Paradies bedeuten. Eine Beziehung kann aber gleichsam zur Hölle werden, wenn das Zusammenspiel ins Ungleichgewicht gerät, die Qual gegenseitiger Mißverständnisse wächst oder wenn die Wut auf die Rücksichtslosigkeit des Partners zunimmt, der immer nur seine eigenen Bedürfnisse in den Vordergrund zu stellen scheint. «Die Hölle, das ist (dann) der andere» – um mit Jean-Paul Sartre zu sprechen. Wenn man bedenkt, welche Schwierigkeiten schon der Umgang mit sich selbst, mit seiner eigenen komplexen Seele verursacht, so grenzt es beinahe an ein Wunder, wenn eine Zweierbeziehung überhaupt einigermaßen gelingt. Dafür ist ein großer Einsatz an differenziertester Lebenskunst erforderlich. Das Erfordernis, auf die Anliegen des Partners einfühlend einzugehen und zugleich den eigenen Standpunkt, die eigenen wahren Gefühle zur Geltung zu bringen, kann schmerzhafte Konflikte verursachen.

Beziehung bedeutet immer auch Leiden. Vielleicht muß sich mir der Partner an einer Stelle versagen, die mich tief verwundet. Vielleicht bin es aber auch ich, der sich ihm in gewissen Belangen versagen muß, wenn ich echt zu mir stehen will. Das Schwierigste ist es wohl, erkennen zu müssen, wie weit die Wirklichkeit des Partners und das Wunschbild, das ich von ihm hege, auseinanderfallen können, was wiederum den schmerzhaften Abgrenzungsprozeß zwischen «mir» und «dir» in Gang setzt.

Zwei Menschen, die sich den gegenseitig benötigten Freiraum gewähren und trotzdem ihre gemeinsame Basis spüren, die für ihr unterschiedliches Wesen Verständnis aufzubringen suchen und wissend annehmen, auf welche Art sie sich benötigen: das wäre eine Kurzbeschreibung reifer Du-Beziehung. Sie entspricht aber einem Idealbild, das kaum zu verwirklichen ist, denn die emotionellen Verwicklungen lassen so fein säuberliche Abgrenzungen nur selten zu.

So bedeutet es meines Erachtens eine große seelische Leistung, wenn in Beziehungskrisen das Du einer Bezugsperson in seiner Eigenwirklichkeit in Betracht gezogen werden kann. Von besonderer Wichtigkeit scheint mir dies zu sein, wenn Beziehungen von Haßgefühlen beherrscht werden. Dieser Haß mag seinen Ursprung darin haben, daß man sich von jemandem mißachtet fühlt, daß jemand unsere Anliegen «mit Füßen tritt», unsere Bedürfnisse nie ernst nimmt. Bekanntlich kann auch leidenschaftliche Liebe, wenn unerfüllt, sich in leidenschaftlichen Haß verwandeln. Oder man haßt im anderen einen Rivalen, der stets als Sieger hervorgeht, während man selbst als Verlierer mit anscheinend beschränkten Entfaltungsmöglichkeiten zurückbleibt. Der andere wird jedenfalls zum Feind, dem Objekt unserer Aggression, unseres Neids und Hasses. Er wird gleichsam als das schlechte oder böse «Es» erfahren, und seine Existenz verknüpft sich in unserer Phantasie mit Vorstellungen, die unserem unbewußten Schatten entspringen. Manchmal hat dieser Feind nicht einmal aktiv etwas gegen uns unternommen, die bloße Existenz des anderen, Fremden – als Schwarzer, Italiener, Jude –

kann starke Gefühle von Aggression hervorrufen. Vielleicht hassen wir ihn, weil er ein Leben führt, das wir uns nicht erlauben würden, weil er an andere Dinge glaubt als wir, weil er als leichtlebig-extravertiert erscheint. Psychologisch wichtig ist immer die Tatsache, daß er nicht als Du, als ganze Person erlebt wird, sondern nur auf diejenigen seiner vermeintlichen oder tatsächlichen Eigenschaften reduziert wird, die ihn zum Aggressionsobjekt abzustempeln vermögen.

Wenn ich in solchen Situationen nun für einen Moment innehalten kann, um der Überlegung Raum zu verschaffen, daß er letztlich ein Mensch mit seinen eigenen Motivationen, Bedürfnissen und Fehlern ist, so vermag ich etwas sehr Wertvolles zu leisten. Denn dies könnte mir ein Anlaß zur Bewußtwerdung sein, daß mich weitgehend auch eigene Motivationen dazu drängen, einen anderen Menschen zum Objekt meiner Aggressionen zu reduzieren. Vielleicht kann dies zu schmerzlichen Einsichten bezüglich eigener unbewußter Schattenaspekte führen und zu einem Differenzierungs- und Abgrenzungsprozeß, zu einer gewissen Unterscheidung zwischen «mir» und «dir». Das bedeutet nicht unbedingt, daß ich – insofern ich mir echte Gefühle zugestehe – niemanden mehr als lästige «Nervensäge», als unsympathisch oder ekelhaft empfinden würde. Ich weiß nun aber, daß dies meine eigenen Empfindungen sind, und nehme nicht an, daß sie dem vollen Menschsein einer anderen, wenn auch bestgehaßten Person gerecht werden. Solche Erkenntnis nimmt vielleicht meinen Haßgefühlen einiges von ihrem Stachel, denn unbesehen kann ich sie nicht mehr in voller Wucht auf eine Person richten. Es gibt wohl keinen Menschen, dessen Dasein sich nur darauf beschränkt, mir Schaden zufügen zu wollen.

Das *Feindschema* spielt bekanntlich in der Gruppen- und in der Massenpsychologie seine äußerst schädliche Rolle. Es dient einer Gruppe oder auch Masse oft als Bindeglied, als die einzige Möglichkeit, ihren Zusammenhalt zu gewährleisten. Im Haß auf einen gemeinsamen Feind vermag sie sich einig zu fühlen. Das Feindschema reduziert die volle Wirklichkeit der Menschen einer «Feindes»-Gruppe zu einem «Es», einem Objekt der Aggression. Alles, was die Gruppe oder die einzelnen Gruppenmitglieder auch tun, wird dahingehend (um)interpretiert, daß es auf jeden Fall ins Feindschema paßt, sonst verlieren Haßgefühle an Intensität und können sogar ins Gegenteil umschlagen. Ein kleines Beispiel möge dies veranschaulichen: Es ist überliefert, daß es während des Ersten Weltkrieges an der Front zwischen Franzosen und Deutschen lange Perioden gab, in denen sich die feindlichen Truppen in Schützengräben gegenüberlagen. So konnten sie einander während langer Zeit beobachten und dabei sehen, daß die jeweiligen Feinde des Kriegs ebenso überdrüssig waren und genauso darunter litten wie sie selber. Heimlich begannen sie nun, gegenseitig Zigaretten auszutauschen, sich zu grüßen und den Krieg zum Teufel zu wünschen. Sobald aber die hohen Offiziere dieses «Absinken der Kampfmoral» bemerkten, wurden die Truppen ausgetauscht. Denn wenn der Krieg fortgesetzt werden mußte, benötigten sie den Einsatz frischer Truppen, deren Feindschema noch intakt war.

Einfühlung in die seelische Wirklichkeit anderer Menschen unterminiert die in Haß und Aggression investierten Energien. Nicht zuletzt aus diesem Grund kann die Bedeutung von Bubers Idee der Ich-Du-Beziehung nicht hoch genug veranschlagt werden – sowohl was den einzelnen Menschen als auch was die Menschheit als Ganzes betrifft.

5. Zwischenmenschliche Beziehung innerhalb der analytischen Situation

Die im letzten Kapitel angeschnittene Diskussion über die Unterscheidung menschlicher Haltung im Sinne der Grundworte «Ich-Du» und «Ich-Es» bietet einen Ansatz, um wieder auf die Dynamik zurückzukommen, die sich im Feld der Begegnung von Analytiker und Analysand abspielt. Wir haben bereits festgestellt, daß in unserer Auffassung die Ich-Es-Haltung, insofern sie unbewußt stattfindet, weitgehend der Übertragung entspricht. Ich-Du-Haltung bedeutet Beziehung zu einem Menschen in Anerkennung seiner Eigenwirklichkeit. Neben der Übertragung spielt echte Ich-Du-Beziehung auch im Verhältnis Patient-Analytiker eine Rolle. So möchte ich im folgenden versuchen, die analytische Situation daraufhin zu beobachten, wie sich in ihr Übertragung und echte menschliche Beziehung jeweils manifestieren und voneinander unterscheiden.

Sessel oder Couch?

Jung hat, im Gegensatz zu Freud und der von ihm ausgehenden psychoanalytischen Tradition, die therapeutische Bedeutung der partnerschaftlichen Beziehung zwischen Analytiker und Patient hervorgehoben. Bekanntlich hat er nach der Trennung von Freud einige goldene Regeln der klassischen Psychoanalyse über Bord geworfen. So verzichtete er auf die Couch, die Liegehaltung des Patienten und auf die Vorstellung des möglichst «unsichtbaren» Analytikers. Statt dessen ließ er den Analysanden in einem Lehnstuhl Platz nehmen und setzte sich ihm gegenüber. Er ließ auch die Grundregel der Psychoanalyse, die freie Assoziation, fallen und suchte in ein direktes Gespräch mit dem Analysanden zu kommen. Anstatt das Verhalten und die Äußerungen des Analysanden ständig auf ihren Übertragungsgehalt hin zu deuten, erlaubte sich Jung spontane menschliche Reaktionen, mit denen sich der Patient wieder auseinanderzusetzen hatte. Statt nur passiv mit freischwebender Aufmerksamkeit dem Patienten zu lauschen, hielt er mit seinen eigenen Ideen zu Träumen und anderen Äußerungen nicht zurück, erzählte manchmal sogar aus seinem eigenen Erleben, wenn er das Gefühl hatte, damit die jeweilige Situation zu erhellen. Weltanschauliche Fragen hielt er nicht mehr unbedingt für Rationalisierungen zum Zweck der Abwehr von Triebregungen oder Ängsten, sondern oft für echte und wichtige Anliegen.

Die Überlegungen, welche hinter diesen Modifikationen steckten, waren von der Idee bestimmt, daß sich für die therapeutische Auseinandersetzung mit dem Unbewußten ein Verfahren am besten eigne, welches er als «dialektisch» bezeichnete. Darunter verstand er nicht nur die Auseinandersetzung zwischen Analysand und Analytiker, sondern auch den innerseelischen Dialog zwischen dem Ich und dem Unbewußten. Er meinte, daß bei Anwendung des dialektischen Verfahrens «rationale Technik» zur Undenkbarkeit würde, «denn dort muß der Arzt aus seiner Anonymität heraustreten und Rechenschaft von sich selber geben, genau das, was er von seinem Patienten verlangt» (Jung 1935b, Par. 23). Es handelt sich im dialektischen Verfahren also um das Postulat menschlicher Partnerschaft, was Jung damals bewog, die klassische Liegehaltung auf der Couch mit dem Gegenüber von Arzt und Patient zu vertauschen. Die Sitzordnung fördert den direkten Kontakt auf partnerschaftlicher Ebene und macht spontane Interaktionen möglich. Entscheidend dabei ist auch, daß man sich gegenseitig «ins Gesicht sehen» und sich vieles «von den Augen ablesen» kann, was eine ganze Skala averbaler Kommunikationsmöglichkeiten ausmacht. Damit bekommt der Patient Gelegenheit, seinen Analytiker vielleicht als reale Person zu erfassen, seine Reaktionen zu beobachten, ihn als «Du», als menschliches Gegenüber, zu erfahren. Es ist das gleiche Setting, in dem sich Sozialkontakte üblicherweise abspielen, unterscheidet sich also äußerlich kaum von freundschaftlichen Gesprächssituationen.

Das Couch-Setting in der Psychoanalyse hingegen bezweckt gerade das Gegenteil. Die Interaktionen innerhalb der Analyse sollen sich möglichst von den üblichen Sozialkontakten unterscheiden. Der Patient liegt auf der Couch und soll entsprechend der Grundregel frei assoziieren, während sich der Analytiker möglichst unsichtbar macht. Er tut sein möglichstes, um gerade *nicht* als Du, als ganzheitliche Person, vom Patienten wahrgenommen zu werden, was für die Entstehung von Übertragung eine fördernde Wirkung hat. Denn je weniger die menschliche Wirklichkeit des Analytikers erfaßbar ist, umso mehr wird er zu einer Figur, die in der Phantasie des Analysanden Züge von Vater, Mutter, Geschwistern oder von anderen früheren Bezugspersonen annehmen kann. Somit findet eine Neuauflage alter Beziehungsmuster statt.

Therapeutisch fruchtbar kann diese Situation dadurch werden, daß der Analytiker nicht auf die Wiederholung der alten Beziehungsmuster einsteigt, nicht im altgewohnten Sinne agiert oder reagiert, sondern sie im Lichte von Übertragung und Widerstand deutet und mit früheren Erfahrungen des Patienten in Zusammenhang bringt. Er hat eine Technik für den Umgang mit Übertragung und Widerstand erlernt, deren Beherrschung ihn auch vor eigenen emotionalen Verwicklungen schützen soll – wie Freud dies gewollt hatte (Freud 1912, S. 380/81). Wenn also die Wirksamkeit der «analytischen Kur» darin gesehen wird, die Übertragung in ihrer reinsten Form zutage zu fördern und anschließend zu deuten, so erfüllt das psychoanalytische Couch-Setting bestens seinen Zweck.

Nach Jungscher Auffassung gewinnt man den besten Zugang zum Unbewußten mittels deutender Bearbeitung von Träumen, während in der Psychoanalyse die Interpretation der Übertragungsmanifestationen im Zentrum steht. Man *könnte* sich deshalb Jungsche Analyse in ihrer reinsten Form etwa so vorstellen: Analytiker und Patient sitzen sich gegenüber im bewußten Einvernehmen, daß sie gemeinsam die Inhalte des Unbewußten explorieren und deshalb die Träume des Patienten lege artis, fachgerecht, interpretieren wollen. Wenn nun, was öfters vorkommt, die Person des Analytikers in Träumen nicht direkt auftaucht, braucht man sich nicht um die Übertragung zu kümmern, sie stellt anscheinend kein Problem dar. Denn beide Partner zollen sich den nötigen Respekt und schätzen die gute, unproblematische Zusammenarbeit. Der analytische Prozeß, bei dem es um fortschreitende Integration unbewußter Inhalte geht, kann damit seinen Lauf nehmen. Es scheint jedenfalls, daß der Analytiker als wirklicher Dr. X gesehen wird, der innerhalb gewisser Grenzen ein gutes Verständnis für «unbewußtes» Material besitzt. Patient und Analytiker spüren Sympathie füreinander und Gefühle freundschaftlicher Verbundenheit, in der die Ich-Du-Beziehung als vorherrschend erscheint.

Dies ist in Wirklichkeit aber äußerst selten der Verlauf einer Analyse, ansatzweise vielleicht gegen deren Ende. Meine obige Beschreibung hat im Gegenteil bereits einen karikaturistischen Einschlag. Denn falls Analysen auf lange Strecken in der beschriebenen Weise verlaufen sollten, ist mit Sicherheit anzunehmen, daß Übertragungsphänomene zwar wirksam sind, als solche aber nicht erkannt werden. Wenn man sich partnerschaftlich gegenübersitzt und seine Aufmerksamkeit den Trauminhalten widmet, bleiben Übertragungsgefühle und -phantasien oft im Hintergrund und deshalb unbemerkt. Der analytische Prozeß nimmt möglicherweise trotzdem einen fruchtbaren Verlauf, wobei zu beachten ist, daß positive Übertragungsgefühle, wenn oft auch völlig unbewußt, stets ebenfalls daran beteiligt sind. Es kann sich dabei um Übertragungen mehr unpersönlichen Charakters handeln. So zieht vielleicht «die analytische Situation» oder «das therapeutische Feld» idealisierende Projektionen auf sich. Der «gemeinsame Raum» wird so vielleicht als «Temenos», d. h. als geheiligter Bezirk, erfahren, der Geborgenheit bietet und seelische Wandlungen ermöglicht. Wahrscheinlich wären bei näherem Zusehen auch abgewehrte Übertragungselemente mehr persönlicher Art auszumachen. Wichtig scheint es mir aber immer wieder, daß zumindest der Analytiker für die jeweiligen Übertragungsphänomene ein Sensorium entwickelt, was nicht bedeutet, daß er sie unablässig zu interpretieren hat. Im Gegenteil ist – besonders wenn es sich um Idealisierungen handelt – immer Vorsicht am Platze. Unzeitgemäße Verbalisierungen können eine zersetzende und das Vertrauen untergrabende Wirkung haben und den Fortgang der Analyse in unzulässiger Weise gefährden.

Was ich aber mit meiner Beschreibung eines mehr phantasierten als wirklichen Analyseverlaufs andeuten wollte, ist der Umstand, daß beim Gegenübersitzen latente Übertragungsgefühle oder auch Widerstandshaltungen schwerer zu entdecken sind, als wenn auf der Couch assoziiert wird. Sie werden deshalb gerne übersehen. Hier zeigt sich meines Erachtens der Nachteil des Jungschen Settings. Das bewußte oder unbewußte Versteckspiel peinlicher Phantasien und Gefühle hinter Traumbesprechungen ist dabei häufig anzutreffen, wofür der Analytiker in seinem Bestreben, die Träume zu verstehen, manchmal einen blinden Fleck hat. Zudem ist es beim Gegenübersitzen begreiflicherweise schwerer, Gedanken und Phantasien, die den Analytiker betreffen, direkt zu äußern.

Andererseits hat das Gegenübersitzen wiederum den Vorteil, daß der Analytiker die verschiedensten Schattierungen von Blickkontakten wahrnehmen kann, die wichtige averbale Hinweise auf den Stand der Übertragung seines Patienten vermitteln. Zu denken ist hier z. B. an Analysanden, die jeglichen Blickkontakt vermeiden müssen, oder an jene, die den Analytiker mißtrauisch unverwandt ansehen, um die minimalsten Nuancen seiner Regungen zu kontrollieren. Auf jeden Fall benötigt der Jungsche Analytiker ein besonderes Sensorium, um Übertragungsinhalte zu erspüren, da sie im Gegenüber partnerschaftlicher Gespräche nicht so deutlich in Erscheinung treten. Hilfreich zu ihrer Erfassung sind natürlich auch Beobachtungen, wie ein Patient die Hand reicht, wie er Schweigepausen erträgt, welche Themen er vorwiegend anschneidet, an welchen Stellen er belebt wirkt oder aber sich ausweichend verhält usw. Manchmal wird der Analytiker auf indirekte Weise gewisser Übertragungsinhalte gewahr, da sie unter Umständen das jeweilige Gefühlsklima einer Sitzung beeinflussen. Dazu ist, wie erwähnt, sensible Wahrnehmung eigener Gegenübertragungsgefühle oft ein feiner Gradmesser für unterschwellige Übertragungsangebote von seiten des Patienten.

Natürlich wird oft aus den Inhalten der Träume ersichtlich, wie der Patient den Analytiker erlebt. Es kommt aber nicht selten vor, daß die Person des Analytikers im Traum nicht erscheint – was nicht bedeuten muß, die Übertragung spiele für die Analyse keine Rolle. Denn bei näherer Betrachtung stellt sich heraus, daß viele im Traum sich manifestierende innere Figuren *unter anderem auch* dem Analytiker projektiv übergestülpt werden. Deshalb schaue ich persönlich jeden Traum *auch* daraufhin an, ob er Elemente enthält, welche Licht auf das Hier und Jetzt der Übertragung und ihrer therapeutischen Möglichkeiten werfen. Es scheint mir möglich und therapeutisch notwendig, daß sorgfältige Beachtung der Träume und einfühlender Umgang mit der Übertragungs/Gegenübertragungssituation sich ergänzen. Natürlich sind die Akzente, je nach Fall, anders gelagert.

Selbstverständlich haben sowohl Liegehaltung als auch Gegenübersitzen ihre Vor- und Nachteile, und es scheint mir wichtig, die Frage, ob Sessel oder Couch, nicht zu einem Dogma emporzustilisieren. Es gibt heute auch viele Jungsche Analytiker, welche die Couch vorziehen. Je nachdem kann sich der Analytiker ja auch bei einer Couchanalyse so setzen, daß er im Blickfeld des Analysanden bleibt und nach Wunsch gesehen werden kann.

Der Einfluß von Übertragungsgefühlen auf die analytische Traumarbeit

Es kommt immer wieder vor, daß ein Analytiker von Patienten mit Traummaterial gleichsam überschwemmt wird. Der Analysand möchte in jeder Sitzung alle seine Träume erzählen, bietet aber dem Analytiker keine Gelegenheit, irgendeinen Kommentar einzuflechten. Es ist offensichtlich, daß er jegliche Deutung von seiten des Analytikers vermeiden will. Dahinter steht oft weniger die Angst vor der Bedeutung der Trauminhalte als eine Abwehr der direkten Begegnung mit dem Analytiker. Meist ist es die Angst, unpassend zu sein und Unpassendes von sich zu geben und sich deshalb vor dem Analytiker unsäglich schämen zu müssen. Darin verbirgt sich eine lange Geschichte von Selbstwertverletzungen. Der Patient kam zwar zum Analytiker, um Hilfe zu finden, und bringt ihm all seine Träume, vielleicht in der bewußten Hoffnung, sie könnten heilende Einsichten enthalten. Unbewußt muß er aber den Analytiker zum Angstobjekt reduzieren, dem nicht zu trauen ist. Somit kommt es zu einer Art Kompromiß, wobei der Analytiker mit Träumen befriedigt werden soll – und zwar wie man einen aggressiven Löwen füttert, damit man nicht von ihm verschlungen wird. In solchen Fällen ist die Beschäftigung mit Träumen zunächst wenig fruchtbar. Es ist dann vorrangig, sich einfühlend der Ängste anzunehmen, die in der Übertragung virulent werden. Sobald Patienten aber Schwierigkeiten haben, sich produktiv mit ihren Träumen auseinanderzusetzen, kann dies für den Analytiker eine Enttäuschung bedeuten. Er muß feststellen, daß eines seiner wichtigsten therapeutischen Instrumente plötzlich nicht mehr wirksam ist.

Zum Beispiel erinnere ich mich an beträchtliche Schwierigkeiten, die am Anfang der Analyse einer jungen, äußerst attraktiven Frau auftauchten, sobald wir tiefer auf mögliche Bedeutungen eines ihrer Träume eingehen wollten. Sobald die Rede auf Träume kam, spürte ich, wie die Atmosphäre im Raum immer gespannter wurde. Nichts, was ich vorzubringen hatte, stieß bei ihr auf lebendigen Widerhall, und da von ihr wenig Einfälle kamen, trocknete auch meine Phantasie zunehmend aus.

Ich entschloß mich deshalb, das Thema unserer gegenseitigen Blockierung anzuschneiden, und fragte sie, ob es ihr auch auffalle, wie die Beschäftigung mit Träumen sofort eine merkwürdige Verkrampfung in unsere Beziehung brächte. Sie schien über meine Intervention erleichtert zu sein und gestand, daß sie größte Mühe mit der Konzentration hätte, sobald von Träumen die Rede sei. Sie fühle sich dann immer abgelenkt und könne einfach nicht zuhören. Vor allem werde sie von nagenden Zweifeln gequält, ob sie für analytische Traumarbeit intelligent genug sei. Zugleich wisse sie aber, wie wichtig es sei, ihre Träume zu verstehen, und sie wolle ja auch mitarbeiten, weil ihr sonst die Angst, ich könnte die Analyse wegen mangelnder Mitarbeit beenden, stets im Nacken sitze. Wenn das geschehen würde, müßte sie sich einmal mehr als Versagerin vorkommen. Sie stand offensichtlich unter der Wirkung eines Selbstwertkomplexes, der sie zu Zeiten völlig absorbierte, der aber auch der Grund zur Aufnahme ihrer Analyse gewesen war.

Als Tochter eines hochbegabten und erfolgreichen Künstlers und einer sehr fromm-religiösen Mutter lebte sie von früher Kindheit an unter dem Druck, von den Erwartungen ihrer Umgebung überfordert zu sein. So war es ihr wenigstens immer vorgekommen. Sie hatte stets das Gefühl, intelligenter, geschickter, reifer oder frömmer sein zu müssen, als es ihr in Wirklichkeit möglich war, denn nur dann wäre sie geliebt und angenommen und könnte sich auch selbst annehmen. Immer noch litt sie unter der ständigen Spannung zwischen den Erwartungen, die sie erfüllen sollte, und dem Gefühl, gänzlich zu versagen. So hatten auch ihre Träume hauptsächlich Szenen zum Inhalt, in denen sie entweder Größenphantasien befriedigen sollte oder aber von gewissen Figuren lächerlich gemacht und erniedrigt wurde. Ihr Innenleben schien also kaum von hilfreichen, Vertrauen einflößenden Figuren bevölkert zu sein. Dementsprechend hatte sie im Leben Mühe, Zuneigung von anderen Menschen vertrauensvoll anzunehmen, obwohl gerade dies ihr größter Wunsch und ihre größte Sehnsucht war. Wenn jemand sie wirklich liebte und schätzte – was offensichtlich bei ihrem Ehemann der Fall war –, so befielen sie Ängste, daß dies nicht von Dauer sein könne. Immer wieder und in den verschiedensten Variationen träumte sie davon, daß ihr Ehemann eine andere Frau mehr liebte als sie. Diese Traumphantasie erschreckte sie beim Aufwachen jedesmal, obwohl ihr zugleich bewußt war, daß sie keineswegs der Wirklichkeit entsprach.

Eines Tages erzählte sie einen Traum, der davon handelte, daß ihr eine ältere Frau einen antiken Ring aus kostbaren Edelsteinen zum Geschenk gegeben hatte. Die Zuwendung von seiten dieser Frau war im Traum so eindrücklich gewesen, daß meine Patientin auch während der Sitzung etwas Freude darüber zulassen konnte. Natürlich war auch ich über das Auftauchen einer so hilfreichen inneren Figur hocherfreut, und wir sprachen darüber, wie diese Frau im Traum ihr etwas von hohem Wert zumessen wollte. Psychologisch wäre damit angedeutet, daß ein gewisser Zuwachs an Selbstwertgefühl durchaus in ihren Möglichkeiten liege. Anschließend konnte ich mich nicht davor zurückhalten, noch kurz über den kostbaren Ring zu sprechen und zu erwähnen, daß seine Symbolik auf das Selbst im Jungschen Sinne hinweise. Damit hatte ich aber, wie sich bald herausstellte, einen großen Fehler gemacht. Zur nächsten Sitzung kam sie nämlich erneut in sehr deprimierter Stimmung und meinte, daß Reden keinen Zweck habe und alles doch nichts helfe. Daraufhin verfiel sie während einer halben Stunde in tiefes Schweigen.

Erst nach dieser Zeit konnte sie sich dazu überwinden, mir mitzuteilen, was sie wirklich plagte. Anscheinend war sie nach meinen Bemerkungen über das Jungsche Selbst in ihren Komplex gefallen. Sie mußte nach der Sitzung über die Bedeutung des Selbst nachdenken, was sie in Verwirrung stürzte und sie in der Überzeugung bestärkte, daß sie bei ihrer Beschränktheit nie etwas davon verstehen würde. Dies entsprach aber nicht der

Wirklichkeit, hatte sie doch während ihres Studiums über längere Zeit Einführungskurse in Jungsche Psychologie besucht. Gerade durch diese Kurse war sie sich ihrer Affinität zur Jungschen Psychologie bewußt geworden, fühlte sich davon angezogen, auch wenn sie gleichzeitig daran zweifelte, ob sie genügend Intelligenz besitze, sie wirklich zu verstehen. In ähnlicher Weise war die positive Gestimmtheit, die jener Traum hinterlassen hatte, sofort verschwunden, sobald ihre Selbstzweifel wieder einsetzten – hervorgerufen durch das vielschichtige Wörtchen «Selbst».

Ich möchte hier einfügen, daß ich in analytischen Sitzungen sonst kaum je mit Fachtermini Jungscher oder psychoanalytischer Provenienz um mich schlage. Ich betrachte Begriffe wie Anima, Animus, Schatten, Selbst etc. als nützliche Bezeichnungen für eine breitgefächerte Anzahl innerer Bilder und dazugehörender Erfahrungen. Ich erinnere mich, wie Jung in einem seiner späten Seminare immer wieder betont hat, daß er damit keine «Begriffe» im eigentlichen Sinne hätte aufstellen wollen, sondern nur Namen, um seelische Erfahrungen benennen zu können. Solche Namensgebung war ihm zwecks gegenseitiger Verständigung wichtig. Meines Erachtens birgt der Gebrauch psychologischer Begriffe die Gefahr in sich, lebendige Erfahrung durch abstrakte Wörter zu ersetzen. Die Jungschen Fachtermini, da ursprünglich aus inneren Bildern entstanden, sind äußerst schillernd und vielschichtig. Sie können aber auch, indem sie zur Eindimensionalität reduziert werden, rationalisierende Abwehrfunktionen annehmen. Die Wirksamkeit einer Analyse ist aber weitgehend davon abhängig, ob das je Spezifische der persönlichen Erfahrungen und Konflikte emotional nahegebracht und verstanden werden kann.

Warum habe ich aber trotz dieser Einsichten und ausgerechnet im Dialog mit einer so empfindlichen Patientin den Begriff des Selbst einbringen müssen? Die Sitzung hatte in einer lebendigen Atmosphäre gegenseitiger Offenheit stattgefunden, was meine Risikobereitschaft von vornherein erhöhte. Dabei hatte ich offensichtlich das Bedürfnis verspürt, die seelische Wertigkeit, die im Traumbild des antiken Rings symbolisiert ist, meiner Analysandin betont nahezubringen. Nach Jung stellt ja das Selbst, als psychische Ganzheit und als Anordnungszentrum alles Psychischen schlechthin, den höchsten seelischen Wert dar, und der Ring in seiner runden, vollendeten Form ist dafür ein weitverbreitetes Symbol (Jacoby 1980, S. 212, Jacoby 1985, S. 54 ff.). Da aber niemand wirklich zu *wissen* vermag, wie das Selbst beschaffen ist, so kann schon die Nennung seines «Namens» eine stark konstellierende Wirkung haben. Im allgemeinen, wenn Selbstsymbole in Träumen von Patienten auftauchen und als solche benannt werden, ist eher eine Tendenz zu Inflation des Selbstwertgefühls zu beobachten. So hatte ich gehofft, daß es für meine Analysandin besonders hilfreich sein könnte, wenn sie die Gewichtigkeit solch innerseelischer Manifestationen auch wirklich zur Kenntnis nähme. Im übrigen glaube ich, daß es für jeden Jungschen Analytiker, wenn ihm ein solcher Traum vorgelegt wird, äußerst schwierig ist, sich *nicht* dazu verleiten zu lassen, auf die Symbolik des Selbst hinzuweisen. Zudem wußte ich, wieviel Schwierigkeiten meiner Patientin das Zuhören bereitete, sobald ich mehr als drei Sätze von mir gab. Folglich hatte ich den Begriff des Selbst gleichsam als Abkürzung zu schnell und zu abrupt in unseren Dialog eingebracht. Ich wollte ihr in konzentrierter Form etwas Gutes an seelischer Nahrung verabreichen, was aber in die falsche Kehle geriet und statt dessen eine Aktivierung ihres Intelligenzkomplexes bewirkte.

Auf diese Zusammenhänge hinweisend sagte ich, es schiene mir, als ob ihr der wertvolle Traumring wieder abhanden gekommen sei – aufgeschluckt vom Intelligenzkomplex. Ich sei aber sicher, daß wir ihn wiederfinden würden, er könne nicht für immer verschwinden, denn mit seinen wertvollen Edelsteinen sei er unzerstörbar und überdauere das Leben vieler Generationen. Wörtlich sagte ich: «Mir scheint, daß Sie langsam zu etwas Verläßlichem in Ihnen Zugang finden, zu einem Gefühl vermehrter

Stabilität und innerer Kontinuität.» Und diesmal war ich «weise» genug, um gerade noch den Nachsatz zurückzuhalten: «Sehen Sie, das ist es, was ich das letztemal mit dem Jungschen Terminus ‹Selbst› sagen wollte.» Diesen Satz habe ich also nicht gesagt, aber umso besser verstand sie nun, worum es ging, kannte sie doch ihre ständig wechselnden Stimmungen, ihren Mangel an innerer Festigkeit und ihr schwankendes Selbstvertrauen. Damit war mein Fehler, mit ihr vom Selbst zu sprechen, wieder einigermaßen gutgemacht.

Es gab aber noch einen weiteren Grund, der fruchtbare Traumarbeit streckenweise verhinderte. Oft war meine Analysandin innerlich von Skrupeln befangen, sie sei mir gegenüber nicht vollständig ehrlich. In solchen Momenten kam ihr auch immer etwas in den Sinn, das sie wegen ihrer Hemmungen noch nicht erzählt oder beim Assoziieren zurückgehalten hatte. Sie mußte sich dann vorstellen, daß ich sie sicherlich abschieben würde, sobald ich herausfände, wie wenig ehrlich und offen sie zu mir sei. Zu Recht würde ich dann sagen, die Analyse sei zwecklos. Begreiflicherweise dauerte es nach Analysebeginn einige Monate, bis sie mir von diesen quälenden Befürchtungen berichten konnte. Als Reaktion darauf kam mir die Bemerkung: «Es scheint mir, als ob ich für Sie ein rigider Beichtvater wäre.» Diese Deutung gab ihr den Anstoß zu vielen Kindheitserinnerungen, in denen sie von Ängsten verfolgt war, dem Beichtvater nicht bis ins kleinste ihre Sünden gebeichtet zu haben und dafür von Gott bestraft zu werden. Manchmal waren ihre Skrupel so stark, daß sie nach vollendeter Beichte wieder in den Beichtstuhl zurückkehren mußte, um noch weitere «Sünden» zu gestehen. Die Wurzel dieser Ängste schienen in Mutters stark katholischer Erziehungsweise zu liegen.

Es ist bemerkenswert, daß ich aus den Inhalten ihrer Träume nicht auf solche Skrupel hätte schließen können. Dafür manifestierten sie sich in ihrem Übertragungsverhalten. Bevor sie sich also für ihre Trauminhalte öffnen und Traumarbeit tolerieren konnte, hatten wir für längere Zeit Komplexe durchzuarbeiten, die sich in der Übertragung konstellierten. Übertragungsanalyse war vorrangig und in ihrem Fall ziemlich erfolgreich.

In einem zweiten Beispiel möchte ich auf jenen jungen Mann zurückkommen, der wegen schwerer Platzangst und vielen unspezifischen psychosomatischen Symptomen die Psychotherapie aufgesucht hatte. Er war als unerwünschtes Kind zur Welt gekommen und litt unter typischen Urbeziehungsstörungen (siehe S. 93 ff.). Mit ihm war Traumarbeit nicht möglich, weil er jede deutende Bemerkung sofort als Angriff auf seine Person erlebte. Zudem wurde deutlich, daß er nicht imstande war, Trauminhalte auf *symbolischer* Ebene zu erfassen. Ich beschloß deshalb, seinem starken Verlangen nach guten, unterstützenden Eltern auf ziemlich unorthodoxe Weise entgegenzukommen. So gab ich ihm die Erlaubnis, jeden Tag einmal telefonieren zu dürfen, gab ihm manchmal auch ganz konkrete, elterliche Ratschläge. Wenn er es vorzog, während unserer Therapiestunden einen gemeinsamen Spaziergang zu machen, anstatt mir gegenüber zu sitzen, so entsprach ich seinem Wunsch. Auch so hatte er noch genügend Versagungen zu erleiden, da sein Bedürfnis nach Zuwendung enorm war.

Am Anfang konnte er wegen intensiver Ängste sein Zimmer nicht verlassen, und Psychotherapie war nur möglich, wenn ich ihn in seinem Pflegeheim aufsuchte. Mit der Zeit war er imstande, das Haus allein zu verlassen, mußte aber die Gewißheit haben, mich notfalls telefonisch erreichen zu können. Manchmal rief er, stolz wie ein Kind, auch nur deswegen an, um mir zu sagen, welche Entfernung er bereits von zu Hause zurückgelegt hätte. Als nächstes knüpfte er Beziehungen zu einer Frau an und wagte schließlich sogar, sich sexuell mit ihr einzulassen.

Zur selben Zeit begann er, sich aggressiv gegen mich zu gebärden, und warf mir vor, ich wolle ihn von sexuellen Beziehungen abhalten und ihm Schuldgefühle einflößen. Obwohl er eigentlich wußte, daß ich in diesen Belangen eine freizügige Einstellung habe, glaubte er zu spüren, wie ich ihn im geheimen eben doch verurteile. Öfters rief er aus: «Ich habe gar keine Schuldgefühle, weiß aber, daß Sie mich verdammen!» Er mußte also sein restriktives Überich auf mich übertragen, um es in Auseinandersetzung mit mir bekämpfen zu können. Mir gegenüber verteidigte er mit Vehemenz sein Recht auf ein freieres Leben, als ob ich der verbietende Vater wäre. Er benötigte mich offensichtlich in dieser Rolle, was therapeutisch die Möglichkeit bot, sein Überich schrittweise etwas zu modifizieren.

Während seiner Psychotherapie hatte ich eine ganze Reihe von Übertragungsrollen zu übernehmen. Zuerst war ich vor allem eine gefährliche, sadistische Elternfigur, die ihm unsäglich Angst einflößte, was wohl eine Wiederholung wirklicher Kindheitserlebnisse bedeutete. Zugleich war ich auch, wie an früherer Stelle erwähnt, die Verkörperung eines übermächtig dämonischen Schattens, der ihn zu Gottlosigkeit und «weltlicher Sünde» verführen will. Nachdem er etwas mehr Vertrauen in mich gefaßt hatte und sein Bedürfnis nach guten Eltern übermächtig geworden war, erlebte er mich als schützende und Orientierung vermittelnde Mutter- und/oder Vaterfigur. Dabei regredierte er zu kindlicher Abhängigkeit. Diese Rückenstärkung durch mich als gute Elternfigur gab ihm wiederum den Mut, mit einer Frau ein Verhältnis aufzunehmen, was allerdings auch Schuldgefühle verursachte. Daß in der Folge diese Schuldgefühle ein fast unerträgliches Ausmaß annahmen, war aus seiner Lebensgeschichte verständlich. Es war auch einfühlbar, daß er, indem er die «Verurteilungsinstanz» auf mich übertrug, sich unbewußt etwas zu entlasten suchte. Nachdem ich in einer vorhergehenden Periode während längerer Zeit die Rolle des «Verführers zu sündigem Verhalten» zugeteilt erhalten hatte, mutete allerdings diese Umkehr fast etwas grotesk an. Zugleich verstand ich sein aggressives Verhalten gegen mich auch als einen Versuch, seine infantile Abhängigkeit zu bekämpfen.

Der psychische Zustand dieses Mannes hat sich außerordentlich gebessert, wenn man bedenkt, daß er wegen seiner überdimensionierten Ängste in einer psychiatrischen Klinik hospitalisiert und mit Elektroschocks behandelt worden war. Aber während der ganzen fünfjährigen Psychotherapie wurde Traumarbeit nie möglich. Seine Träume waren für ihn meist böse, schrecklich oder peinlich, auf jeden Fall ganz konkret. Symbolisches Denken blieb für ihn ein Buch mit sieben Siegeln. Auch die Übertragungsrollen, die er mir unbewußt zuschrieb, konnten nicht als solche gedeutet werden, denn jeglichen Deutungsversuch erlebte er sofort als sadistischen Angriff, gegen den er sich zur Wehr setzen mußte. So war Besserung seines Zustandes nur dadurch möglich, daß ich die Übertragungsrollen, die er mir unbewußt zuteilte, bis zu einem gewissen Grad übernahm und ihnen entsprechend reagierte. Diese Form von psychotherapeutischer Zuwendung bewirkte einen beträchtlichen Rückgang seiner Ängste und ein vermehrtes Vertrauen in seine eigenen psychischen Kräfte.

Es war mir ein Anliegen, an diesen wenigen Beispielen aufzuzeigen, daß Traumarbeit in der Analyse eng mit der Übertragungssituation zusammenhängt. Damit sich Traumanalyse fruchtbar auswirkt, muß der Analysand in der Lage sein, Deutungen einigermaßen so zu verstehen, wie sie vom Analytiker gemeint sind. Dies ist letztlich eine Frage gegenseitiger Verständigung. Das Bemühen um solche Verständigung ist vornehmlich Aufgabe des Analytikers, und es ist seiner Kunst anheimgestellt, die jeweilige Ebene zu finden, auf der er seinem Patienten in echter Weise begegnen kann. Und damit ist das Thema Gegenübertragung und Ich-Du-Beziehung ins Blickfeld gerückt.

Gegenübertragung und Ich-Du-Beziehung

Ich möchte nochmals auf die Erfahrung zurückkommen, daß für den Analytiker die Wahrnehmung seiner Gegenübertragungsgefühle zu einem feinen Gradmesser werden kann, um unterschwellige Übertragungsphantasien des Patienten aufzuspüren. Insofern der Analytiker nicht eigene unbewußte Inhalte auf den Patienten projiziert, handelt es sich um sogenannte «syntone»

Gegenübertragung, d. h. um die Möglichkeit des Therapeuten, tiefere Vorgänge im Patienten durch eigene Phantasien und emotionale Regungen wahrzunehmen. Wie ich mich als Analytiker in verschiedenen Momenten während der Anwesenheit des Patienten fühle, welche Phantasien in mir auftauchen – all das hat oft mit dessen seelischer Wirklichkeit zu tun, selbst wenn es anscheinend gar nicht auf das aktuelle Gesprächsthema bezogen ist.

Somit stellt sich die Frage, ob die syntone Gegenübertragung überhaupt zur Phänomenologie der Übertragung zu rechnen ist. Es wird im eigentlichen Sinne ja nichts (gegen)übertragen. Eher ist zu beobachten, daß im Analytiker gleichsam Saiten in stimmiger oder verstimmter Weise zum Klingen kommen, welche durch Einwirkungen des Patienten in Schwingung versetzt werden. Es sind schon die Saiten im Innern des Therapeuten, aber der Patient spielt unbewußt auf ihnen, und so kann der Analytiker dessen oft unmelodiöse Melodie in sich selber wahrnehmen. Damit entsteht Beziehung zu gewissen unbewußten Hintergründen des Patienten, und es wäre vielleicht berechtigt, die syntone Form der Gegenübertragung zum Phänomen wirklicher Du-Beziehung zu rechnen.

Wie können nun die aus syntoner Gegenübertragung gewonnenen Wahrnehmungen dem jeweiligen Analysanden situationsgerecht vermittelt werden, und welche Rolle spielt dabei die echte Ich-Du-Beziehung des Analytikers? Zur Diskussion dieser Fragestellung hier zunächst ein Beispiel: Einem jungen Mann, der zur Zeit ungefähr zwei Jahre bei mir in Analyse war, wurde eine neue Stelle angeboten, die ihn zugleich faszinierte und überforderte. Er war ein noch unerfahrener Psychologe und Sozialarbeiter, und bei der neuen Arbeitsstelle handelte es sich um die Betreuung Jugendlicher, die von zu Hause ausgeflippt waren, Drogen konsumierten und sich antiautoritär gebärdeten. Der junge Mann fühlte sich durch diese Aufgabe verunsichert und gab mir zu verstehen, wie er nun vermehrt auf meine therapeutische Hilfe angewiesen sei. Wenn er aber in der darauffolgenden

Zeit zu seinen Sitzungen kam, bat er mich öfters, in meinem Wartezimmer das Telefon benützen zu dürfen. Daraus ergaben sich oft längere Telefongespräche, so daß sich der Beginn unserer Sitzungen verzögerte und ich auf ihn zu warten hatte. Dies irritierte mich in zunehmendem Maße, und ich fragte mich, wie ich therapeutisch adäquat mit meinen Irritationsgefühlen umgehen könnte.

Im allgemeinen überlasse ich es den Analysanden zu bestimmen, was sie während einer Sitzung mit der ihnen verfügbaren Zeit anfangen wollen und auf welche Weise sie mich einbeziehen. Ich versuche möglichst zu verstehen und vielleicht zu deuten, was in der Atmosphäre solch relativer Freiheit spontan geschieht. In diesem Fall ärgerte mich aber das Verhalten des Patienten, auch wenn er mir jedesmal entschuldigend erklärte, daß sein Telefongespräch im Zusammenhang mit seiner neuen Berufsaufgabe notwendig und wichtig gewesen sei. Ich hätte in einfühlender Weise Verständnis dafür aufbringen können, denn es gab wirklich unzählige Telefonate mit Behörden, Eltern etc., und da er oft unterwegs war, mußte er jede Gelegenheit für dringende Anrufe benützen. Das war für seine Aufgabe sehr wichtig. Ich verstand das, ärgerte mich aber trotzdem.

Es war mir aber auch klar, daß mich vor allem sein mangelnder Respekt für meine kostbare Zeit und für meine persönliche und therapeutische Wichtigkeit irritierte. Im Grunde fühlte ich mich durch sein Verhalten etwas narzißtisch gekränkt. Falls ich, ohne mir dieses Gekränktsein anmerken zu lassen, meinem Ärger hätte Luft machen wollen, wäre dies unter Anwendung eines üblichen Therapeutentricks vielleicht möglich gewesen. Ich hätte ihm sagen können, daß er die analytische Arbeit nicht mehr richtig ernst nähme, da er ja nicht einmal seine Analysezeit voll ausnütze. Eine solche «Deutung» wäre zwar unverfänglich, aber ungerecht und verlogen gewesen. Denn es war mir ja bewußt, daß mein Ärger mehr aus persönlicher Gekränktheit stammte als aus einem therapeutischen Anliegen. So war ich nahe daran, diese Ärgerreaktion als mein eigenes Problem anzusehen und mich im übrigen verstehend auf seine aktuelle Wirklichkeit mitsamt Telefonanrufen zu beziehen.

Dann kam mir aber plötzlich der Gedanke: und trotzdem befindet er sich in einer Inflation und muß mir seine neugewonnene Wichtigkeit vordemonstrieren. Das war mir im Zusammenhang mit anderen Indizien für seine gegenwärtige Verfassung einleuchtend, und ich beschloß, dieses Thema anzuschneiden. Aber wie? Ich könnte ihm sagen: «Ihre langen Telefongespräche haben neben ihrer praktischen Wichtigkeit auch noch eine weitere Bedeutung. Könnte es nicht sein, daß Sie mir damit etwas demonstrieren wollen, mich eventuell auch ärgern?» Damit würde ich meine Gegenübertragungsreaktion ins therapeutische Gespräch bringen, sie «therapeutisch benutzen». Ich wäre aber dann derjenige, dem das alles nichts ausmacht und der *über* der menschlichen Schwäche steht, sich auch *wirklich* zu ärgern. Somit wäre die menschliche Beziehung zwischen meinem Analysanden und mir etwas verlogen. Ich erlaube ihm damit nicht, mit mir, wie ich als Person auf ihn reagiere, in Beziehung zu treten. Es ist allerdings zuzugeben, daß in manchen Fällen die Projektion, der Analytiker stehe unverrückbar fest und sei in jedem Falle unverwundbar, therapeutisch notwendig ist, da Patienten sonst in eine unerträgliche Unsicherheit fallen.

Mit dem erwähnten Analysanden aber war wirkliche Beziehung auf weite Strecken möglich, und ich entschloß mich, ungefähr folgendes zu sagen: «Ich hatte mir eben überlegt, warum es mich eigentlich ärgert, wenn Sie so lange telefonieren und mich warten lassen. Ich kam zum Schluß, daß es wahrscheinlich nicht nur mit mir selbst etwas zu tun hat. Wäre es nicht möglich, daß etwas in Ihnen mich ärgern *möchte?*» Wir fanden dann zusammen heraus, daß er sich seinen Jugendlichen gegenüber in einer höchst unsicheren Position fühlt. Sie stellen Ansprüche an ihn zu allen Tages- und Nachtzeiten, halten sich an keine Verabredungen und duzen ihn, was er als neue Gemeinschaftsform irgendwie genießt. Eigentlich wäre er gern ein Analytiker für sie, wie ich es für ihn bin. Darauf steigen die Jugendlichen aber nicht ein, und somit zweifelt er, ob unsere Form der Analyse mit ihren festen Stunden usw. überhaupt heute noch angebracht sei.

Es wurde ihm erst jetzt bewußt, wie weit er mit seinen jugendlichen «Antiautoritären» bereits identifiziert war, was er mir mit seinem unbewußten Protest gegen die feste, verabredete Zeit und allem, was damit in Zusammenhang stand, bereits vordemonstriert hatte. Er wußte aber auch, daß er mit Identifikation allein nicht seinem erreichten Reifegrad entsprechend lebte und seinen Schützlingen nicht wirklich weiterhelfen konnte. Somit wurde durch dieses Gespräch der Anfang gesetzt zur Suche nach einer adäquateren Einstellung. Wahrscheinlich wäre ohne meine Gegenübertragungsreaktion, die ich ins Gespräch brachte, noch einige Zeit verstrichen, bis wir – für ihn einleuchtend – zu diesem Punkt gekommen wären. Träume konnte er während dieser Zeit keine erinnern.

An diesem Beispiel ist der Unterschied zwischen Übertragung/ Gegenübertragung und echter Ich-Du-Beziehung deutlich sichtbar. In einer echten Du-Beziehung bin ich meinem Partner, wenn ich ihn voll ernst nehme, Aufrichtigkeit schuldig. Ich muß mir nicht den Anschein geben, als sei ich unverwundbar, sondern kann so reagieren, wie ich mich als Mensch fühle. Wenn es in der analytischen Situation therapeutisch vertretbar ist, meine Irritiertheit auszudrücken, kann ich das als ein Zeichen von genügend stabilisierter Du-Beziehung ansehen. Da es sich aber um Analyse handelt, werde ich dem Patienten keinen Vorwurf daraus machen, daß er eine irritierende Wirkung auf mich hat. Ich mag zwar wirklich ärgerlich sein, muß aber in Betracht ziehen, daß dieses Gefühl vielleicht auch als Indiz einer syntonen Gegenübertragung zu werten ist. Ich nehme also meinen Ärger als Hinweis auf ein Stück unbewußter Dynamik, die sich zwischen uns abspielt. Nach Möglichkeit werde ich versuchen, diese Dynamik in Zusammenarbeit mit dem Analysanden zu erhellen. Vielleicht benötigt er mich nachher nicht mehr als höhere Autoritätsinstanz, die man in rebellischer Weise warten lassen muß, um die Gewichtigkeit eigener Bedeutung zu demonstrieren. Vielmehr vermag er mich vielleicht als Mitmenschen wahrzunehmen, der ihn und seine Handlungsweisen ernst nimmt und zugibt, daß er auch davon betroffen sein kann. Meine Aufrichtigkeit kann auch ihn vielleicht zu einer ehrlicheren Haltung sich selbst gegenüber ermutigen. Vielleicht ist dafür seine Wahrnehmung wesentlich, daß auch der Analytiker nach seinen eigenen unbewußten Motivationen sucht und nicht alles ihm aufladen will.

Eine solche Aufrichtigkeit des Analytikers muß sich meines Erachtens aber auf die Geschehnisse innerhalb der analytischen Situation beschränken und auf die therapeutischen Interessen des Analysanden bezogen sein. Persönliche Bekenntnisse des Therapeuten, die nicht strikt mit der seelischen Wirklichkeit des Patienten zusammenhängen, sind für die Analyse nutzlos, wenn nicht gar schädlich. Sie stammen meist aus unbewußten Gegenübertragungsgefühlen, z. B. aus dem Bedürfnis, dem Analysanden gegenüber in einem speziellen Licht zu erscheinen, die eigene seelische Reife oder das Geschick im Umgang mit den eigenen Problemen zu demonstrieren. Sie können aber auch schlicht vom unbewußten Bedürfnis des Therapeuten nach Entlastung von seelischen Spannungen motiviert sein. Dieses ist zwar menschlich, sollte aber, wenn es vorkommt, als Gegenübertragungsbedürfnis erkannt und nicht als Ausdruck therapeutisch wirksamer Du-Beziehung angepriesen werden. Ich befürworte auch keineswegs persönliche Kontakte zwischen Analytiker und Analysand außerhalb der Analyse. Die Versuchung, dabei unbewußte Übertragungs/Gegenübertragungsbedürfnisse im Namen zwischenmenschlicher Beziehung auszuagieren, ist groß und kann emotionelle Verwirrung stiften, die eine Analyse erschwert oder gar verunmöglicht.

Aufrichtige Direktheit des Analytikers ist natürlich bei leicht verwundbaren Patienten oft schwierig, kann aber manchmal notwendig werden. Ich denke da an eine Episode, die sich in der Therapie einer depressiven Patientin zutrug. Sie war bereits seit mehreren Jahren bei mir in Behandlung, und der therapeutische Prozeß war seit längerem zum Stillstand gekommen. Auf typisch depressive Weise mußte sie in der Übertragung alle Vollkommenheit mir zuschreiben, während sie sich selbst als nur dumm, lächerlich und schlecht vorkam. Gleichzeitig litt sie unter heftigen Neidgefühlen auf das «gute Leben», das ich – ihrer Phantasie entsprechend – führen könne, sowie unter Eifersucht auf meine übrigen Patienten, vor allem Patientinnen, die alle so viel intelligenter, schöner und interessanter seien als sie. Die Tatsache ihrer Neid- und Eifersuchtsgefühle mußte sie wiederum als Beweis ihres schlechten Charakters verbuchen. Einerseits sehnte sie sich nach meiner Nähe und konnte kaum die Zeit ihrer Sitzungen abwarten, andererseits fürchtete sie sich davor, hatte Angst, mich zu langweilen, mir lästig zu fallen und deshalb von mir abgelehnt zu werden.

Immer wieder besprachen wir den psychologischen Hintergrund dieser Gefühle aus den verschiedensten Perspektiven. Meistens schien sie die Zusammenhänge zu verstehen, nur um in der nächsten Stunde wieder Gefangene desselben Komplexes zu sein, der zu einer Qual für sie selber und auch für mich wurde.

Da sich in dieser Therapie für lange Zeit nichts bewegte, spürte ich in mir eine zunehmende Resignation. Offenbar war diese Patientin jenen Fällen zuzurechnen, die zwar nicht ohne therapeutische Beziehung leben können, zugleich aber gezwungen sind, alles «Gute», was sich daraus ergibt, wieder zerstören zu müssen. Langsam war ich diesen nicht modifizierbaren Wiederholungen des Komplexes «Ich muß Sie doch langweilen» etwas überdrüssig geworden. Ich begann wirklich, mich zu langweilen, meine Gedanken wanderten ab, und ich konnte nicht einmal mehr konzentriert zuhören, wenn sie mir einen Traum erzählte. Ihr «Ablehnungskomplex» hatte offensichtlich auch mich eingefangen. Ich tat zwar mein Bestes, sie zu begleiten und die Stunde mit ihr «abzusitzen», weil ich sie unmöglich hätte im Stich lassen können.

Aber eines Tages nach ungefähr sechs Monaten *hörte* ich sie plötzlich wieder. Inhaltlich hatte sich zwar nichts geändert an ihren Wiederholungen: «Ich bin für Sie so langweilig und uninteressant.» Es war aber ein anderer Tonfall, aus dem echte Verzweiflung sprach und mich als Person unmittelbar berührte. Ich wurde also sofort hellhörig und sagte, es käme mir vor, als ob heute nicht nur ihr Komplex spreche. Sie scheine wirklich echt unter dem Gefühl zu leiden, daß mein Interesse an der Therapie etwas nachgelassen habe und unser Dialog so unlebendig geworden sei. Zur Sicherheit fragte ich sie noch, seit wann sie glaube, dies bemerkt zu haben. Daraufhin konnte sie mir sagen, sie spüre seit zirka sechs Monaten ein Nachlassen meiner emotionalen Zuwendung: «Aber dies ist ja natürlich, ich bin ja ein hoffnungsloser Fall und kann für Sie gar nicht von Interesse sein», fügte sie entschuldigend hinzu.

Es war also deutlich: trotz ihrer Selbstwertstörung, die sie zwang, eine idealisierte, sie aber ablehnende Elterngestalt auf mich zu übertragen, konnte sie zugleich meine Eigenwirklichkeit und die Nuancen im Klima unserer echten Beziehung wahrnehmen. Es war mir deshalb wichtig, nicht in eine halb verlogene Übertragungsdeutung auszuweichen, sondern, ohne sie unnötig zu verletzen, die Präzision ihrer Wahrnehmung zu bestätigen. So gab ich zu, daß ich mich wirklich während der letzten Monate gelangweilt und gegen meinen Willen ein Erlahmen meiner therapeutischen Zuwendung gespürt hatte. Dies gälte aber nicht ihrer Person, sondern nur diesem hartnäckigen Komplex, der sie in einen Leierkasten verwandle und sie selber ebenso langweile und quäle wie mich. Sofort fügte ich aber hinzu: «Wie Sie soeben bemerkt haben dürften, wird unsere Beziehung sofort wieder lebendig, sobald Ihre echte seelische Lebendigkeit zum Vorschein kommen darf. Sobald Sie nicht mit diesem Komplex identisch sein müssen, sondern den Mut finden, mir zu sagen, was Sie wirklich innerlich bewegt, ist mein Interesse wieder spontan erwacht.»

Sie konnte diese differenzierende Mitteilung gut aufnehmen und mußte sie nicht im Sinne ihres Komplexes als globale Ablehnung mißverstehen. Im Gegenteil war festzustellen, daß sie sich dadurch in ihrer realen Selbstwerteinschätzung bestärkt fühlte. Nach dieser Sitzung begann der analytische Prozeß wieder lebendiger zu werden und der Ablehnungskomplex verlor etwas an Hartnäckigkeit.

6. Übertragung und die Frage der Indikationsstellung

Psychische Störung und Kooperationsbereitschaft

Nachdem wir die Vielschichtigkeit des Beziehungsaspekts analytischer Psychotherapie dargestellt und diskutiert haben, stellt sich auch die Frage der Indikationsstellung: Welche Menschen mit welcher Problematik können überhaupt von den Angeboten und Möglichkeiten der Jungschen Psychotherapie profitieren?

Ich habe bewußt die Frage nicht so gestellt, daß sie lautet: Welche Pathologie ist mittels der Methoden analytischer Psychologie im günstigen Sinne beeinflußbar. Sicherlich gibt es pathologische Zustände, die erfahrungsgemäß auf individuelle analytische Therapie nicht günstig ansprechen. Ich denke da vor allem an die Suchtkrankheiten, an schwere Psychosen, an gewisse Formen des Borderline-Syndroms oder sexueller Perversionen. Das heißt aber nicht, daß ein Mensch, der an solchen Störungen leidet, auf analytische Psychotherapie überhaupt nicht ansprechbar wäre. Die Dinge sind im Bereich des Psychischen allzu komplex. Was sich in gewissen dramatisch erscheinenden Symptomen äußert, kann im Gesamt des psychischen Haushalts eines Menschen von verschiedenster Bedeutung sein und den unterschiedlichsten Stellenwert einnehmen. Wir können nie wissen, ob in einem Menschen nicht letztlich Kräfte schlummern, die im Rahmen einer förderlichen menschlich-therapeutischen Beziehung aufgeweckt und auf günstige Weise zum Tragen kommen wollen.

Jedenfalls ist es nicht immer so, daß Gelingen oder Mißlingen einer Psychotherapie nur von der Art der psychischen Störung abhängig ist. Mehr noch scheint es darum zu gehen, ob bei beiden Beteiligten genügend Bereitschaft zur Kooperation entstehen kann. Dabei sei zugegeben, daß die Art der Störung nicht ohne Einfluß auf die jeweilige Kooperationsbereitschaft ist. So liegt oftmals die Schwierigkeit von Menschen, die an sogenannten «Frühstörungen» leiden, gerade darin, daß sie sich auf eine Beziehung nicht einlassen können. Es mangelt an Vertrauen, was aufgrund ihrer Lebensgeschichte meist einfühlbar ist. Im Vordergrund sind Ängste und mißtrauisches Sichabkapseln. Analyse oder analytische Therapie steht und fällt aber mit der Qualität gegenseitiger Zusammenarbeit, und die Kunst des Therapeuten besteht zunächst weitgehend darin, das Vertrauen des Patienten zu gewinnen, was in manchen Fällen eine lange Zeitspanne beansprucht. Und so stellt sich für den Therapeuten als erstes die Frage, wie er selbst seine eigene Vertrauenswürdigkeit einschätzt. Fühlt er sich bereit, die «Hölle» seines Patienten zu verkraften, falls er sich öffnet und sich ihm anvertraut? Hat er die richtigen «Antennen» für die Wesensart und spezifische Notlage eines bestimmten Patienten? Kann er sich in dessen Welt einfühlen, ihm echtes Verständnis entgegenbringen? Kurz – ist er für diesen bestimmten Patienten wohl der «richtige» Therapeut? Solche Fragen muß sich ein Psychotherapeut stellen, bevor er sich dazu entschließt, das Wagnis des gemeinsamen Unternehmens einzugehen.

Die Beantwortung solcher Fragen ist oft schwer, was an einem Beispiel erläutert werden soll. Es handelt sich im folgenden um eine nicht allzu seltene Erfahrung: Eine Analysandin suchte einen Analytiker auf, mit dem sie zunächst unbedingt arbeiten wollte. In den ersten Stunden stellte sich heraus, in welch hohem Maße sie schamgehemmt ist und größte Mühe verspürt, sich überhaupt zu äußern. Der Therapeut versuchte, ihr Brücken zu bauen, einfühlend auf sie einzugehen und möglichst jede Äußerung zu vermeiden, die sie als Bloßstellung empfinden könnte. Die intelligente und «spürige» Patientin bemerkte die Vorsicht ihres Therapeuten, was ihre Schamgefühle noch verstärkte. Sie schämte sich darüber, eine solche Mimose zu sein, die man nur mit «Glacéhandschuhen» anfassen könne. Mehr und mehr wurde sie von der Vorstellung verfolgt, wie lächerlich sie in den Augen des Analytikers dastehen müsse. Sicherlich habe er sie längst als therapieunfähig abgeschrieben. Zugleich spürte sie Haß auf ihn, den Zeugen solch schrecklicher Erniedrigungsgefühle. Natürlich kam in der Sitzung ihr Konflikt mit dem Therapeuten zur Sprache, ein Konflikt, der von beiden Beteiligten als Übertragungswiederholung gesehen und in lebensgeschichtlichem Zusammenhang gedeutet werden konnte. Trotzdem fühlte sich die Analysandin nach den Sitzungen nie erleichtert. Ganz im Gegenteil, sie wurde vermehrt von Schamvorstellungen gequält. Ihr psychischer Gesamtzustand verschlechterte sich zusehends, und der Gedanke an die nächste Therapiesitzung stürzte sie schon zu Hause in Panik. Offensichtlich litt sie an Zuständen, die schon Freud als «negative therapeutische Reaktion» bezeichnet hat (Freud 1925, S. 278 ff.).

Obwohl der Analytiker ihr Verhalten als Übertragungswiederholung zu verstehen glaubte, stellte sich ihm doch die Frage, inwieweit es auch mit seiner aktuellen Präsenz zu tun haben könnte. War seine Einfühlsamkeit und Vorsicht – ein Verhalten, das ihn in Gegensatz zu ihrem groben Vater setzte – vielleicht ein therapeutischer Fehler? Wurde sie dadurch in einen Konflikt gebracht, der ihre Panik verschärfte, nämlich den Konflikt zwischen Angst und Sehnsucht – einer Sehnsucht nach dem liebenden und verstehenden Vater, die in ihrer Kindheit unerfüllt bleiben mußte? Natürlich hätte sie solche Sehnsucht bei ihrer Schamanfälligkeit nie zulassen, geschweige denn äußern können.

Jedenfalls machten sich im therapeutischen Feld stets Störungen gegenseitigen Einvernehmens unliebsam bemerkbar. Es war, als ob sich der Vater dieser Patientin, der sie früher auf grobe Weise beschämt und in ihrer Weiblichkeit erniedrigt hatte, dazwischendrängen und alle Interventionen des Analytikers verzerren und verdrehen würde.

Selbstverständlich war es sehr belastend für den Therapeuten, mitansehen zu müssen, wie es ihr immer schlechter ging. Er war ein Mensch, der sich schnell in Frage stellte, wobei der Gedanke, seiner Patientin womöglich gar zu schaden, ihn zutiefst verunsicherte und Schuldgefühle hervorrief. Aber trotz seines etwas selbstentwertenden, übersensiblen Gewissens war im vorliegenden Fall die Frage angebracht, ob eine Fortsetzung dieses Unterfangens, das sich anscheinend mehr destruktiv als förderlich auswirkte, zu verantworten sei. Zu Recht brachte er diese Frage der Patientin gegenüber zur Sprache, sagte ihr, daß sie sich beide doch ernsthaft überlegen müßten, ob er der richtige Therapeut für sie sei. Es gehe ja schließlich darum, die optimale therapeutische Lösung für sie zu finden, und vielleicht wäre auch daran zu denken, ob sie sich nicht bei einer weiblichen Therapeutin besser aufgehoben fühlen würde. Es handle sich aber vorerst nur um Überlegungen, die er zur Diskussion stellen wolle. Diese Intervention löste bei der Patientin aber erneute Panik aus. Sie reagierte mit großer Angst, überwältigt von der Vorstellung, der Therapeut finde sie unerträglich und schicke sie deshalb weg. Zunächst sagte sie mit defensivem Unterton, sie hätte das erwartet, es sei ihr mehr als verständlich, daß der Analytiker sie nicht ertrage, könne sie sich doch in ihrer Negativität kaum selber ausstehen. Nach einer Pause war es ihr aber möglich hinzuzufügen, wie wichtig es für sie doch wäre, für einmal einen Menschen zu finden, der sie trotz ihrer unmöglichen Wesensart ertragen könne und Geduld mit ihr hätte.

Damit hatte sie zum ersten Mal ein Angebot zur Mitarbeit gemacht. Es war ihr möglich geworden zu äußern, was sie zutiefst benötigte, und sie konnte somit selber dazu beitragen, dem Analytiker und auch sich selber manchen Zweifel am Sinn dieser Analyse zu zerstreuen. Nach dieser Initiative vermochte sie zum ersten Mal ihre Fähigkeit zu spüren, selber Veränderungen in ihrem Umfeld zu bewirken und nicht nur Opfer der Machenschaften anderer Menschen zu sein. Diese Wahrnehmung tat ihrem Selbstwertgefühl sichtlich gut.

In der Folgezeit gab es erwartungsgemäß noch viele Rückfälle. Es war eine Art unbewußten Zwangs in ihr, den Analytiker zu entwerten, ihn seine Ohnmacht fühlen zu lassen, seine Unfähigkeit, ihr auf irgendeine Weise beizustehen, das «Richtige» zu äußern. Sie verstand es auch, ihm Schuldgefühle zu vermitteln – er hätte ja gut reden, er, der so ein gutes Leben habe, dem so viel gelinge etc. Zu Hause schämte sie sich jeweils über ihr Benehmen in der Sitzung. Es gab immer wieder Zeiten, in denen sich der Therapeut verzweifelt fühlte. Er wußte nun aber, daß vor allem sein Durchhalten die Chance für eine mögliche Besserung ihres Befindens bringen könnte. Es war ein Durchhalten im Sinne Winnicotts: dem Patienten die Sicherheit geben, daß der Analytiker solche Attacken heil überlebt und für ihn weiterhin «da» ist. Nur so wird es auch dem Patienten mit der Zeit möglich, seine Destruktivität zu ertragen und schrittweise seine Persönlichkeitsganzheit zu integrieren, so daß eine gewisse Eigenkontrolle entsteht. Es dauerte allerdings noch längere Zeit, bis die Patientin den Therapeuten wirklich als Verbündeten zulassen und mit ihm zusammen die Wirksamkeit der destruktiven Elternanteile aufarbeiten und entschärfen konnte. Jedenfalls stellte sich heraus, daß der Analytiker offensichtlich der «richtige» Partner im therapeutischen Prozeß war. Bei ihm hatte sich, trotz allem «Auf und Ab» und allen Rückfällen, Widerständen und Entwertungsversuchen ein Grundgefühl gegenüber dieser Patientin eingestellt, das ihn sonderbarerweise nie verließ. Es war sein Gefühl der Wertschätzung für die seelische Substanz und das im Grunde starke «Trotzdem» in dieser Frau, die darum kämpfte, sich aus destruktiver Umklammerung zu befreien. Langsam wurde es ihr möglich, solche Wertschätzung von seiten des Therapeuten anzunehmen und deren Wirkung zuzulassen, was mit der Zeit zur Besserung ihres geschädigten Selbstwertgefühls beitragen konnte.

Zur Frage des «Zusammenpassens» der Therapiepartner

Das Gelingen eines therapeutischen Prozesses hängt also wesentlich davon ab, ob sich Analysepartner finden, die zueinander passen. Therapeutische Mésalliancen jeglicher Art wirken sich selten fruchtbar aus. Das deckt sich mit den Erfahrungen der Urbeziehung von Mutter und Kind. Man weiß aus der Säuglingsforschung, daß das affektive Zusammenspiel von Mutter und Kind nicht immer selbstverständlich ist und daß ein Mangel an emotionaler oder temperamentmäßiger Übereinstimmung zu Frühstörungen aller Art führen kann. Das Grundgefühl, «nicht anzukommen» mit seiner Wesensart, irgendwie «verkehrt» und von aller Welt ausgestoßen zu sein, hat hier oft seine Wurzel. Ein solches Grundgefühl ist in manchen Menschen mehr oder weniger wirksam, wird aber – verständlicherweise – vielfach abgewehrt oder/und überkompensiert. Oft motiviert es dazu, einen Therapeuten aufzusuchen. Früher oder später wird es dann passieren, daß sich dieses negative Grundgefühl auf den Analytiker überträgt. Im oben erwähnten Beispiel der mißtrauischen Patientin war neben dem verfehlten Vater auch die possessive und emotional unzuverlässige Mutter innerpsychisch noch wirksam. Wenn die Patientin damals als Kind psychisch «überleben» wollte, war es notwendig, sich den Schwankungen der Mutter anzupassen, während sich die Mutter kaum in die seelische Wirklichkeit ihres Kindes einzufühlen vermochte. Solche Grundgefühle und Grundmuster gestalten aus dem Unbewußten auch die gegenwärtigen Interaktionen, sie weisen den nahen Bezugspersonen ihre Rolle im Beziehungsfeld zu. So auch in der Analyse: Wie immer der Analytiker sich verhält, es wird ihm, je nachdem, die Rolle des Unzuverlässigen, Possessiven, Eindringenden, Verlassenden, Ablehnenden etc. zugeschoben. Es ist wichtig, daß er dies als Delegation verstehen und zusammen mit dem Patienten erhellen kann.

In einer tiefen Schicht ist aber in vielen Fällen ein vom Selbst ausgehender Entwicklungsdrang wirksam, der Selbstgestaltung anstrebt. Das Selbst wird aufgefaßt als das «dirigierende Zentrum», welches die psychischen Prozesse im Sinne der Ganzheit steuert (Neumann 1949, S. 307). In einer gelingenden Urbeziehung bedient sich das kindliche Selbst in seinem Überlebens- und Reifungsstreben der «fördernden Umwelt» (Winnicott 1974), d.h. zunächst der mütterlichen Pflege- und Bezugsperson. Umgekehrt spricht die Mutter zärtlich liebend auf ihr Kind an, ist gleichsam «instinktiv» darauf eingestellt, dessen Bedürfnisse zu erfüllen. Dies ist ein Bild gegenseitiger Übereinstimmung, welches in manchen Analysen hinter den Neuauflagen früherer Schmerzen, Ängste oder Enttäuschungen lebendig werden möchte. Allerdings ist es oft ein langwieriger Prozeß, bis eine Öffnung zu dieser Tiefe zugänglich wird. Ich habe aber schon an früherer Stelle (S. 53) darauf hingewiesen, daß analytische Psychotherapie wahrscheinlich ihre größte Wirkung von dem Bereich her ausübt, in dem gegenseitige Beeinflussung im Unbewußten stattfindet. Das Unbewußte zeitigt dort seine kreativen aber auch – wie alles in der Natur – seine destruktiven Möglichkeiten. Jedenfalls ist aber dort der «potentielle Raum» eines kreativen «Neubeginns» (Balint 1968), durch den die alten, krankmachenden Muster und Strukturen relativiert werden können und ein Stück ihrer zerstörerischen Wirksamkeit einbüßen. Aber gerade da ist die geeignete «chemische» Verbindung zwischen den Analysepartnern so entscheidend.

Therapeutische Partnerwahl

Wie ist es aber möglich, in einem Erstgespräch herauszufinden, ob die therapeutische Partnerwahl wohl gegenseitig stimmig ist? Ich möchte dieser Frage zunächst aus der Sicht des potentiellen Patienten nachgehen. Es liegt nicht zuletzt an ihm herauszuspüren, ob er zu dem meist wildfremden Menschen, den er als möglichen Therapeuten aufgesucht hat, Vertrauen haben könnte.

Für viele Menschen mag das äußerst schwierig sein. Ich habe allerdings Analysanden erlebt, die im Erstinterview schon nach einer halben Stunde genau zu «wissen» schienen, daß sie bei dem betreffenden Therapeuten bestimmt am richtigen Ort sind. Dies hat sich auf die Länge oft auch bewahrheitet. Es ist, als ob sie vom Selbst her einen intuitiven «Wink» aus dem Unbewußten erhielten – dem Selbst, welches als unbewußter Anordnungsfaktor unserer Gesamtpersönlichkeit wirkt und deshalb «weiß», was uns bekömmlich ist.

Ein solch «instinktives» Wissen ist durchaus ernst zu nehmen. Inwieweit ist es aber verläßlich? Eine gewisse Skepsis mag hier am Platz sein. Wenn der potentielle Analysand verläßlich spüren könnte, ob er die richtige Wahl trifft, so hätten wir wahrscheinlich weniger verkorkste Verwicklungen innerhalb therapeutischer Partnerschaften – nicht zu reden von den noch komplexeren Vorgängen bei der Wahl von Liebespartnern. Wesentlich ist aber trotz allem das «instinktiv-gefühlshafte» Wissen in Beziehungsfragen, während rationale Begründungen, auch wenn sie in den Vordergrund geschoben werden, meist sekundär sind. Allerdings kann eine solche «instinktive» Sicherheit in Beziehungsfragen zugleich von Illusionen, Komplexen und unbewußten Wunschvorstellungen motiviert sein, welche eventuelle Gegengründe auszublenden wissen. Zudem leiden Menschen, welche Psychotherapie aufsuchen, oft gerade an ihrer Gefühlsunsicherheit. Sie kommen meist auch nicht abwägend-beobachtend zum Erstinterview, um den Therapeuten kennenzulernen und zu spüren, ob eine Zusammenarbeit möglich wäre. Selbst wenn sie sich eine solche Haltung vornehmen sollten, werden sie oft, wenn es darauf ankommt, von Angst- oder Schamkomplexen bedrängt und müssen ihre ganze Energie darauf verwenden, solche unangenehmen Gefühle möglichst abzuwehren. Sie sind häufig mit sich selbst beschäftigt und damit, was der Analytiker wohl von ihnen denken mag, und können nur subliminal ihre Aufmerksamkeit auf die Einschätzung des Therapeuten richten. Sicherlich spielt es eine große Rolle, wie der Analytiker auf sie reagiert, ob er imstande ist, zu beruhigen und von auftretenden Peinlichkeitsgefühlen zu entlasten. Vielleicht ist das kein schlechtes Kriterium, weil der Patient ja gleich etwas von therapeutischer Wirkung wahrnimmt.

Natürlich wird die erste Begegnung auf unterschiedlichste Weise erlebt. Ein Patient wird sich vielleicht durch die Art, wie der Therapeut zuhört und reagiert, so verstanden fühlen, daß er bereits Vertrauen faßt und dem gemeinsamen therapeutischen Unternehmen mit viel Hoffnung entgegensieht. In einem anderen Fall mag sich ein Hilfesuchender von der anscheinenden Kälte und Teilnahmslosigkeit des Therapeuten so gedemütigt fühlen, daß er nicht mehr hingehen, zumindest auf der Hut vor weiteren Kränkungen bleiben will. Vielleicht denkt er aber auch, der Therapeut habe recht, wenn er seine «Wehwehchen» oder «Bobos» nicht so ernst nehme, er, der Analytiker, sei ja die fachliche Autorität und wisse, was therapeutisch am besten sei. Jedenfalls ist es für ihn schwierig, mit einiger Sicherheit auszumachen, ob er bei einem Therapeuten am richtigen Ort ist und inwiefern er Zweifel, die er vielleicht hegt, ernstnehmen sollte. Wie kann er z. B. sicher sein, daß nicht sein Therapeut recht hat, wenn er seine Zweifel an dessen Kompetenz, sein Mißtrauen usw. als Widerstandsphänomen deutet, welches zum Besten seiner Entwicklung durchgearbeitet werden sollte? Es ist also äußerst schwierig, sich auf das eigene Gefühl verlassen zu können, nicht zuletzt deshalb, weil der Patient wahrnimmt, daß es oftmals gestört und unverläßlich ist.

Sicherlich ist es kaum möglich, die Stärken und Schwächen des in Frage stehenden Analytikers «objektiv» zu erfassen. Im besten Fall wird aber wahrnehmbar, welche Gefühle seine Präsenz im Hilfesuchenden auslösen. Sie haben allerdings nur teilweise mit der Wirklichkeit des Analytikers zu tun, vielmehr jedoch mit den Emotionen, Ängsten, Erwartungen, Sehnsüchten des potentiellen Analysanden.

Ich persönlich habe die verschiedensten Gründe gehört, warum Menschen gerade zu mir in Analyse kommen wollen:

weil sie sich in meinem Raum wohlfühlen, weil ihnen die Bilder an der Wand gefallen, weil sie endlich einen guten Vater wollen, weil sie durch Freunde von mir gehört hätten, weil sie das Musische suchen, weil ich «international» sei. Viele Menschen suchen mich auch deshalb auf, weil sie von mir etwas gelesen haben und glauben, ich könnte ihr Anliegen verstehen. Sicherlich spielt da – oft schon vor der ersten Begegnung – bereits Übertragung hinein. Ich erinnere mich an einen Kollegen, der in seiner Not eine ihm empfohlene Therapeutin anrief. Am Telefon empfand er die mit einem ausländischen Akzent sprechende Stimme so schön, verständnisvoll und weise, daß er bereits neue Lebensgeister in sich spürte und überzeugt war, diese Frau könne ihm ganz wesentlich helfen. Es entstand dann auch eine gute Zusammenarbeit, allerdings grundverschieden von allem, was er sich nach dem Telefongespräch ausgemalt hatte. Er mußte nämlich bald feststellen, daß diese eindrucksvolle alte Dame alles andere als eine schöne Stimme hatte. Vielmehr, bei «objektivem» Hinhören, war diese Stimme auffallend scharf und krächzend. Die Therapeutin war auch keineswegs einfühlsam verständnisvoll, sondern hart konfrontierend. Gerade dadurch wurde in dem jungen Mann aber sein Autonomiestreben angeregt, was der Stärkung seines Ichs, seiner «psychischen Muskeln» – wie die Analytikerin zu sagen pflegte – zugute kam. Offensichtlich hatte er die für ihn derzeit «richtige» Therapeutin gefunden. Die «schöne Stimme» am Telefon hatte aber deutlich mit der Muttersehnsucht dieses jungen Kollegen zu tun, mit der Sehnsucht nach einer Mutter, die ihn mit fünf Jahren verlassen hatte. (Es sei hier angemerkt, daß dieser Kollege nicht wesentlich frühgestört war, d. h. die Mutter hat ihn in einem Alter verlassen, in dem bereits genügend Ichautonomie entwickelt war. Insofern ist er an diesem doch schweren Schicksalsschlag nicht zerbrochen. Ich glaube nicht, daß er sonst an einer solchen Art von Therapie hätte wachsen können. Wahrscheinlich hätte er so viel Konfrontation nicht ausgehalten.)

Jedenfalls ist für beide potentiellen Psychotherapiepartner Zusammenarbeit bereits notwendig, um überhaupt zu einer Entscheidung zu kommen. Dabei gehört es wesentlich zur Berufsethik eines Analytikers, daß er nicht die Hilf- und Orientierungslosigkeit des Hilfesuchenden zu seinem eigenen Vorteil ausnützt und ihn aus eigenen (z. B. finanziellen oder narzißtischen) Interessen in die Analyse hineinmanövriert. Hier kommen wir auf ein weiteres Problemfeld: zum Umgang des Analytikers mit seinen eigenen, persönlichen Belangen, worauf im nächsten Kapitel näher eingegangen werden soll. Hier jedoch möchte ich nochmals auf die Rolle des Therapeuten oder Analytikers im Prozeß der Indikationsstellung und Entscheidungsfindung zu sprechen kommen. Es geht für ihn ja darum, anhand seiner beruflichen Erfahrung auf verantwortliche Weise abzuschätzen, ob eine Zusammenarbeit mit einem Hilfesuchenden angezeigt ist und therapeutisch «etwas bringen» könnte. Und dabei sind manche Gesichtspunkte zu berücksichtigen, von denen ich im folgenden nur einige Beispiele bringen kann.

Welches sind die Kriterien, nach denen ein Psychotherapeut sich richtet, um für einen unter mehreren Anwärtern einen frei werdenden Therapieplatz zu vergeben? Gerechterweise könnte er sagen: Wer sich zuerst angemeldet hat, kommt auch zuerst dran. Wird diese zwar formell gerechteste Lösung aber den spezifischen Anliegen analytischer Psychotherapie gerecht? Nach allem, was bisher gesagt wurde, sicherlich kaum. Eher wird sich ein Analytiker wahrscheinlich darum bemühen, innerhalb der Möglichkeiten seiner beschränkten Zeit und seiner begrenzten Kräfte denjenigen Patienten zu wählen, der Therapie am meisten benötigt und dem voraussichtlich gute Besserungschancen eingeräumt werden dürften. Diese Richtlinie für die Auswahl ist vertretbar und vernünftig, mit der Einschränkung, daß der Analytiker natürlich keineswegs ein Hellseher sein kann. Letztlich ist es ihm, auch nach jahrelanger Erfahrung, nicht möglich vorauszusehen, wie sich ein therapeutischer Prozeß gestalten wird.

Ich persönlich habe es mir seit Jahren zur Angewohnheit gemacht, nach einer ersten Vereinbarung gemeinsamer Zusammenarbeit meine Eindrücke und meine Zukunftsphantasien zu notieren. Ich versuche, mir in der Vorstellung kurz auszumalen, wohin der Prozeß führen könnte. Ich stelle mir im voraus die Fragen: Wo werden wohl die größten Schwierigkeiten auftreten, in welcher Art wird sich Übertragung manifestieren, welche Verwicklungsknoten werden wohl am meisten zu «beißen» geben etc.? Allerdings ist es mir wichtig, diese Anfangsnotizen gleich wieder wegzulegen, um von den eigenen Erwartungen nicht beeinflußt zu sein. Es ist ja entscheidend, sich in aller Offenheit darauf einzustellen, was sich spontan in der Analyse ereignen wird. Viel später, vielleicht erst nach dem Abschluß der Therapie, werde ich meine anfänglichen Notizen wieder hervornehmen, um herauszufinden, inwiefern ich gewisse Entwicklungen vorausgespürt habe und wo meine Spekulationen gänzlich daneben waren. Ich muß nach diesen Erfahrungen sagen, daß der analytische Prozeß doch immer für nicht voraussagbare Überraschungen sorgt. Trotz allem habe ich dadurch meine «Spürnase» für mögliche Entwicklungen und Verwicklungen, die sich durch die therapeutische Auseinandersetzung ergeben können, um einiges verfeinert.

Sympathie und Antipathie

Zunächst möchte ich noch auf einen weiteren Gesichtspunkt eingehen, nämlich auf die Frage, inwieweit bei der Entscheidung zur gemeinsamen Arbeit die persönliche Sympathie eine Rolle spielt. Sympathie, ein Wort, das aus dem griechischen «sym-patheia» entlehnt ist, heißt wörtlich Einhelligkeit, gleiche Empfindung. Übereinstimmung der Empfindung wird offensichtlich als «zusagend» oder «angenehm» erlebt, und so ist der «sympathische» Mensch für uns zugleich «anziehend» und «ansprechend». Erfahrungsgemäß ist es viel schwieriger, jemanden abweisen zu müssen, den man als sympathisch erlebt. Worauf letztlich Sympathie und Antipathie psychodynamisch beruhen, ist schwer auszumachen, handelt es sich doch um spontan auftretende Affekte. Ein Vergleich aus der Chemie scheint mir dafür nicht allzuweit hergeholt. Bekanntlich gehen einige chemische Substanzen sofort eine Verbindung miteinander ein, während andere sich wie die Pest meiden und auseinanderstreben.

Mir scheint es jedenfalls wichtig, Spontanreaktionen von Sympathie oder Antipathie bei den Erstbegegnungen zuzulassen – auch wenn dies unserem Helferwillen ungerecht erscheinen mag. Unterschwellig fallen diese Gefühle bei der Entscheidung, ob therapeutische Zusammenarbeit wünschbar ist, fast immer ins Gewicht. Es ist deshalb ratsam, sich ihrer bewußt zu werden. In meiner Erfahrung gibt es zwischen den beiden Polen Sympathie und Antipathie viele Zwischenstufen, die sich innerhalb eines Gesprächs bewegen, verschieben, ändern können. In dem Moment, wo es mir gelingt, mich in die Welt des potentiellen Patienten einzufühlen, spielt Antipathie bei mir fast keine Rolle mehr. Schließlich ist der Patient ja nicht dazu da, mir zu gefallen, mir sympathisch zu sein. Hingegen mag dies «Unsympathisch»-Sein gerade zu seiner Problematik gehören, die nicht selten darin besteht, Ablehnung aus neurotischen Gründen unbewußt provozieren zu müssen. Wenn ich nun das Phänomen des Unsympathischseins von seiner Warte her betrachte, spüre ich das dazugehörende Leiden und bin als Therapeut angesprochen. Es entsteht bei mir «Sym-pathie» mit seiner leidenden Seite.

Wenn es mir aber, was auch schon vorgekommen ist, während der ersten ein oder zwei Gespräche nicht gelingt, meine Gefühle der Antipathie zu überwinden, wenn sich also diese Gefühle spontan nicht verändern, so ist dies für mich ein deutliches Indiz, keine langfristige Psychotherapie zu beginnen. Wie schon erwähnt, ist es außerordentlich wichtig, daß jegliche Form der Zuwendung echt ist und gefühlsmäßig stimmt. Wenn der Therapeut zuerst seine Antipathie überwinden muß, um sich einem Patienten zuzuwenden, steht das ganze Unternehmen auf wackligen Beinen.

Das Ringen des Therapeuten mit seiner Begrenztheit – ein Fallbeispiel

Der Entschluß, einen bestimmten Analysanden therapeutisch zu begleiten, beruht auf vielfältigen Motivationen. Vielleicht wird der Therapeut denjenigen Patienten auswählen, der ihm gefühlsmäßig am meisten liegt. Ich meine, dies sei berechtigt, weil er damit meist auch einen verstehenden Zugang zu den spezifischen Konfliktbereichen seines Patienten mitbringt. Ich persönlich habe allerdings immer wieder das Bedürfnis, mir meine Praxis nicht zu bequem zu gestalten, und beschränke mich nicht darauf, ausschließlich Menschen in Therapie zu nehmen, die mir «liegen» und deren Problematik ich verstehe und leicht nachvollziehen kann. Es gibt immer wieder Analysanden, die für den Analytiker eine Herausforderung darstellen, mit denen er sich auf seelische Welten einzulassen hat, die ihm ferner liegen. Damit vermag er möglicherweise, einen erweiterten Horizont zu gewinnen und nicht zuletzt auch Bereiche in sich selbst zu entdecken, die ihm bis anhin verschlossen waren. Jung hat ja immer wieder zu Recht darauf hingewiesen, daß der Analytiker, indem er sich auf den Prozeß des Analysanden einläßt, immer selbst auch in Analyse sei.

Wir stoßen hier allerdings auf einen Problembereich analytischer Psychotherapie. Einerseits ist es für den Analytiker notwendig, stets seinen Verstehenshorizont zu erweitern. Andererseits sind ihm Grenzen gesetzt, denn kein Analytiker kann mit allen ihn aufsuchenden Menschen ein therapieförderndes Einvernehmen herstellen. Er würde sich auch überfordern, sollte er der Illusion erliegen, unbegrenzt für alle menschlichen Problemstellungen zuständig zu sein. Es ist zwar im Sinne des Individuationsprozesses, die Verständnisgrenzen zu erweitern und die seelische Erlebensfähigkeit zu vertiefen und zu differenzieren. Inwieweit ist es aber legitim, zu diesem an sich wesentlichen Zweck Patienten zu «benützen»? Könnte es nicht auch einem Mißbrauch des Patienten gleichkommen, wenn dieser zur Förderung der Individuation des Analytikers herhalten soll? Diese Frage zu stellen, ist überaus wichtig, denn es darf nicht vergessen werden, daß Psychotherapie in erster Linie zum Wohl des Patienten zu geschehen hat.

In welche Schwierigkeiten und Gewissensnöte ein Analytiker kommen kann, wenn er die Entscheidung für oder gegen gemeinsame Arbeit mit einem Patienten treffen muß, möchte ich an einem Beispiel darstellen. Ein 43jähriger Kollege suchte mich in meiner Praxis mit folgendem Problem auf: Er hatte soeben eine schlaflose Nacht hinter sich, weil ihn die Frage nicht in Ruhe ließ, ob er mit einer bestimmten Patientin eine Analyse aufnehmen müsse, oder nicht. Es handelte sich um eine 57jährige Frau, die ihn auf Empfehlung eines gemeinsamen Bekannten aus ihrem drei Stunden weit entfernten Wohnort angerufen hatte. Der Kollege hatte am Telefon geantwortet, daß er leider ausgelastet sei, gab ihr aber die Telefonnummern von zwei Analytikern, deren Arbeit er sehr schätzte. Nach kurzer Zeit rief sie ihn wieder an und sagte, sie habe mit einem dieser Kollegen am Telefon gesprochen, merke aber schon an dessen Stimme, daß er ihr gar nicht passe. Hingegen habe sie bereits festgestellt, daß gerade er der genau richtige Therapeut für sie sei. Dies sei von Anfang an ihr ganz bestimmtes Gefühl gewesen, und sie kenne sich diesbezüglich aus. Dann fügte sie hinzu: «Sind Therapeuten nicht dazu da, Menschen in Not beizustehen, statt sich auf Mangel an Zeit zu berufen?» Der Therapeut wiederholte ihr daraufhin, daß er wirklich voll ausgebucht sei, meinte dann aber, es sei möglich, sie für eine einmalige Sitzung zu sehen. Dann würde er sie etwas kennenlernen und sei besser imstande, einen für sie geeigneten Kollegen zu finden. (Sie hatte ihm schon mitgeteilt, daß für sie nur ein Mann als Therapeut in Frage käme.) Nach dieser Terminverabredung kam ein paar Tage später ein weiterer Telefonanruf: Da sie speziell von so weit her anreise, wäre es doch sicher besser, wenn der Therapeut sie während zwei Stunden und nicht nur für eine, allzu kurze, Stunde sehen könnte.

«Auch da wurde ich bereits schon wieder schwach», sagte der

Kollege, als er mir am nächsten Tag die Geschichte erzählte, «aber schließlich war es ja wirklich eine weite Reise für sie.» Zur verabredeten Zeit erschien sie nicht, kam erst eine halbe Stunde später. Mein Kollege: «Und wer ‹rauschte› da herein? Eine elegante Dame, die mich sofort an meine Mutter erinnerte und außerdem noch Züge einer französischen Filmdiva hatte, einer meiner Lieblingsschauspielerinnen.»

Das Leiden dieser Dame bestand vornehmlich darin, daß sie kurze Zeit zuvor von ihrem jüngeren Freund «treulos» verlassen worden war. Und zwar zugunsten einer jüngeren Frau. Je länger sie von diesem Freund und vom Schmerz seines Verlusts berichtete, um so deutlicher stieg in dem Kollegen ein gewisses Gefühl auf, das sich schließlich zur Überzeugung verfestigte. Es wurde ihm klar, daß sie ihn unbewußt (vielleicht sogar in bewußter Absicht?) bereits zum Ersatz dieses Freundes bestimmt hatte. Zugleich war sie aber durchaus therapiebedürftig, erwähnte eine Reihe von Angst- und Zwangssymptomen und auch ihr generelles Gefühl, das Leben habe für sie keinen Sinn. Es kam heraus, daß sie schon einiges an verschiedenen Therapien hinter sich hatte, und anscheinend war es früher mit einigen ihrer Therapeuten zu geschlechtlicher Beziehung gekommen.

Als sich der Kollege überlegte, wem er sie am besten überweisen könnte, drängte sie erneut, wie sehr sie spüre, daß er genau der richtige Therapeut für sie sei. Nur jemand wie er sei imstande, ihr zu helfen. Er solle ihr das glauben, sie habe in der Wahl von Therapeuten viel – vor allem bittere – Erfahrung. Schließlich leide sie sehr, und er könne sie nicht einfach zu jemand anderem abwimmeln. «Wieder konnte ich nicht umhin, ihr für den nächsten Tag eine Sitzung einzuräumen, um ihr Anliegen weiter zu besprechen», sagte mir am nächsten Tag mein Kollege.

Inzwischen hatte er eine schlaflose Nacht, fühlte sich emotional aufgewühlt und mußte hin und her überlegen, was er wohl tun sollte. Es wurde ihm klar, daß durch diese Frau die Geschichte seiner Mutterbeziehung wieder lebendig geworden war. Seine Mutter hatte es immer verstanden, verführerisch ihren beträchtlichen Charme spielen zu lassen, um ihre Umgebung, und nicht zuletzt ihren Sohn, für die eigenen Zwecke zu manipulieren. Es war für ihn schwer gewesen, ihr zu widerstehen, auch wenn er ihr Spiel mit der Zeit zu durchschauen vermochte. Der leiseste Widerstand bedeutete für seine Mutter, er liebe sie nicht mehr, und rief dramatisches Kopfweh, Übelsein und viele Tränen hervor. Es war schwer, sich der Schuldgefühle zu erwehren, wenn ihm vor Augen geführt wurde, wieviel Leid er seiner eigenen Mutter antue. Aber was war mit der französischen Schauspielerin, an die ihn die Patientin auch erinnerte? Es fiel ihm ein, daß sie lange Jahre das Bild seiner Mutter – wie sie idealerweise sein könnte – verkörpert und entsprechende Sehnsucht hervorgerufen hatte.

Was sollte er tun? Es entspann sich in ihm ein Dialog:

Hatte nicht Jung verkündet, daß Analysanden, die Schwierigkeiten bereiten, auch für den Analytiker ein neues Stück Individuation bedeuten? Im tieferen Sinn würde das heißen, die Zeit, dieses Problem anzugehen, sei nun reif.

Andererseits, so dachte er, gehören solche Ansprüche zu den typisch Jungschen «Synchronizitätsmysterien», seinen «Weisheiten» magisch-abergläubischer Natur.

Trotzdem, warum will gleichsam «seine Mutter» zu ihm in Analyse kommen? Wäre das nicht eine Chance, zugunsten seines eigenen Individuationsprozesses sein Mutterproblem erneut und vertieft zu bearbeiten? Auch die Patientin war sich ja so sicher in ihrer Überzeugung, daß er der richtige Therapeut sei. Hat sie vielleicht recht? Könnte er imstande sein, mit ihren Verführungskünsten therapeutisch umzugehen, statt ihnen zu erliegen? Gerade weil er aus eigener Erfahrung ihre Problematik so gut kennt? Wäre das eine Chance sowohl für die Patientin als auch für ihn?

Dann mußte er sich wieder eingestehen, wie schwach er ihr gegenüber gewesen sei, hatte sie ihn ja bereits dorthin manipuliert, wo sie ihn haben wollte. Der Gedanke kam wieder, daß sie eigentlich für eine Analyse gar nicht echt motiviert sei, sie wolle ihn nur als ihren «Gigolo». Und so hat es keinen Zweck, mit dieser Frau eine Therapie zu beginnen.

Aber sie benötigte doch auch tatsächlich Therapie – war wieder ein Gegengedanke. Kann er sich guten Gewissens dieser Aufgabe einfach entledigen, die sich da stellt? Kann er ihr Nein sagen?

Nach seiner schlaflosen Nacht war der Kollege noch sehr verwirrt von diesen sich widerstreitenden Gefühlen und Gedanken. Ich machte den Vorschlag, daß wir zunächst einmal den «Gefühlssalat», der durch diese Frau in ihm angerichtet war, ansehen wollten, um dann in einem zweiten Schritt die Frage zu diskutieren, inwiefern eine Therapie mit ihr überhaupt aussichtsreich sei. Wenn im Analytiker durch die Gegenwart eines Patienten eine solche Woge komplexgeladener Erinnerungen und Gefühle angeschwemmt wird, ist es natürlich mehr als fraglich, ob er je die nötige Freiheit und Distanz haben wird, sich einfühlend auf die Welt gerade dieses Patienten einzulassen. Seine eigenen Verletzungen, seine Liebe, Wut, Angst, seine Ambivalenzen können stets machtvoll störend dazwischen kommen. Im vorliegenden Fall wurde der Therapeut durch das Auftauchen dieser Frau mit einigen seiner bisher unverarbeiteten Anteile, mit seiner sogenannten «Restneurose» konfrontiert. Neben den Ängsten vor einer solch peinlichen Konfrontation spürte er den verständlichen «Helden»-Impuls: jetzt erst recht den «Stier bei den Hörnern packen». Auch Jung habe gesagt, solch eine Begegnung mit dem eigenen Mutterkomplex könne eine Chance im Sinne der Individuation bedeuten.

«Und die Patientin?», fragte ich, «was glauben Sie, für die Patientin tun zu können? Wir arbeiteten anhand der Beschreibung seiner Eindrücke heraus, daß die Frau zwar von verschiedenen Angst- und Zwangssymptomen gequält wird, zutiefst aber an ihrer inneren Leere, Isoliertheit und an Gefühlen der Sinnlosigkeit leidet. Sie ist ständig auf der Suche nach einem Menschen, der ihr durch seine «Liebe» ihr Leiden abnehmen würde, und zwar ganz konkret. Wehe ihm, wenn er das nicht tut! Bisher folgte bittere Enttäuschung stets auf dem Fuß – auch bei ihren Therapieversuchen, die anscheinend nicht selten durch sexuelles Ausagieren ihr Ende fanden. Offensichtlich war sie frühkindlich so verwundet, daß sie zu jeglicher Form symbolischen Erlebens keinen Zugang hat.

Dieses Bild ihrer psychischen Verfassung war sowohl für den Kollegen als auch für mich als vorläufige Hypothese einigermaßen stimmig. Mehr und mehr sah der Kollege ein, daß er – bei seiner Anfälligkeit für das besondere Muster ihres Agierens – wohl kaum der «richtige» Analytiker sein könne. Zudem war es fraglich, ob die weitere Analyse überhaupt sinnvoll für die Patientin wäre. Offensichtlich benötigte mein Kollege aber die Bestätigung von mir, daß diesbezügliches «Ausweichen und Davonrennen» – Schimpfwörter in der Wertskala psychoanalytischer Weltanschauung – seinem Prozeß der Individuation nicht unbedingt im Wege stehen müßte. Es fiel ihm dann ein Therapeut ein, der für diese Patientin in mancher Hinsicht viel geeigneter sei. In der unserem Gespräch folgenden zweiten Sitzung mit dieser Frau blieb er ihren Beschwörungen, Schmeichelreden und Attacken gegenüber standhaft, drückte aus, wie sehr er ihr seelisches Leiden ernst nehme (was der Wirklichkeit entsprach), und empfahl ihr dringendst, den von ihm genannten, besonders kompetenten Kollegen aufzusuchen. Sie hat sich aber nie mit diesem Kollegen in Verbindung gesetzt und ließ auch nie mehr etwas von sich hören.

Ich habe diesen Prozeß einer – in diesem Fall negativen – Entscheidungsfindung so ausführlich dargestellt, um dem Leser eine Kostprobe zu geben, wie verwickelt dies alles sein kann. Nach menschlichem Ermessen war diese Entscheidung sicher richtig und verhinderte ein vorauszusehendes, für Patientin wie Therapeuten schädliches Herumagieren.

Zum Schluß dieses Kapitels möchte ich noch folgende allgemeine Bemerkung machen: Angesichts der Schwierigkeit einer Entscheidungsfindung schlage ich in manchen Fällen vor, zunächst unverbindlich eine bestimmte Anzahl Sitzungen miteinander zu arbeiten und dann erneut, nachdem man sich etwas besser kennt, die Angelegenheit zu diskutieren. Immer mache ich potentiellen Analysanden den Vorschlag, ihre Eindrücke nochmals zu überschlafen, ihre nachträglichen Reaktionen, Gefühle und vor allem auch Träume zu beobachten, und mich nach etwa einer Woche ihren definitiven Entscheid wissen zu lassen. Dies tue ich auch dann, wenn Analysanden glauben, sich nach einem Erstgespräch schon entschieden zu haben, und ich selbst mir eine Zusammenarbeit gut vorstellen könnte. So eine Entscheidung will sorgfältigst überlegt sein. Natürlich steht es ausdrücklich den Patienten frei, auch später jederzeit eine Beendigung – wenn möglich nach vorhergehender Diskussion – vornehmen zu können. Die ausdrückliche Freiwilligkeit ist ein sehr wesentlicher Faktor. Meine diesbezügliche Haltung bringt es manchmal mit sich, daß Analysanden befürchten, mir liege nichts daran, ob sie kommen oder gehen, oder was immer sie tun. Sie spürten zu wenig Interesse meinerseits. Dies ist meist als Übertragungswiederholung leicht zu deuten. Eine echte Weise des Raumgebens, in dem sich die seelischen Belange des Patienten möglichst spontan ausdrücken dürfen, scheint mir indes therapeutisch und auch rein «menschlich» vorrangig zu sein.

Die Jungsche Vorstellung von zwischenmenschlicher Beziehung, die es dem Analytiker erlaubt, ohne technische Regeln spontan auf die jeweiligen Gegebenheiten zu reagieren, läßt einer schöpferischen Begegnung jede Freiheit. Als Analytiker dürfen wir aber nicht allzu naiv sein und müssen wissen, wie leicht wir Spielball unbewußter Arrangements werden, wenn wir nicht die Übertragungsbedürfnisse so weit wie möglich zu erhellen versuchen. Dies bedeutet nicht, daß jedes noch so minime Übertragungsangebot ständig gedeutet werden muß, wie es bei vielen Freudschen Psychoanalytikern üblich ist. Sensibilisierung für Übertragungs- speziell auch für Gegenübertragungsbelange ist aber unbedingt erforderlich, um den jeweils adäquaten therapeutischen Standpunkt zu finden. Deshalb soll im nächsten Kapitel der Frage nachgegangen werden, wie der Analytiker es schafft, mit seinen persönlichen Bedürfnissen so umzugehen, daß sie nicht unbewußt im Namen von Beziehung und therapeutischem Engagement die echten Belange des Patienten vergewaltigen.

7. Die analytische Situation und die persönlichen Belange des Analytikers

Die Fähigkeit des Analytikers zu echter Ich-Du-Beziehung

Es ist schwierig, einen Katalog von Qualitäten und Begabungen aufzustellen, die gleichsam das Berufsprofil des Analytikers ausmachen. Wollte man einen solchen Versuch unternehmen, so müßte die Fähigkeit zu echter Ich-Du-Beziehung wohl an oberster Stelle stehen. Denn es geht ja darum, den Patienten möglichst in seinem spezifischen Sosein zu erfassen und seine Andersartigkeit anzuerkennen. Menschen mit paranoiden Tendenzen oder unmodifizierbaren Abgrenzungsschwierigkeiten zwischen Eigenwelt und Du-Welt sind zur Ausübung des Analytikerberufs eindeutig ungeeignet.

Freunde mögen sich gegenseitig mit Rat und Tat beistehen, mögen einander helfen, ihre seelischen Krisen zu meistern. Dabei ist ihre Beziehungsfähigkeit aber oft insofern begrenzt, als sie die Situation nur von ihrer eigenen Warte aus sehen können. Sie raten ihrem Freund, so zu handeln, wie sie in seiner Situation selber handeln würden, behandeln ihn so, wie sie selber gern behandelt würden. Unbewußt gehen sie davon aus, daß sich ihr eigenes Erleben wenig vom Erleben des Gegenüber unterscheidet. Ein ausgebildeter Analytiker hingegen muß sich immer von neuem bewußt werden, daß dies einer Illusion gleichkommt, die auf unbewußter Partizipation beruht. Bewußtwerdung seiner eigenen seelischen Struktur bedingt zugleich die Erkenntnis, wie verschieden Menschen in ihrem Welt- und Selbsterleben sein können. Zwar scheint es auf kognitiver Ebene eine Selbstverständlichkeit, andere Menschen von sich selbst unterscheiden zu können. Sobald menschliche Beziehungen aber als «nah» erlebt werden, kommt es leicht zu einer unbewußten Verschmelzung der Grenzen.

Die Aufnahme einer Ich-Du-Beziehung des Analytikers zu seinem Analysanden bedeutet – um ein von Jung überliefertes Bild zu verwenden –, «mit einem Fuß drinnen zu sein und einen Fuß draußen zu behalten». Das «Drinnen-Sein» kann auch als Einfühlung in das Erleben des Patienten bezeichnet werden. «Draußen-bleiben» dient der Abgrenzung und ist notwendig, um einen relativ «objektiven» Überblick zu gewinnen und das innere Geschehen psychologisch zu reflektieren. Einfühlung, Empathie, ist das Vermögen, die inneren Erfahrungen des Analysanden nachzuvollziehen, sie zu verstehen – im Sinne von «Verständnis haben». Erst sekundär kann ich sie erklärend in einen größeren Zusammenhang bringen. Der Vorgang der Einfühlung besteht wesentlich darin, sich versuchsweise in andere Menschen hineinzuversetzen, um zu spüren, wie die Dinge von ihrem Standpunkt aus erlebt und gesehen werden. Dies ist oft mit einer gewissen Anstrengung verbunden, da der Analytiker vorübergehend sein eigenes Erleben, seine Gefühle und Bedürfnisse in den Hintergrund stellen und aus sich selbst hinaustreten muß. Nur so ist es möglich, sich in eine andere Person «hineinzuversetzen» und eventuell zu spüren, was in ihr vorgeht. Allerdings bleibt bei diesen Vorgängen die Frage bestehen, ob ich wirklich komplexe psychische Vorgänge im *anderen* Menschen wahrnehme oder nur meine eigenen Projektionen. Meines Erachtens ist es z. B. nur beschränkt möglich, Seinsweisen und Erfahrungen anderer Menschen auf einfühlende Weise nachzuvollziehen, die den eigenen Erlebensmöglichkeiten vollständig fremd sind. Entsprechende eigene Antennen sind dazu nötig. Die Fähigkeit zur Empathie hängt mit der jeweiligen Palette eigener seelischer Farbigkeit und mit dem Differenzierungsgrad der Selbstwahrnehmung zusammen, sie hat also immer eine stark subjektive Komponente. Es ist deshalb von Vorteil, wenn ein Analytiker aus eigener Erfahrung weiß, wie sich seelische Wunden und Konflikte anfühlen, wie Komplexe das gesamte Welt- und Selbsterleben verfremden, verzerren, «verhexen» können. Jegliche Lebenserfahrung ist seinem Beruf dienlich, insofern sie im Sinne von Horizonterweiterung verarbeitet wird. Dieser Tatsache hat Jung mit drastischen Worten Ausdruck verliehen:

> «Wer also die menschliche Seele kennenlernen will, der wird von der experimentellen Psychologie leider soviel wie nichts darüber erfahren. Ihm wäre zu raten, lieber den Gelehrtenrock auszuziehen, der Studierstube Valet zu sagen und mit menschlichem Herzen durch die Welt zu wandern, durch die Schrecken der Gefängnisse, Irrenhäuser und Spitäler, durch trübe Vorstadtkneipen, Bordelle und Spielhöllen, durch die Salons der eleganten Gesellschaft, die Börsen, die sozialistischen Meetings, die Kirchen, die Revivals und Ekstasen der Sekten zu gehen, Liebe und Haß, Leidenschaft in jeder Form am eigenen Leibe zu erleben, und er käme zurück mit reicherem Wissen beladen, als ihm fußdicke Lehrbücher je gegeben hätten, und er wird seinen Kranken ein Arzt sein können, ein wirklicher Kenner der menschlichen Seele» (Jung 1912, S. 268/269).

Bei allem wünschenswerten Reichtum an Lebenserfahrung ist aber immer wieder darauf aufmerksam zu machen, wie schwierig es ist zu unterscheiden, ob ich jemanden auf Grund von Einfühlung wirklich verstehe oder letztlich – ohne es zu bemerken – in ihm nur meine eigenen Projektionen wahrnehme. Empathie setzt immer auch Introspektion, Innenschau voraus, muß ich mich doch mittels Introspektion selber wahrnehmen, abgrenzen und selbstkritisch hinterfragen. Nur so ist es mir möglich, mich in die seelische Welt anderer, von mir abgegrenzter Menschen einigermaßen adäquat einzufühlen.

So ist es für das Gelingen eines therapeutischen Prozesses auch von ausschlaggebender Wichtigkeit, daß der Analytiker «einen Fuß draußen» behalten kann. Dies ist notwendig, damit er sich nicht mit der Welt des Patienten vollständig identifiziert, damit er Übersicht behält und mittels psychologischem Wissen auch Zusammenhänge erklären kann.

Jedenfalls benötigt der Analytiker in hohem Maße die Fähigkeit zu echter Ich-Du-Beziehung. Dies setzt zugleich Sensibilität in der Wahrnehmung eigener Belange und Bedürfnisse voraus und auch Wissen um die ständige Gefahr illusionärer Gegenübertragung. Wie erwähnt, ist es für eine Analyse schädlich, wenn Patienten zu «Objekten» werden, durch die der Analytiker unbewußt seine persönlichen Belange zu befriedigen sucht. Um dem entgegenzuwirken, ist es von Vorteil, wenn er seine Sicht des Analysanden und sein therapeutisches Vorgehen immer wieder hinterfragen kann, ohne sich dabei allzu sehr verunsichert zu fühlen. Vor allem ist es aber wichtig, die eigenen Bedürfnisse ehrlich zur Kenntnis zu nehmen, damit sie sich möglichst wenig mit den Belangen seines Patienten vermischen.

Im folgenden möchte ich deshalb die Frage behandeln, wie sich verschiedene menschliche und persönliche Bedürfnisse des Analytikers auf die analytische Situation auswirken können. Dabei ist ganz allgemein festzustellen, daß ein berufener Analytiker auch um seiner selbst willen Analysanden benötigt. Wenn die Wahl seines Berufs aus echter Motivation erfolgt, er aus seinem Inneren gleichsam einen «Ruf» dazu vernimmt, so wird seine Tätigkeit Teil seines Individuationsprozesses. Sie ist damit Anliegen des Selbst, des unbewußten Anordnungszentrums seiner Persönlichkeitsentwicklung, und drängt nach Verwirklichung. Sein Selbst hat gleichsam das Bedürfnis nach analytisch-psychotherapeutischer Tätigkeit, und um dieses Bedürfnis zu erfüllen, ist der Analytiker auf Analysanden angewiesen. Die Betonung dieses Zusammenhangs ist mir wichtig, um der Illusion keinen Vorschub zu leisten, ein Analytiker müsse sich für die arme neurotische Menschheit aufopfern. Wenn seine Motivation echt ist, gewinnt er auf legitime Weise Befriedigung durch seinen Beruf, der ihm zugleich lebenslängliche Auseinandersetzung mit den eigenen seelischen Tiefendimensionen abverlangt.

Der psychologische Umgang mit Analysanden wird also Teil seiner Lebensaufgabe und verhilft ihm vielleicht dazu, seine Existenz als sinnvoll zu erleben.

Das Honorar

Selbstverständlich ist ein professioneller Analytiker auch aus rein praktischen Gründen auf Patienten angewiesen, denn schließlich muß er seinen Lebensunterhalt verdienen. Dazu benötigt er für seine Arbeit ein Honorar von den Analysanden.

Am Anfang seiner Berufslaufbahn ist er ängstlich bestrebt, überhaupt Analysanden zu bekommen und möglichst in der Analyse zu halten – eine Situation, die ihn vielleicht dazu stimuliert, sich mit all seinen Kräften zu ihrem Besten einzusetzen. Wenn er aber finanziell allzu sehr davon abhängig ist, daß ein Patient in Analyse bleibt, so kann sich das kontraproduktiv auf den Prozeß auswirken. Die Gefahr ist dann groß, daß er bewußt oder unbewußt um die Gunst des Patienten zu werben beginnt. Er wird vielleicht mit allen Mitteln danach streben, so schnell wie möglich ein positives Übertragungsverhältnis herzustellen, um sich so des Patienten zu versichern. Existenzängste stehen unter Umständen seiner Offenheit für die tieferen Anliegen des Analysanden im Wege und engen seine Freiheit im therapeutischen Umgang ein. Er muß darauf bedacht sein, den Analysanden ja nicht zu enttäuschen und ihm in jeder Sitzung ein brillantes Stück Einsicht zu vermitteln. Somit wird der Patient zum Objekt eigener Ängste.

Zwar kann ein Analytiker leicht sagen, wie wichtig es für *den Patienten* ist, sich tief und für längere Zeit in eine Analyse einzulassen. Das mag in vielen Fällen auch der Wahrheit entsprechen. Vielleicht rationalisiert er damit aber vor allem seine eigenen Existenzängste und verbirgt sich die unschöne Tatsache, daß er auch finanziell daran interessiert ist, den Patienten in Analyse zu halten. Es ist deshalb wichtig, daß ein Analytiker seine an sich legitimen finanziellen Interessen deutlich wahrnimmt und akzeptiert, denn nur so vermag er sie abzugrenzen von seinem therapeutischen Einsatz zum Wohl des Patienten. Unsaubere Vermischungen sind der Analyse abträglich, macht doch die Suche nach innerer Wahrheit gerade ihr Wesen aus.

Natürlich ist eine Situation ungünstig, in der ein Therapeut seinen Lebensunterhalt auf allzu wenige Patienten abstützen muß und notfalls nicht auf finanzielle Reserven zurückgreifen kann. In solchen Fällen ist dringend zu raten, daß er neben seiner freien Praxis eine geregelte Teilzeitarbeit aufnimmt. Es wirkt sich auf die Fruchtbarkeit des analytischen Dialogs schlecht aus, wenn der Patient das Gefühl bekommt, der Analytiker sei finanziell von seinem Honorar abhängig. Dies leistet seinem Mißtrauen Vorschub, die Zuwendung des Therapeuten sei nicht echt, er interessiere sich nicht wirklich für seine Anliegen und Nöte, sondern behandle ihn «nur wegen des schnöden Mammons». Manche Analysanden könnten eine solche Situation aber auch zu unbewußten Machtmanipulationen ausnützen. Jedenfalls benötigt der Analytiker eine unabhängige Position, um dem Patienten den therapeutischen Gegebenheiten entsprechend zu begegnen.

Kurz nach Eröffnung seiner Praxis wird ein Analytiker die Tendenz haben, mit jedem sich meldenden Patienten eine Analyse oder analytische Therapie zu versuchen. Es wird schwierig für ihn sein, eine Auswahl unter den Anmeldungen zu treffen, auch wenn er weiß, daß nicht alle Menschen von einer Analyse zu profitieren vermögen. Neben dem Bestreben nach finanzieller Existenzsicherung hat er meist auch ein großes Bedürfnis, die Möglichkeiten seiner therapeutischen Effizienz zu erproben. Eigene Erfahrung ist durch nichts ersetzbar, und es ist für einen Analytiker notwendig, die verschiedenen Grade von Wirkung und Wirkungslosigkeit seiner Bemühungen kennenzulernen, Macht und Ohnmacht des Helfens am eigenen Leibe zu spüren. Mit der Zeit wird ihm die schmerzliche Erkenntnis dämmern, daß nicht alle Menschen auf analytische Therapien ansprechen und daß auch er nicht für jeden Menschen der geeignete Analytiker zu sein vermag. Bis eine solch realistische Einschätzung der eigenen Begrenzung möglich wird, benötigt er ein Stück Erfahrung, die sich leider nicht immer zum Besten des Patienten auswirkt. Daraus darf aber keinesfalls der Fehlschluß gezogen werden, daß unerfahrene Analytiker ihren Patienten meist Schaden zufügen. Der Mangel an Erfahrung wird oft durch Einsatzfreudigkeit und Einfallsreichtum wettgemacht, während der erfahrene Therapeut leicht vom Schatten der Routinehaftigkeit begleitet wird, von einer Unwilligkeit, eingefahrene Geleise zu verlassen.

Während Jung in seinen Schriften sich nicht weiter mit dem Thema des Honorars befaßt hat, vertrat Freud die Ansicht, daß die Bezahlung eines angemessenen Honorars einen wichtigen Bestandteil der Analyse ausmache. Inzwischen werden in der Bundesrepublik die meisten analytischen Psychotherapien von den Krankenversicherungen bezahlt. In der Schweiz ist das bis heute noch nicht allgemein üblich und untersteht restriktiven Richtlinien. Die Frage, inwiefern es sich auf seine Motivation nachteilig auswirkt, wenn der Patient nicht selber für seine psychotherapeutische Behandlung aufkommt, ist nicht eindeutig zu beantworten. Genaue Daten darüber sind schwierig zu ermitteln. Dabei ist allerdings zu sagen, daß – anders als zu Zeiten Freuds – in Ländern wie der Bundesrepublik oder auch England obligatorisch hohe Summen für Krankenversicherungen einbezahlt werden müssen und folglich auch ein legitimer Anspruch auf Vergütung von Behandlungskosten besteht. Meines Erachtens ist es für den Patienten vor allem wichtig zu wissen, daß seine Sitzungen bezahlt werden und er dem Analytiker gegenüber in keiner Dankesschuld steht.

Vielleicht ist die unter Analytikern verbreitete Ansicht, der Patient müsse zur Förderung seiner Motivation unbedingt die Analyse selbst bezahlen, eine Rationalisierung für die Tatsache, daß der Analytiker vom Patienten ein Honorar benötigt. Dieses Faktum hat leicht etwas Peinliches und Unstatthaftes an sich – was bedeuten schließlich große Worte über echte Ich-Du-Beziehung, wenn dafür Bezahlung erwartet wird? Es gehört aber zur Realität, daß der Analytiker seinen Lebensunterhalt verdienen muß. Überdies kann es sich störend auf die Echtheit der therapeutischen Du-Beziehung auswirken, wenn sich der Analytiker ausgenützt vorkommt und deshalb heimlich mit Ärger zu kämpfen hat. Wenn Analysanden dem Analytiker die Rolle «Wohltäter der Menschheit» zuschieben, zahlen sie dafür einen zu hohen Preis. Falls sich nämlich ein Analytiker darauf einlassen sollte, überschätzt er – wenn auch idealistisch wohlmeinend – grandios seine Hilfsbereitschaft. Er wird solchen Einsatz «um Gottes Lohn» nicht durchhalten können, ohne den Patienten, wenn nicht seine Ressentiments, so doch seine Machtposition fühlen zu lassen, zumindest unbewußt. Es ist also wichtig, daß der Analytiker angemessen bezahlt wird. Auch ist und bleibt es meines Erachtens von Vorteil, wenn der Analysand selber für das Honorar aufkommt, denn Geld symbolisiert auch seelische Energie. Ein Teil der Energie, die er benötigte, um sein Geld zu verdienen, wird zugunsten des seelischen Prozesses eingesetzt. Allerdings sollte auch daraus keine unumstößliche Regel gemacht werden, denn Geld hat längst nicht für alle Menschen die gleiche Bedeutung.

Auch die Frage nach der Angemessenheit des Honorars ist von psychologischer Relevanz. Wenn ein Analytiker viel zu niedrige Honorare verlangt oder sogar kostenlos behandelt, entsteht die Gefahr, daß er tatsächlich zur Verkörperung der verwöhnenden Mutter wird, der man für ihre Güte und Opferbereitschaft dankbar sein muß. Gegen solche Dankbarkeitsverpflichtung kann ein Patient berechtigterweise heimlichen Groll hegen, neigt aber dazu, ihn zu unterdrücken. Denn es ist schwierig, einem so gütigen und wohlwollenden Menschen gegenüber aggressive Gefühle zuzulassen. Falls sich trotzdem Ressentiments einstellen, kann dies nur eigener Schlechtigkeit zugeschrieben werden, bedeutet schnöden Undank und erzeugt Schuldgefühle. Natürlich können solch unangenehme Verpflichtungsgefühle beim Patienten auftreten, unabhängig davon, ob er ein angemessenes Honorar bezahlt oder nicht. Es macht aber für das analytische Vorgehen einen wesentlichen Unterschied aus, ob Gefühle als Reaktionen auf eine faktische Realität zu betrachten sind oder mit Übertragungsphantasien zusammenhängen. Bei aller Vielschichtigkeit seiner symbolischen Bedeutung hat Geld jedenfalls mit unserer alltäglichen Realität zu tun. Wenn deshalb ein Patient zu wenig oder gar nichts für die Analyse bezahlt und der Analytiker nicht von dritter Seite sein Honorar erhält, fällt er in eine kindliche Abhängigkeit, die nicht von symbolischer «Als-ob»-Qualität ist, sondern auf ganz konkreter realer Basis beruht.

Manchmal, besonders zu Beginn seiner psychotherapeutischen Tätigkeit, neigt ein Analytiker zu Befürchtungen, daß seine Honorarforderungen im Patienten Enttäuschung auslösen könnten. Um sich in seiner Arbeit einigermaßen sicher zu fühlen, hat er oft das Bedürfnis, vom Patienten geliebt oder bewundert zu werden. Dem könnte aber seine Honorarforderung im Wege stehen, und so drängt sich ihm der Schluß auf: «Je weniger Honorar ich verlange, um so weniger wird der Patient enttäuscht sein und geheimen Groll gegen mich hegen. Er wird mir mehr Vertrauen schenken und den Beweis haben, daß ich nicht an seinem Geld, sondern ausschließlich an seiner Person interessiert bin.» Solche Gedanken sind meist Phänomene illusionärer Gegenübertragung und haben nur bedingt mit der wirklichen Situation des Patienten zu tun. Dahinter verbirgt sich unbewußt eine werbende Haltung im Sinne von: «Bitte, komm zu mir und bleib bei mir. Laß Dir von mir helfen, es wird dich wenig kosten. Ich habe das Bedürfnis, dein geliebter Begleiter zu sein, der dir in allen Lagen beisteht.»

Bekanntlich ist Geld vor allem auch ein Symbol für Wert. Wenn die Honorarforderung zu niedrig ist, bekommt der Patient leicht das Gefühl, die Analyse habe wenig Wert. Vielleicht muß er sich mißtrauisch fragen, ob etwas mit der Qualifikation und dem Ausbildungsstatus des Therapeuten nicht stimmt. Warum ist es sonst so billig? Wie schon erwähnt, mag ein Patient zwar dankbar sein für so viel Großzügigkeit. Verpflichtung zu Dankbarkeit hat aber etwas Demütigendes, und so kann sich als Abwehr das Gefühl einstellen, die Analyse sei eben nicht viel wert, nütze ja auch wenig. Auch auf den Analytiker übt Geld im Sinne seiner Wertsymbolik einen Einfluß aus. So mag er sich zu

Recht oder zu Unrecht fragen, ob seine Stunden das viele Geld wert sind, welches Patienten dafür zu bezahlen haben. Da der Wert der Analyse aber mittels Geld gar nicht eingeschätzt werden kann, ist die Beantwortung einer solchen Frage schwierig. Es gibt deswegen unter Analytikern ungeschriebene Übereinkünfte, was ein angemessenes Honorar ist und welche Ansätze den Rahmen nach unten oder nach oben sprengen. Ob der einzelne Analytiker mehr zu den Maximal- oder den Minimalansätzen neigt, hat sicher viel damit zu tun, wie er selber seine Fähigkeiten und seinen beruflichen Status einschätzt. Sicherlich spielt aber auch ein Gefühl für Verhältnismäßigkeit dabei eine Rolle, welches nicht nur auf Selbsteinschätzung beruht, sondern auch die Situation des Patienten in Betracht zieht.

Oft fühlen sich Analytiker am Anfang ihrer Laufbahn zu Recht noch unsicher und halten deshalb ihren Honoraransatz niedrig. Sie verlangen oft deutlich zu wenig. Es kann aber auch vorkommen, daß sie ihre Unerfahrenheit mit Größenphantasien kompensieren und entsprechend ein zu hohes Honorar verlangen. Auch ist die Beobachtung zutreffend, daß Patienten, die hohe Honorare bezahlen, vom Analytiker oft als größere Bedrohung empfunden werden als diejenigen, deren Bezahlung bescheiden ist. In seiner Phantasie stellen gut zahlende Analysanden auch viel höhere Ansprüche an seine Fähigkeiten und fordern für sich nur das Allerbeste. So steht er unter dem Druck zu beweisen, daß seine Analysestunden auch das viele Geld wert sind, welches der Patient investiert. Auch solche Befürchtungen sind meist Phänomene illusionärer Gegenübertragung: das innere Analytikerideal (oft vermischt mit Größenselbstansprüchen) stellt gleichsam Forderungen nach allumfassender beruflicher Kompetenz, die allen Situationen gewachsen sein sollte und nie eine Schwäche zuläßt. Wenn diese inneren Ansprüche nicht erfüllt werden, entsteht leicht das Gefühl, vollkommen inkompetent zu sein, den Erwartungen jedenfalls nicht zu genügen. In illusionärer Weise lebt dann der Therapeut unter dem Eindruck, solche Erwartungen gingen vom Patienten aus.

Allerdings besteht immer auch die Möglichkeit, daß ein solcher Eindruck nicht *nur* illusionär ist, denn das gleiche Phänomen kann auch syntoner Gegenübertragung entspringen und Wahrnehmung der hintergründigen psychischen Verfassung des Analysanden bedeuten. Viele Patienten, die ein gutes Honorar bezahlen können, erwarten dafür *wirklich* das Allerbeste und sind stets bereit zu bezweifeln, ob das Gebotene für sie gut genug ist. Offen oder versteckt begegnen sie dem Analytiker mit kritischer Arroganz in dem Wissen, daß sie sich alles leisten können – wenn nötig auch einen Therapeuten mit noch bekannterem Namen und noch höherem Marktwert. Es bleibt zu hoffen, daß ein Analytiker dieses Spiel nicht unbewußt mitspielt, sondern die starke Verletzlichkeit des Patienten spürt, die sich hinter solchem Mißtrauen verbirgt.

Jedenfalls vermag die Frage des Honorars das therapeutische Klima stark zu beeinflussen und verdient differenzierte Beachtung. Wichtig ist sicherlich, daß die jeweiligen Honoraransätze für beide Beteiligten seelisch und materiell bekömmlich sind und innerlich stimmen. Für den Analytiker geht es darum, weder den Wohltäter zu spielen noch den Patienten finanziell zu überfordern.

Manchmal kann die Honorarvereinbarung einen ganz direkten Einfluß auf den Therapieverlauf nehmen. Zum Beispiel erinnere ich mich an einen jungen Mann, der bei mir eine Analyse aufnehmen wollte, an der ihm offensichtlich sehr gelegen war. Er litt an Arbeitsstörungen, die ihn vor allem auch daran hinderten, seine begonnene Dissertation zu einem Abschluß zu bringen. Deshalb hatte er die Rolle des «Hausmannes» übernommen, während seine Ehefrau einer Arbeit nachging und auch für seinen Lebensunterhalt aufkam. Von mir erhoffte er sich eine substantielle Reduktion des Honorars. Wie er mir erklärte, würde zwar seine Frau für die Kosten der Analyse aufkommen, er könne von ihr aber nicht verlangen, daß sie sich deswegen finanziell aufopfern müsse.

Obwohl ich spontanes Interesse an diesem jungen Mann

spürte und geneigt war, mit ihm zu arbeiten, empfand ich starken Widerstand gegen eine solche Vereinbarung. So antwortete ich ihm, daß ich ihn nur in Analyse nehmen könne, wenn er mein übliches Honorar bezahle und überdies die Kosten der Behandlung selber verdiene. Ich müsse ihm diese Antwort geben, weil ich einerseits ein volles Honorar im Moment benötige (was der Wahrheit entsprach) und zugleich davon überzeugt sei, daß er – bei seiner Ausbildung und Begabung – entsprechende Verdienstmöglichkeiten finden könnte, insofern ihm an einer Analyse wirklich gelegen sei. Ich räumte ein, daß ich sehr viel von ihm verlange und seine Ängste durchaus auch in Betracht ziehe, meinte aber, wir hätten während der Analyse ja dann Gelegenheit, uns mit den Hintergründen seiner Arbeitsstörung zu befassen. Auf jeden Fall sei es von vornherein ungünstig, wenn seine Frau die Analyse bezahle, bestehe doch durchaus die Möglichkeit, daß im Symptom der Arbeitsstörung auch unbewußte Aspekte seiner ehelichen Beziehung verborgen seien.

Es war mir bewußt, daß ich mit dieser Forderung das Risiko einging, ihm die so notwendige Analyse vielleicht zu verunmöglichen. Trotzdem schien sie mir entscheidend wichtig, um die Analyse nicht auf schiefer Grundlage zu beginnen. Wenn er aber auf meine Bedingungen einsteigen könnte – was ich aus meinem Eindruck von ihm zu vermuten wagte –, so wäre bereits eine große Hürde in Richtung Angstüberwindung übersprungen. Und in der Tat, wie es sich zeigen sollte, gab ihm meine Forderung den Antrieb, seine Ängste so weit zu überwinden, daß er eine Tätigkeit aufnehmen konnte, die ihm finanziell etwas einbrachte, ihn auch seelisch befriedigte und sein Selbstwertgefühl erhöhte. Wie erwartet kam auch zum Vorschein, daß sich seine Frau durch die neue Entwicklung sehr verunsichert fühlte. Sie mußte erkennen, wie sehr sie seiner finanziellen Abhängigkeit Vorschub geleistet und sie unbewußt benötigt hatte, um sich seiner sicher zu fühlen. So kam es zu einer letztlich fruchtbaren Auseinandersetzung zwischen den Ehepartnern.

Allerdings war ich mir auch meines autoritär-fordernden Verhaltens bewußt. Es war deshalb wichtig, baldmöglichst seine Gefühlsreaktionen auf mein Verhalten ins Gespräch zu bringen, wollte ich doch keineswegs seine Gefügigkeitshaltung unterstützen, sondern die Hintergründe seiner Reaktionen analytisch erhellen. Ein solcher Dialog trug wesentlich dazu bei, daß meine Honorarforderung einen Prozeß in Gang brachte, der den weiteren Verlauf der Analyse günstig beeinflußte.

Das Streben nach therapeutischem Erfolg

Wie schon erwähnt, konstelliert sich in der analytischen Situation im Analytiker leicht der Heilerarchetypus (siehe S. 54 ff.). Nicht nur der Patient, auch der Analytiker strebt nach sichtbaren therapeutischen Erfolgen. Zwar ist es aus der Optik des Individuationsprozesses, der eine Suche nach letzthinniger Bestimmung des jeweiligen Lebensschicksals beinhaltet, eine sehr komplexe Frage, was den Erfolg einer Analyse ausmacht, ja, was überhaupt als Erfolg anzusehen ist. Auf dieser Ebene verlieren Kategorien wie Erfolg und Mißerfolg ihre Relevanz. In der alltäglichen Praxis geht es aber meistens um therapeutischen Erfolg im Sinne der Symptombesserung, größerer Selbstsicherheit, Angstverminderung usw. Erfolg oder Mißerfolg einer Behandlung gilt zu Recht oder zu Unrecht meist als Kriterium für die Effizienz eines Therapeuten und seiner Methode. Ausbildungskandidaten erstreben den Erfolg ihrer Therapien nicht zuletzt auch deshalb, um als geeignet zur Ausübung des Analytikerberufs beurteilt zu werden. In der Tat ist es für einen «Kontrollanalytiker» schwierig, Kandidaten damit zu konfrontieren, wie sie zum Beispiel lehrerhaft, überfahrend oder aktiv eingreifend mit einem Patienten umgehen, wenn sie einer solchen Kritik den sichtbaren Erfolg ihrer Behandlung entgegenhalten können. Bei Schwierigkeiten und Mißerfolgen sind sie für kritische Reflexion ihres Tuns eher zugänglich. Es gibt heute unzählig viele Möglichkeiten therapeutischen Vorgehens, und es ist wahr, daß «viele Wege nach Rom führen», wenn unter «Rom» eine Besserung der psychischen Befindlichkeit des Patienten verstanden wird. An sich kann nichts gegen das Streben nach therapeutischem Erfolg eingewendet werden, solange es dabei in echter Weise um das Wohl des *Patienten* geht.

Unbestreitbar enthält dieses Streben aber auch stets eine narzißtische Komponente. Solange im Therapeuten die Ansicht wirksam ist, sein Selbstwert und sein berufliches Ansehen hingen von den therapeutischen Erfolgen ab, die er aufzuweisen hat, verbirgt sich in seiner auf den Patienten bezogenen therapeutischen Einstellung zugleich das Streben nach Aufwertung oder zumindest Erhaltung seines professionellen Status. Er benötigt «Fortschritte» in der Therapie des Patienten als Beweis für seine eigene therapeutische Effizienz. Damit ist zugleich die Bedingung gesetzt, daß Angst vor Mißerfolgen merklich oder unmerklich zum ständigen Begleiter wird. Es ist die Angst, vor dem Patienten, der Welt und auch vor sich selbst als Versager dazustehen. Damit wird der Patient für den Analytiker zum Objekt seines Erfolgsstrebens, und dessen Befindlichkeit wird zum Maßstab seiner beruflichen Kompetenz. Solche Bestrebungen mögen dem idealen Selbstverständnis des «helfenden» Therapeuten in einem ethisch fragwürdigen Lichte erscheinen und unterliegen deshalb gern der Verdrängung.

In der Jungschen Psychologie wird die Auffassung vertreten, daß Erfolg oder Mißerfolg nie allein dem therapeutischen Geschick des Analytikers zugeschrieben werden kann, sondern daß ein Gelingen des «Werks» wesentlich mit Faktoren zusammenhängt, welche religiöse Menschen treffend als «Gnade Gottes» bezeichnet haben – «deo concedente», wie es in der Sprache der mittelalterlichen Alchemisten heißt. Diese Einstellung wirkt auf den Analytiker vielleicht entlastend, vor allem wenn es um die Auseinandersetzung mit dem eigenen Größenselbst geht, welches ihm die volle Verantwortung für Erfolg oder Mißerfolg aufzubürden trachtet. Sie gibt ihm vielleicht einen Standpunkt, um bei Stagnation des Prozesses besser mit seinen Schuldgefühlen umgehen zu können. Gegenüber dem Bedürfnis aber, gelungene Analysen als persönlichen Erfolg zu verbuchen, erhebt die Jungsche Auffassung den moralischen Zeigefinger. Nun lassen sich bekanntlich narzißtische Regungen durch keine Moral aus der Welt schaffen, und viele Analytiker werden, wenn sie ehrlich sind, feststellen müssen, daß sie durch therapeutische Erfolge eine Aufwertung ihres Selbstwertgefühls erstreben und Mißerfolge als persönliche Kränkung erleben. Mir scheint es deshalb wichtig, solche Regungen bewußt zuzulassen, um sie von den echten Belangen des Patienten abgrenzen zu können. Falls sie verdrängt werden, wirken sie vom Unbewußten her auf die Gegenübertragungsgefühle ein und zeigen sich zum Beispiel daran, daß es der Analytiker dem Patienten übelnimmt, wenn keine Besserungen auftreten. Solcher Unmut mag ganz subtil im Tonfall seiner Deutungen mitschwingen. Er manifestiert sich vielleicht auch in Ungeduld, Überaktivität, gar in Ärger über die regressiven Tendenzen, die mangelnde Kooperationsbereitschaft, die Widerstandshaltung des Patienten.

Wenn im Analytiker Unmut oder Ärger aufkommt, weil ein Patient keine «Fortschritte» macht, so ist zunächst Selbstbefragung vonnöten. Vielleicht ist er vor allem darüber ärgerlich, daß der Patient sein therapeutisches Selbstwertgefühl unterminiert. Vielleicht macht er sich auch Sorgen, was wohl die Leute denken, die wissen, daß dieser Analysand seit längerer Zeit erfolglos bei ihm in Behandlung ist. Das muß doch auf ihn und seinen professionellen Ruf abfärben! Manchmal scheitert eine Analyse an der zu großen persönlichen Divergenz der Analysepartner. Es erhebt sich dann die Frage, ob es nicht zum Besten des Analysanden wäre, ihn an einen Kollegen oder eine Kollegin zu überweisen, wo die therapeutische Konstellation vielleicht günstiger ist. Daß solche Fragen aber für Analytiker oft schwer erträglich sind, hängt mit der unbewußten oder auch bewußten Furcht zusammen, ein Kollege könnte aus der Situation auf ihre Inkompetenz schließen und sich am Mißerfolg weiden. Es ist auch eine oft delikate Angelegenheit unter Berufskollegen, wenn Analysanden von sich aus ihren Analytiker wechseln wollen. An diesem neuralgischen Punkt meldet sich leicht die narzißtische Verwundbarkeit oder Rivalität und sucht ihre subtile Rache am Kollegen mittels verleumderischer Bemerkungen, die geschickt in psychologische Deutungen verpackt sind. Auch Psychotherapeuten sind Menschen! Auch ihnen hängt der «Schatten» an. Damit soll nicht bestritten werden, daß ich ebensogut unzählige Beispiele freundschaftlicher und situationsbezogener Kollegialität erwähnen könnte. Allerdings gedeiht auch die gegenseitige Kollegialität besser, wenn Analytiker ihre persönlichen Bedürfnisse von denen der Patienten ehrlich zu unterscheiden vermögen – eine Voraussetzung dafür, um nach optimalen Lösungen für die jeweiligen Analysanden zu suchen.

Bei erfolgreichen Analysen tritt oft der Fall ein, daß der Analytiker übermäßigen Stolz auf Fortschritte und Leistungen seines Analysanden empfindet. Auch in solchen Fällen ist Selbstbefragung nicht überflüssig. Selbstverständlich ist es legitim, natürlich und therapeutisch meist auch günstig, sich mit dem Analysanden über Gelungenes zu freuen, und ein puritanisches Verbot vor der narzißtischen Komponente dieser Freude ist nicht am Platz. Notwendig ist allerdings, daß diese narzißtische Komponente bewußt miteinbezogen wird, damit sie sich nicht unbewußt in die Gegenübertragung einschleicht und dem Analysanden unterschwellig signalisiert: «Beachten Sie, wie gut ich als Analytiker bin, welche Fortschritte ich Ihnen ermögliche und was ich alles für Sie getan habe.» Daß solche Erwartungen an Bewunderung, Anerkennung und Dankbarkeit die Freiheit des Analysanden unzulässig beschneiden, ist offensichtlich. Sie ziehen auch zu wenig in Betracht, daß seine Mitarbeit ebenso entscheidend zum Gelingen beigetragen hat und noch beiträgt.

Nach meinem Dafürhalten kann also die Bedeutung nicht überschätzt werden, welche der ehrlichen Bewußtwerdung der persönlichen Bedürfnisse des Analytikers für jegliche therapeutische Arbeit zukommt. Sie ist Voraussetzung zur Differenzierung seiner Gegenübertragungsgefühle. Es gilt ja auch hier, nach bestem Wissen und Gewissen zu unterscheiden, inwiefern die erwähnten Gefühle der Ungeduld, des Ärgers, des Stolzes, der Freude Manifestationen seines narzißtischen Strebens nach Erfolg sind, oder inwiefern sie auch Antworten auf unbewußte Übertragungsinhalte des Analysanden ausmachen könnten. Es wäre ja auch möglich, daß seine Irritation oder Ungeduld mindestens zum Teil durch den Analysanden induziert ist. Im Patienten ist beispielsweise eine innere Bereitschaft vorhanden, Ablehnung und Liebesverlust zu erwarten und zu befürchten. Diese Erwartungsphantasie lauert gleichsam darauf, Bestätigung in der Wirklichkeit zu bekommen, und folglich wird das kleinste Anzeichen vermeintlicher Ungeduld beim Analytiker zum entsprechenden Beweis. Oft reagiert ein Patient auf den phantasierten Liebesverlust damit, sich in eine resignative oder widerständige Haltung zurückzuziehen, was den Analytiker wiederum zu Reaktionen von Ungeduld oder Irritation provozieren kann. Somit erneuert sich ein Spiel, welches stets mit früheren Bezugspersonen stattgefunden hat, wobei es therapeutisch entscheidend ist, dieses Muster nun zu erkennen und nicht weiterhin unbewußt auszuagieren. Die Fähigkeit des Analytikers, solche Muster zu erkennen, setzt voraus, daß er unbewußte Projektionen eigener Bedürfnisse von den Phänomenen syntoner Gegenübertragung zu unterscheiden versucht.

Sicher ist, daß das Bedürfnis des Analytikers nach therapeutischem Erfolg den Patienten «überfahren» kann und den tieferen Sinn einer Analyse geradezu verhindert. Dieser Sinn besteht wohl darin, dem Analysanden jenen Raum zu ermöglichen, in dem er in Freiheit seinem inneren Gefälle nachzuspüren vermag. Der Analytiker wird erst frei für den Umgang mit den verschiedenen Nuancen von Übertragung und Gegenübertragung, wenn er daraus nicht seine eigene Selbstbestätigung gewinnen muß. Es ist deshalb günstig, wenn er neben seiner Praxis noch ein Betätigungsfeld hat, in dem sein Erfolgsstreben stimulierend und produktiv wirkt – jedenfalls keinen Schaden anzurichten braucht.

Selbstverständlich sind auch im Analytiker – neben dem Streben, sich durch therapeutische Erfolge selbst zu bestätigen und persönliches Ansehen zu gewinnen – Bedürfnisse wirksam, die sich ganz allgemein in menschlichen Beziehungssituationen konstellieren. Es ist für ihn ein Gebot psychotherapeutischer Ethik, sich dieser Regungen bewußt zu werden, sie nicht verschönernd zu verbrämen, aber auch nicht zu verteufeln. Jedenfalls ist mit puritanischem Weghaben- und Wegrationalisierenwollen nichts gewonnen. Wenn mit ihnen kein bewußter Umgang gefunden wird, schleichen sie sich meist zum Schaden der Analyse unbewußt in das Übertragungs-/Gegenübertragungsgeschehen ein.

So ist es von entscheidender Wichtigkeit, daß sich ein Analytiker mit seinem eigenen *Machtstreben* auseinandersetzt. Macht ist etymologisch abgeleitet von «mögen» im Sinne von «können, vermögen, Möglichkeiten haben und Möglichkeiten wahrnehmen» (Duden, Herkunftswörterbuch). Machtstreben ist letztlich eine entscheidende Energiequelle zum Aufbau unseres Ichbewußtseins mitsamt den Fähigkeiten und Funktionen, die seiner Kontrolle unterliegen. Wir müssen im Verlauf der kindlichen Entwicklung bis zu einem gewissen Grade unserer selbst «mächtig» werden, müssen uns auch Bereiche schaffen, in denen wir «Möglichkeiten» verwirklichen können, wo unser «Können» ungehindert zur Auswirkung kommt.

Faktoren von Macht und Ohnmacht spielen selbstverständlich auch in der analytischen Beziehung eine große Rolle (siehe auch Guggenbühl-Craig 1971). Viele Patienten neigen dazu, sich in Abhängigkeit vom Analytiker zu begeben (oder auch rigide Abwehren gegen diese Tendenz aufzubauen). Sie delegieren alle Macht und Verantwortung an den Therapeuten und scheinen sich nur in psychischer Verschmelzung mit ihm ihrer eigenen Person mächtig zu fühlen. Damit wiederholen sie oft ein Muster ihrer Kindheit, das damit analytischer Deutung zugänglich wird. Jedenfalls hat die Präsenz des Analytikers übermächtigen Einfluß auf ihre seelische Befindlichkeit. Seine Abwesenheit ist dann schwer erträglich, und oft bereitet schon die Trennung nach einer Sitzung erhebliche Mühe. Der Analytiker wird dadurch mit einer Machtfülle ausgestattet, die ihm vielleicht eine gewisse Befriedigung verschafft, was aber nicht ausschließt, daß solche Abhängigkeit auch eine erhebliche Belastung für ihn bedeutet. Zwar genießt er vielleicht unbewußt seine Wichtigkeit für das Wohlbefinden von Patienten und erlebt sie somit als Objekte zur Befriedigung eigener Machtbedürfnisse, aber es ist sehr wichtig, daß er sich diese Tatsache eingesteht und sie nicht durch besser klingende Ausdrücke wie «Verantwortung auf sich nehmen» beschönigt. Sie steht meist mit seinem Selbstverständnis als Therapeut im Widerspruch und wird deshalb leicht verdrängt. Um so mehr tendieren seine Machtbedürfnisse dahin, in der Gegenübertragung unbewußt in Erscheinung zu treten. Sie kleiden sich z. B. in Regungen von Überfürsorglichkeit: «Mein Analysand ist im Moment noch ichschwach, ist in einer Phase der Regression usw. Es ist deshalb nötig, daß er an mir erlebt, was ein guter Vater, eine gute Mutter sein kann.» Unter Umständen widmet der Analytiker solchen Patienten mehr Zeit, neigt dazu, ihnen konkrete Lebensschwierigkeiten abzunehmen, sie ja nicht zu überfordern. Auf diese Weise macht er sich für den Patienten unentbehrlich und hält ihn länger als nötig im Abhängigkeitszustand. Oft besteht auch eine gewisse Tendenz, Selbständigkeitsregungen des Patienten als Widerstand gegen die Analyse zu interpretieren und dabei die eigenen Machtbedürfnisse zu übersehen, was sich sehr zum Schaden des therapeutischen Prozesses auszuwirken pflegt. Jedenfalls ist diesbezügliche Selbstbefragung des Analytikers immer am Platz.

So kann es ein Indiz für unbewußte Machtansprüche sein, wenn sich der Analytiker über gewisse Verhaltensformen des Patienten ärgert. Er ärgert sich z. B., wenn der Patient seine «Ratschläge» nicht befolgt, wenn er eine wichtige «Warnung» außer acht läßt, die ihm der Analytiker aufgrund eines Traumes mitgeteilt hat. Ärger kann es für ihn auch geben, wenn der Analysand noch weitere Bezugspersonen ins Vertrauen zieht und stets auch deren Meinung zu seiner Problematik einholen will. In vielen Fällen scheint der Ärger des Analytikers sogar echter Sorge um das tiefere Wohl des Patienten zu entsprechen. Denn es wird allgemein als eine Behinderung des analytischen Prozesses angesehen, wenn ein Analysand – um ein Bild aus der Alchemie zu verwenden – das «hermetische Gefäß» nicht geschlossen halten kann, wenn er also Inhalte aus seiner Analyse ständig auch mit Drittpersonen bespricht. Dadurch entsteht die Gefahr, daß die den Wandlungsprozeß stimulierenden Emotionen für die Analyse verlorengehen und sich in die verschiedensten Richtungen verflüchtigen. Ebensogut mag der Ärger des Analytikers aber dadurch motiviert sein, daß der Patient sich nicht seinen Erwartungen entsprechend verhält, daß er ihn also nicht genügend zu beeinflussen «vermag», nicht genügend Macht über ihn ausüben kann. Er hat Mühe zu akzeptieren, daß sich der Patient eben so verhält, wie es seiner gegenwärtigen psychischen Verfassung entspricht.

Wenn also der Analytiker den Anteil an Machtanspruch in seiner Gegenübertragung nicht bewußt miteinbezieht, wird er dem Patienten vielleicht moralisierend seine mangelnde Mitarbeit vorwerfen, ihm vielleicht eine Predigt über die therapeutische Wichtigkeit des «hermetischen Gefäßes» halten. Die Wahrnehmung seiner frustrierten Machtbedürfnisse hingegen führt vielleicht zur therapeutisch fruchtbaren Fragestellung, inwieweit seine Irritiertheit auch unbewußt vom Patienten induziert sein könnte, inwiefern es sich dabei um unbewußte Wiederholung früherer Macht-Ohnmacht-Spiele mit Elternfiguren handeln könnte. Jedenfalls bewirkt diese Fragestellung ein analytisches Eingehen auf das Verhalten des Patienten, während eine verärgert-moralisierende Haltung des Analytikers unter Umständen nur eine therapeutisch fruchtlose, wenn nicht schädliche Wiederholung früherer Verhaltensmuster bedeuten kann.

Hierher gehört auch die Auswirkung unbewußter *Besitz*ansprüche des Analytikers, die oft von Eifersuchtsgefühlen begleitet sind: «Er ist *mein* Analysand, sie ist *meine* Analysandin. Niemand darf sich unbefugt in die besondere Beziehung, die wir zueinander haben, einmischen.» Im Sinne des «geschlossenen therapeutischen Gefäßes» mag diese Einstellung ihre Berechtigung haben und echtem therapeutischem Anliegen entsprechen. Wenn sie aber allzusehr mit Eifersuchtsgefühlen durchsetzt ist, könnte es sich beim Analytiker um einen «Pygmalionkomplex» handeln. Ähnlich dem mythischen König Pygmalion, der mit Hilfe der Liebesgöttin Aphrodite ein Geschöpf nach seinem eigenen Wunschbild erschaffen konnte, möchte der Analytiker seinen Analysanden den eigenen Vorstellungen entsprechend formen – dies besonders, wenn es sich dabei um einen «Schüler» in der zur Ausbildung gehörenden «Lehranalyse» handelt. Nur er fühlt sich imstande, seinem Schüler Seele und Leben einzuhauchen, und niemand darf diesen Prozeß stören. So kommt es leicht zu Eifersuchtsgefühlen, wenn sich «sein Geschöpf» auch von anderen Menschen und deren Ideen beeinflussen läßt, oder wenn es gar aus vielleicht legitimen Gründen bei einem Kollegen oder einer Kollegin seine Analyse fortsetzen will. Der Analytiker mag auf ein solches Ansinnen scheinbar professionell reagieren und etwa sagen: «Natürlich kann ein solcher Wechsel auf lange Sicht sehr angezeigt sein, eines Tages wäre er für Sie gut. Aber im Moment würde er eine Flucht bedeuten, denn es gibt noch viel in unserer Analyse durchzuarbeiten. Im übrigen ist die spezielle therapeutische Einstellung des Kollegen, den Sie aufsuchen wollen, für viele Leute zwar günstig, könnte Ihnen aber aus diesem oder jenem Grunde im Moment noch schaden. Jedenfalls ist eine solche Entscheidung verfrüht.» Da Jungsche Analytiker sich sogenannte spontan-menschliche Reaktionen gestatten und zum Analysanden ehrlich sein möchten, ist auch ein Ausspruch folgenden Inhalts denkbar: «Was, Sie wollen ausgerechnet zum Analytiker X gehen? Sie haben anscheinend nicht bemerkt, daß jener Kollege nicht im Geiste Jungs arbeitet» oder «daß er ein stur-orthodoxer Jungianer ist» oder «daß seine ‹Animabesessenheit›, ihre ‹Animusmeinungen› Schaden anrichten». Wenigstens ist dies eine offene, spontane Eifersuchtsreaktion, wenn auch nicht sehr fair gegenüber dem Ruf des Kollegen. Der Analytiker kann sie aber damit rechtfertigen, daß es gelte, seinen Patienten vor dem schädigenden Einfluß dieses Kollegen zu retten, während seine eigenen Besitzansprüche an den Patienten verdeckt bleiben.

Immer besteht aber zugleich die Frage, ob solches Analytikerverhalten auch von der unbewußten Problematik des Analysanden induziert sein könnte. Oft ist es der Analysand, der unbewußt danach strebt, mit dem Analytiker zu verschmelzen oder von ihm in «Besitz» genommen zu werden. Auch kann ein Analytiker unbewußt Ambivalenzkonflikte, die sich im Patienten zwischen Symbiosewunsch und Autonomiebedürfnis abspielen, oft nur dadurch wahrnehmen, daß er selbst Mühe verspürt, den entsprechenden Patienten «loszulassen». Jedenfalls ist eine Analyse der Possessivitätsgefühle des Analytikers stets angezeigt. Die Frage steht immer im Raum, ob es sich um illusionäre Gegenübertragung seiner Bedürfnisansprüche oder um syntone Wahrnehmung unbewußter Vorgänge im Analysanden handelt.

Der Analytiker mag sich auch gekränkt fühlen, wenn er feststellen muß, daß sein Patient Mitteilungen zurückhält und sich ihm nicht vertrauensvoll offenbart. Er erträgt es schlecht, wenn seine Vertrauenswürdigkeit nicht anerkannt wird. Unter Umständen wirft er dem Patienten dessen Mangel an Vertrauen vor, wobei er die Möglichkeit außer acht läßt, diese Vertrauenslücke als Symptom der Übertragungs/Gegenübertragungssituation zu sehen und nach ihren Hintergründen zu forschen.

Neugierde ist ein weiteres allgemeinmenschliches Bedürfnis, das sich in der besonderen Berufssituation des Analytikers auf sehr komplexe Weise auswirken kann. Aus beruflichen Gründen erfährt er viele Einzelheiten aus dem Intimbereich seiner Patienten und deren Bezugspersonen. Unter Umständen schaut er damit auch hinter die Kulissen von Drittpersonen, die ihm freiwillig solche Einsicht nicht gewähren würden. Jedenfalls kommen ihm in seinem Beruf sehr viele Ereignisse zu Ohren, über die er sonst nichts erfahren würde. Und damit kann ihm sein Beruf auch ein Stück Befriedigung seiner Neugierde bieten, denn ohne Interesse für das Menschlich-Allzumenschliche wäre er für seine psychotherapeutische Tätigkeit wohl wenig motiviert. Neugierde ist allerdings als die «primitivste» Stufe höherer Wißbegierde zu bezeichnen, sie gehört meist zu unserem «Kaffeeklatsch-Schatten». Der Schatten muß aber ehrlich erkannt und anerkannt werden, sonst ist die Gefahr groß, Patienten unbewußt dazu zu benutzen, auch solche Informationen zu erhalten, die nichts mit dem Anliegen ihrer Analyse zu tun haben.

Allerdings ist es wahrscheinlich besser, diese gelegentlich auftretende Schwäche zuzulassen, als das Bedürfnis nach Neugierbefriedigung zu verleugnen – auch wenn dies mit der Würde eines Berufs, der sich mit seelischen Tiefendimensionen befaßt, nicht unbedingt vereinbar scheint. Durch Verleugnung entsteht unter Umständen ein Tabubereich, von dem in der analytischen Situation Hemmnisse ausgehen. So wird der Analytiker jedesmal, wenn ihm an den Erzählungen des Analysanden etwas pikant vorkommt, die Befürchtung hegen, von letzterem für neugierig und indiskret gehalten zu werden. Mit anderen Worten (gegen)überträgt er die Angst vor seinen eigenen Neugierimpulsen auf den Patienten. Umgekehrt ist es für viele Analysanden peinlich, wenn sie Dinge aus ihrem Intimbereich – z. B. sexuelle Bedürfnisse oder Macht- und Größenphantasien – in die Analyse bringen müssen, weil sie von seiten des Analytikers Mißbilligung befürchten. Somit können Übertragung und Gegenübertragung zusammenspielen, um gewisse für die Analyse wichtige Themen zu vermeiden, was ihre Wirksamkeit erheblich zu beeinträchtigen vermag. Selbstverständlich gehört es zur psychotherapeutischen Ethik, daß das Berufsgeheimnis sich auch auf Fakten erstreckt, die ein Analytiker in bezug auf Drittpersonen erfährt. Was immer dem Therapeuten innerhalb der analytischen Situation mitgeteilt wird, muß also dem Schweigegebot unterstehen. Aber auch Psychotherapeuten sind nur Menschen – es wäre unehrlich zu verschweigen, daß dieser Grundsatz auch von ihnen nicht immer in letzter Konsequenz durchgehalten werden kann.

Eine weitere Gegenübertragungsgefahr kann darin bestehen, daß der Analytiker viele Lebensmöglichkeiten durch Identifikation mit Patienten zu erleben trachtet. Analysanden können eine Quelle sein für Informationen, für Beziehungs- und Liebesbedürfnisse, sie können Farbe und Anregung ins Leben eines Analytikers bringen. Sie verhelfen ihm zu einer Menge an Erfahrungen von Freude, Schmerz, Konflikt, und dank ihrer mag er sich als lebendig, wichtig, nützlich vorkommen, manchmal aber auch als unnütz und entwertet. Die Gefahr besteht immer, daß dieser Beruf zum Ersatz für die Gestaltung eigenen Lebens wird. Selbstverständlich benötigen Analysanden auch einen gewissen Anteil am emotionellen Leben eines Analytikers. Wenn sie aber in seiner seelischen Ökonomie zu großen Raum einnehmen, wenn er sich ohne sie nicht lebendig genug fühlt, so werden sie unbewußt als Gegenübertragungsobjekte benützt. Sie werden heimlich mit seinem Besitzanspruch belastet, und so entstehen oft gegenseitige Abhängigkeitsverhältnisse anstelle einer echten Ich-Du-Beziehung.

Zur Frage des Machtmißbrauchs durch den Analytiker

Es wird in den letzten Jahren sehr viel von mißbräuchlichem Verhalten von seiten des Psychotherapeuten gesprochen. Man hat dabei vor allem die sexuelle Ausbeutung des Abhängigkeits- und Vertrauensverhältnisses der meist weiblichen Patientinnen durch vorwiegend männliche Therapeuten im Auge, wobei – allerdings in verminderter Häufigkeit – mißbräuchliches Verhalten auch von Therapeutinnen ausgehen kann und bei beiden Geschlechtern homosexuelle Beziehungen möglich sind. Dies ist natürlich die dramatischste Form von Verletzung des therapeutisch so notwendigen Vertrauensverhältnisses und soll im nächsten Kapitel zur Sprache kommen. Zu Recht wird der sexuelle Mißbrauch in der Therapie meist im Zusammenhang mit dem Mißbrauch an Macht gesehen. Das heißt, der Therapeut nützt seine Macht und seinen Einfluß auf emotional von ihm abhängige Patienten zu seinen eigenen Bedürfnissen aus.

Und damit sind wir noch bei der Thematik dieses Kapitels, in dem ich einigen grundlegenden Bedürfnissen nachgegangen bin, welche – da sie zum Repertoire allgemeinmenschlichen Erlebens und Verhaltens gehören – natürlich auch im Analytiker und Therapeuten wirksam sind. Es war mein Anliegen, sie bewußt beim Namen zu nennen, dafür zu plädieren, daß ein Therapeut in der jeweiligen Situation ihre Wirksamkeit wahrnimmt. Sonst stellen sie tendenziell eine Gefahr für das Gelingen einer Psychotherapie dar, ja, mehr noch, sie können durchaus einem Mißbrauch des Analysanden und einer Verhinderung seiner seelischen Entfaltung gleichkommen.

Ich möchte nicht dramatisieren und die Rolle des Analytikers idealisierend aufblasen; ich möchte ihn nicht zu einem Wesen stilisieren, das ständig all seiner Regungen voll bewußt sein muß, aus der Befürchtung heraus, er könnte sonst ungewollt einen therapeutischen «Mißbrauch» inszenieren. Befürchtungen dieser Art brächten eine so starke Kontrolliertheit in sein Verhalten, daß jegliche Spontaneität der Interaktion verhindert würde – sehr zum Schaden des therapeutischen Feldes, dessen Wirksamkeit weitgehend auf lebendigem Austausch beruht. Ich stelle mir eher vor, daß ein Analytiker, durch seine Ausbildung geschult und auf Wahrnehmung eigener Regungen sensibilisiert, auf tolerant-lockere Weise mit ihnen umzugehen weiß, aber genügend Bereitschaft aufbringt, seine Impulse und Reaktionen jeweils hinsichtlich ihres therapeutischen Stellenwerts zu hinterfragen.

Mißbrauch ist ein hart verurteilendes Wort, klingt nach Schuldzuweisung und erzeugt Schuldgefühle. Nehmen wir einmal an, ein Analytiker setzt in bester therapeutischer Absicht sehr viel Energie und Initiative ein und wird zunehmend direktiv und fordernd, weil der Patient, der in allzu großer Passivität verharrt, ein solches Vorgehen anscheinend braucht. Der Mißerfolg all dieser Maßnahmen bringt es dem Therapeuten mit der Zeit zum Bewußtsein, daß er den Therapieerfolg zur Befriedigung seiner eigenen Selbstwert- und Prestigebedürfnisse dringend benötigt. Es sind solch fragwürdige Motivationen, die ihn immer wieder dazu veranlassen, den seelischen Eigenrhythmus seines Analysanden gleichsam zu «vergewaltigen». Wenn er sich dessen bewußt wird, so kann dies Schuldgefühle erzeugen. Er konnte sich, von seinen eigenen Bedürfnissen geblendet, nicht adäquat auf den Patienten einstellen und stand, ganz entgegen seiner bewußten Absicht, dem Therapieerfolg im Wege. Im ganzen wäre sein Verhalten wohl eher als Kunstfehler zu bezeichnen und nicht als Mißbrauch des Vertrauens, das der Patient in seine therapeutische Kompetenz gesetzt hatte. Überdies ist, bei der Vielschichtigkeit jedes psychotherapeutischen Geschehens, nicht zu beweisen, daß ein mehr einfühlendes Verhalten des Analytikers den therapeutischen Prozeß wirklich besser in Gang gebracht hätte.

Ein anderes Beispiel: Eine Analytikerin zeigt einem jüngeren Mann anhand seiner Träume immer wieder auf, wie kastrierend sich die Mutterfigur auf seine männliche Autonomie auswirkt. Gleichzeitig ist sie sehr direktiv, weiß stets, was für ihn richtig oder falsch ist, was er lesen, glauben, tun soll und wie er sich in jeweiligen Situationen zu verhalten hat. Langsam dämmert es dem jungen Mann, daß er für all seine Aktivitäten erst ihre Erlaubnis und ihren Ratschlag einholen muß, sonst wird sein Verhalten als «Widerstand gegen die Analyse» interpretiert. Offensichtlich ist es der Analytikerin unbewußt, daß sie die kastrierende Mutter, die sie in seinen Träumen so brillant auffindet, in ihrer Gegenübertragung selbst ausagiert.

Immer wieder ist auch zu beobachten, wie Analysanden die Überzeugungen und Ideologien ihres Analytikers übernehmen und wie sie dessen ideologischen Feinde (z. B. aus anderen Schulrichtungen) zu ihren eigenen Feinden machen. Dies mag auf unbewußter Identifikation mit den Ansichten und Wertungen des Analytikers beruhen. Es geschieht aber meist nicht ohne dessen aktives Zutun, indem er seinen Einfluß dazu gebraucht, seine Analysanden um sich zu scharen, um eine Gruppe gleichgesinnter, ihn bewundernder Anhänger zu gewinnen. Bewußt ist er meist davon überzeugt, für etwas sehr Sinnvolles und «Wahres» einzustehen, verdrängt aber dabei die Anteile seines «Machtschattens». Ist es legitim, hier von Mißbrauch seiner Macht zugunsten seiner narzißtischen Bedürfnisse zu sprechen?

Es ist schwierig auszumachen, inwieweit es sich bei diesen Beispielen um berufliche Kunstfehler handelt und von welchem Moment an von Macht- oder Vertrauensmißbrauch zu reden ist. Geht es um Unbewußtheit von seiten des Therapeuten oder um zweifelhafte Ethik? Gehört es nicht zur Berufsethik eines Therapeuten, sich seiner eigenen Bedürfnisse und Schwierigkeiten bewußt zu werden, sie selbstkritisch zu hinterfragen? Nur so ist es ihm möglich, die therapeutische Begleitung von Patienten nicht allzu sehr auf seine eigenen Belange abzustimmen und auf illegitime Weise den eigenen Bedürfnissen den Vorrang einzuräumen.

Im Hinblick auf die Subtilität und Komplexität des analytischen Dialogs kann also nie genug betont werden, wie wesentlich es für den Analytiker ist, sich seiner eigenen Bedürfnisse und Schwierigkeiten bewußt zu werden, sie selbstkritisch zu hinterfragen und ihnen gleichzeitig mit Toleranz zu begegnen. Dies hat wohl mit dem zu tun, was in Jungscher Terminologie «Auseinandersetzung mit dem Schatten» genannt wird. Es ist vor allem auch günstig, wenn der Analytiker selbst voll im Leben steht und seine eigenen seelischen Möglichkeiten optimal zu verwirklichen trachtet. Schließlich ist zu bedenken: Wenn Psychotherapeuten nicht selbst in Beziehung zu ihrer seelischen Lebendigkeit stehen, wie wollen sie diese jemals ihren Analysanden vermitteln?

8. Liebe und Sexualität in der analytischen Situation

Allgemeine Bemerkungen

Die emotional intensivste Form aller Übertragungs/Gegenübertragungsgefühle ist wohl die Übertragungsliebe mit den damit verbundenen sexuellen Bedürfnissen, und es stellt sich die Frage, wie es für den Analytiker möglich ist, auf therapeutisch günstige Weise damit umzugehen.

Selbstverständlich ist auch ein Analytiker nicht gegen Liebesgefühle gefeit, die innerhalb einer seelisch so nahen Beziehung entstehen können. Es kann sogar vorkommen, daß die gegenseitigen Gefühle für Analytiker und Analysand so stark werden, daß das Bedürfnis nach einer vollen, auch sexuell vollzogenen Liebesbeziehung übermächtig im Raum steht. Dies kann einen Therapeuten in schwere Gewissenskonflikte stürzen und bedeutet meist eine große seelische Belastung, der nur mit erhöhtem Verantwortungsgefühl zu begegnen ist. Jedenfalls wird es in vermehrtem Maße notwendig, seine eigenen Motivationen wie diejenigen seines Analysanden oder seiner Analysandin ehrlich zu prüfen. Was steckt hinter solchen Gefühlen drängender Liebe, inwiefern handelt es sich um einen Wiederholungsaspekt der Übertragung, was mag ihr tieferer Sinn sein? Können Träume darüber Aufschluß geben?

Aber oft können noch so tiefsinnige psychologische Interpretationen dem letztlichen Geheimnis, das gegenseitiger Liebe zugrunde liegt, nicht auf die Spur kommen. Die Übertragungs/Gegenübertragungsgefühle lassen sich in solchen Fällen durch keine psychologische Erkenntnis «auflösen». In der Tat hat eine Anzahl ziemlich erfolgreicher Ehen ihren Beginn in der analytischen Situation gefunden. Es sind auch Liebesbeziehungen entstanden, die einen Reichtum an innerer Erfahrung, aber meist auch einen Einbruch an Gefühlsverwirrungen, an Krisen und Schmerzen im Gefolge hatten. Die Situation wird jedenfalls höchst emotionsgeladen. Ein Gesichtspunkt ist aber dabei von außerordentlicher Wichtigkeit: Sobald ein Analytiker den Entschluß fassen sollte, sich mit einem Analysanden oder einer Analysandin in eine volle Liebesbeziehung einzulassen, ist die Analyse zu beenden. Sie muß, falls notwendig – und in solchen Fällen ist dies fast immer nötig –, bei einem anderen Analytiker fortgesetzt werden. Therapeutische Beziehung verträgt sich nicht mit gelebter Liebesbeziehung – auch wenn unter Umständen tiefe Liebeserfahrungen seelische Kräfte mehr in Bewegung setzen und dem Prozeß der Individuation sogar mehr förderlich sein könnten, als es eine Analyse vermag.

Das leidige Thema des sexuellen Mißbrauchs durch Psychotherapeuten

Ich habe hier ausdrücklich auf die schwere Verantwortung hingewiesen, die sich ein Therapeut auflädt, sobald er sich mit der Absicht trägt, eine volle Liebesbeziehung mit einem Patienten/einer Patientin einzugehen. Viele Erkenntnisse über die zum Teil katastrophalen Auswirkungen des sexuellen Mißbrauchs in der Therapie sind heute publiziert, und ich möchte die Lektüre dieser Publikationen jedem Psychotherapeuten dringendst empfehlen.[5] Meist ist darin von «Wiederholungstätern» die Rede, die ent-

[5] Anm.: Ich denke vor allem an Claudia Heynes *Tatort Couch* (Zürich 1991), Peter Rutters (Jungscher Analytiker) *Verbotene Nähe*, (Düsseldorf 1991, engl. Orig. 1989) und auch Ursula Wirtz' (Jungsche Analytikerin) *Seelenmord* (Zürich 1989). Auch Berichte betroffener Frauen werfen ein schreckliches Bild auf das mögliche Ausmaß therapeutischer Verantwortungslosigkeit, z.B. Anonyma: *Verführung auf der Couch* (Freiburg i.Br. 1988), oder J. Angerolles: *Mein Analytiker und ich* (Frankfurt/Main 1991).

weder skrupellos Abhängigkeit und Vertrauen ihrer Patienten oder Patientinnen ausnützen oder die – unter Umständen sogar gegen ihre bewußten Absichten – immer wieder ihrer sexuellen Süchtigkeit anheimfallen. Diese Therapeuten sind offensichtlich ihrer eigenen Pathologie ausgeliefert, und zwar zum größten Schaden ihrer Patienten, oft ihrer Familie und nicht zuletzt ihrer selbst. Sie sind meines Erachtens unbefugt, anderen Menschen therapeutische Hilfe anzubieten.

Wenn ich vorhin davon gesprochen habe, daß ich analytische Beziehung und gleichzeitig gelebte Liebesbeziehung für gänzlich unvereinbar halte, so geht es mir aber um etwas viel Umfassenderes. Ich gehe von einer Situation aus, in der auch der Analytiker nicht einfach sexueller Anziehung nachgibt, sondern im ganzheitlichen Sinne von dem, was wir Liebe nennen, berührt und gepackt wird – wenn auch eingeräumt werden muß, daß es auf diesem Gebiet viele Illusionen gibt. «Liebe macht blind», und eine starke Verliebtheit mit ihrem partiellen Verlust an Realitätssinn ist oft einer Art Psychose vergleichbar. Ich glaube, daß ein Therapeut in solchen Situationen wirklich Hilfe zur Erhellung seiner Motivationen aufsuchen sollte. Trotzdem muß auch ernsthaft die Frage gestellt werden: Ist es gänzlich auszuschließen, daß eine gegenseitige Liebe, auch wenn sie in der therapeutischen Begegnung entsteht, zu einer tiefen Lebensbeziehung werden kann? Echte Begegnung für eine sinnvolle Lebenspartnerschaft kann überall stattfinden, so auch in einer Therapie oder Analyse. Deshalb finde ich eine Regelung (wie sie zum Teil in Amerika angestrebt wird), welche jegliche Änderung einer therapeutischen in eine private Beziehung als gesetzwidrig verbieten will – und zwar auf Lebenszeit – in ihrer Rigorosität unmenschlich und überheblich. Sie schießt weit über ihr Ziel hinaus, indem sie vorgibt, mit größter Sicherheit zu wissen, was allen Menschen ausnahmslos frommt.

Sicherlich zu Recht ist aber Rutter äußerst skeptisch, wenn ein Therapeut, um sich sexuellen Kontakt zu einer Patientin ohne schwerwiegenden ethischen Bruch zu gestatten, einfach die berufliche Beziehung beendet. Dieses Vorgehen wird als «anständige Unterbrechung» bezeichnet, in der ein ethisch annehmbarer Weg gesehen wird, um eine professionelle Beziehung in eine persönliche umzuwandeln. Dazu meint Rutter:

> «Die Pause zwischen dem künstlichen Ende der professionellen Beziehung und dem Beginn der sexuellen dauert oft nur ein paar Minuten und ist durch die rauschhafte Unbesonnenheit des Mannes charakterisiert, der ungeduldig darauf wartet, daß sein Phantasieleben endlich realisiert werden wird. In dieser kurzen, verwirrenden Zeit kann eine Frau ihre widersprüchlichen Empfindungen kaum ausreichend sammeln, um sich der Aufhebung der sexuellen Grenze zwischen ihnen zu widersetzen» (Rutter 1989, S. 176).

Mit anderen Worten: Es lassen sich die Gefühle, Wünsche, Ängste oder Idealisierungen, die in der analytischen Situation aus der Vergangenheit auftauchen und auf den Analytiker übertragen werden, nicht von einer Minute auf die andere in eine reale Beziehung umwandeln, vielmehr stiften sie bei Grenzüberschreitungen bestenfalls emotionale Verwirrung, erschütternde Verunsicherung und manchmal gravierende Rückfälle.

Rutter bringt aber auch starke Bedenken gegen das Argument vor, daß die Anzahl der Ehen, die aus ursprünglich therapeutischen Beziehungen entstanden sind, den Beweis erbrächten, daß solche Umwandlungen nicht unbedingt schädlich zu sein brauchten. Seine Einwände:

> «Selbst wenn beide ursprünglich fühlen, sich zu lieben, sind diese Gefühle, weil sie unter den speziellen Bedingungen der ‹verbotenen Zone› entwickelt worden sind, fast immer ein Produkt der heilenden Phantasie statt des wahren Verständnisses für das, wer die andere Person wirklich ist. Monate oder Jahre der Selbstprüfung sind nötig, um herauszufinden, wieviel dieser Liebe selbstlos ist.» Er meint auch, daß «ein ausbeuterisches Verhaltensmuster oft in der Beziehung erhalten bliebe» (Rutter 1989, S. 180).

Dieser Aussage muß ich allerdings mit der Frage entgegentreten, ob die gleichen Argumente nicht auch für Ehepartner zutreffen, die sich unter «normalen» Umständen begegnet sind. Ich glaube, es erübrigt sich, Beispiele dafür zu nennen. (Siehe auch Willi 1975 und 1991.) Eine hinlänglich fruchtbare Gestaltung von Partnerschaft und Ehe benötigt in jedem Fall die Bereitschaft zu kritischer Selbstbefragung sowie die Fähigkeit, Konflikte miteinander auszutragen und den Standpunkt des Partners einfühlend miteinzubeziehen.

Was bei ernsthaften Partnerschaften, die aus einer therapeutischen Beziehung hervorgegangen sind, schmerzhafte Formen annehmen kann, ist der Prozeß der Ent-Idealisierung. Der ehemalige Analysand wird mit der Zeit wahrnehmen, daß der bis anhin bewunderte Analytiker viele menschlich-allzumenschliche Züge hat. In manchen Episoden des Zusammenlebens wird sich etwa seine Kränkbarkeit, Bedürftigkeit, Ängstlichkeit, Beschränktheit, sein Egoismus oder was auch immer unliebsam bemerkbar machen. Umgekehrt ist es für den ehemaligen Therapeuten nicht immer leicht, vom hohen Sockel zu steigen und vom Partner mit seinen Schwächen konfrontiert zu werden. Dies gehört aber notwendigerweise zum Prozeß gegenseitiger Annäherung und echten partnerschaftlichen Austausches, und niemand wird behaupten, daß solche Prozesse ohne Konflikte und seelische Schmerzen ablaufen können.

Was ich weiterhin bei dieser Art Partnerschaft beobachtet habe, ist die destruktive Unsitte, daß ein Partner den anderen mittels psychologischer Deutung ständig mundtot macht, seine Anliegen entwertet und damit nicht ernstzunehmen braucht. Frauen haben darin mindestens so viel Geschick wie Männer. Eine solche Form des «Partnerkriegs» beschränkt sich allerdings nicht auf ehemalige therapeutische Beziehungen. Oft genügt schon wenig psychologisches Halbwissen, das sich einer der beiden Kontrahenten angeeignet hat, um es als Waffe gegen den Partner nach Bedarf einzusetzen.

Ich möchte aber erneut betonen, daß sexueller Mißbrauch in

der psychotherapeutischen Situation – stets begleitet vom mindestens so schwerwiegenden Mißbrauch des Vertrauens – unabsehbare Folgen für die seelische Befindlichkeit der Betroffenen hat. Es ist deshalb wichtig, daß eindeutige ethische Richtlinien aufgestellt werden, die sowohl dem Therapeuten als auch dem Patienten bekannt sein müßten. Auch Sanktionsmöglichkeiten müßten institutionalisiert sein und bei grobem Mißbrauch zur Anwendung kommen.

Die Frage ist nur, ob ein ethischer Kodex Übergriffe und Mißbrauch genügend verhindern kann. Die «verbotene Zone», wie Rutter es nennt, kann immer wieder – ähnlich der «verbotenen Kammer» im Märchen – eine fast unwiderstehliche Anziehung ausüben. Wesentlicher scheint mir letztlich die Frage zu sein, wie das Verantwortungsgefühl gefährdeter Psychotherapeuten und Analytiker vermehrt gestärkt und differenziert werden kann. Auch Selbstwahrnehmung und nach Möglichkeit Behandlung der narzißtischen Defizite des Psychotherapeuten, welche unter Umständen zu mißbräuchlichem Verhalten motivieren, sind selbstverständlich vonnöten (Heyne 1991, S. 158 ff.). Die meisten analytisch orientierten psychotherapeutischen Gesellschaften und Institute nehmen neue Kandidaten nur aufgrund eines strengen Auswahlverfahrens in ihr Ausbildungsprogramm auf. Auch wenn es illusorisch ist anzunehmen, man könnte Tendenzen zu mißbräuchlichem Verhalten bei den Auswahlgesprächen immer entdecken, so ist doch vermehrt schon zu diesem Zeitpunkt das Augenmerk darauf zu richten.

Um auf das Problem eines ethischen Berufskodex zurückzukommen, so stellt sich die Frage, ob sich die besondere Betonung des sexuellen Mißbrauchs nicht kontraproduktiv auswirken könnte. Mir scheint z. B. der Entwurf zum Berufskodex der österreichischen Psychotherapeuten, der den Begriff des Mißbrauchs in der Psychotherapie viel weiter faßt, günstig und wirklichkeitsnah zu sein. Ich möchte daraus den einschlägigen Passus wörtlich zitieren:

«Jeglicher Mißbrauch des Vertrauensverhältnisses in der psychotherapeutischen Beziehung und der im Therapieverlauf bestehenden, vorübergehend vielleicht sogar verstärkten Abhängigkeit des Patienten vom Psychotherapeuten stellt einen schwerwiegenden Verstoß gegen die ethischen Verpflichtungen des Psychotherapeuten dar; Mißbrauch in diesem Sinne beginnt, wo der Psychotherapeut seiner Aufgabe und Verantwortung gegenüber dem Patienten untreu wird, um seine persönlichen, z. B. sexuellen, wirtschaftlichen oder sozialen Interessen zu befriedigen; daraus ergibt sich auch die Verpflichtung des Psychotherapeuten, alle dem therapeutischen Verhältnis fremden persönlichen, wirtschaftlichen und sozialen Verstrickungen mit dem Patienten zu meiden.»

Ein weiterer Punkt: C. Heyne sowohl als auch P. Rutter werten es als gravierendes Fehlverhalten, daß Kollegen fehlbarer Therapeuten sich so oft in Schweigen hüllen, auch wenn sie von deren mißbräuchlichen Übergriffen hören. Dieses Schweigen wird von Rutter dahin interpretiert, daß männliche Kollegen den Therapeuten, der sich sexuelle Tätigkeiten mit Patienten gestattet, heimlich beneiden und sich deshalb mit ihm identifizieren. Dies scheint mir nicht ganz einleuchtend, weil Neid ja ebensogut dazu motiviert, besonders feindselig zu reagieren und dem Beneideten mit um so größerer Genugtuung das Handwerk zu legen.

Ich sehe solche zögernden Reaktionen von seiten der Kollegenschaft in einem anderen Zusammenhang. Es gehört zum Wesen der psychotherapeutischen Begegnung, daß sie in einem komplexen seelischen Gefüge stets einen individuellen Stellenwert einnimmt. Dazu steht sie, als Vertrauensverhältnis, unter dem Berufsgeheimnis. Erfahrungsgemäß empfinden Analytiker eine gewisse Scheu, sich offen in analytische Situationen ihrer Kollegen einzumischen – nicht zuletzt auch aus dem Wissen der ungeheuren Vielfalt an möglichen Komplikationen. Vielleicht steckt in dieser Haltung auch eine Abwehr gegenüber der Pose eigener Selbstgerechtigkeit und Überheblichkeit. Wie dem auch sei, Analytiker sind ganz allgemein auf «Verstehen» und nicht so sehr auf Verurteilen eingestellt, was an sich zu begrüßen ist. Und so blicken sie oft mit etwas zwiespältigen Gefühlen auf diejenigen Kollegen, die sich besonders darin hervortun, jeden Fehltritt anderer lautstark zu verdammen. Eine solche «Hexenjagd» scheint manchmal genußreich zu sein, besonders wenn der Gejagte ein bekannter, publizierender und «prominenter» Kollege ist, der immer auch viele Neider hat. Nach meiner Beobachtung befinden sich an vorderster Front der Ankläger oft gerade diejenigen Kollegen, deren eigene Fama in Sachen Sex nicht über allem Zweifel erhaben ist. Dies würde mit der Tatsache übereinstimmen, daß sich in den von Claudia Heyne veröffentlichten fünf Fällen drei der fehlbaren Therapeuten öffentlich gegen sexuellen Mißbrauch bzw. für Frauenthemen engagierten. Ihr Kommentar: «Dieser Sachverhalt zeigt für mich in besonders eindrucksvoller Weise, daß diese Therapeuten regelrecht in verschiedenen Realitäten zu leben scheinen» (Heyne 1991, S. 107).

Angesichts des destruktiven Schadens, der durch sexuelle Übergriffe angerichtet wird, ist es trotz dieser Hemmnisse natürlich nötig, Auswüchse zu ahnden. Mit meinen Bemerkungen wollte ich nur auch Verständnis für jene Kollegen signalisieren, die, wenn ihnen solche Dinge zu Ohren kommen, nicht gleich mit voller Wucht Steine auf die Beschuldigten werfen mögen. Vielmehr sind sie zunächst von der menschlichen Tragödie berührt, die sich hinter solchen Ereignissen verbirgt.

Übertragungsliebe und das Wesen analytisch-therapeutischer Beziehung

Wie erwähnt, liegt meines Erachtens die Unvereinbarkeit von analytischer Beziehung mit gelebter Liebesbeziehung in der Natur der Sache selbst. Analyse und Liebesbeziehung sind ihren Inhalten, ihren Zielen, ja ihrem Wesen entsprechend zu verschieden, als daß sie miteinander auf fruchtbare Weise vermischt werden könnten. Was das Wesen der analytischen Beziehung betrifft, so möchte ich auf einige interessante Gesichtspunkte hinweisen, die ich der Schrift Jungs *Die Psychologie der Übertragung* entnehme (Jung 1946). Wie bereits erwähnt, illustriert Jung darin das Problem der Übertragung anhand einer Serie alchemistischer Zeichnungen, dem *Rosarium Philosophorum*, wobei mir für die obige Fragestellung folgendes von Bedeutung zu sein scheint: In einigen dieser Zeichnungen wird immer wieder eine Taube dargestellt, die einen Zweig im Schnabel hält. Zugleich ist dieser Zweig stets so plaziert, daß er mitten ins Geschehen des jeweiligen Bildes hineinragt und eigentlich dessen Mitte ausmacht – eine Symbolik, die meines Erachtens Wesentliches zur Einstellung des Analytikers auszusagen vermag.

Die Taube war in Griechenland Symbol der himmlischen Aphrodite (Aphrodite Urania), die im Gegensatz steht zur irdischen, «gemeinen» Aphrodite (Aphrodite Pandemos). Es handelt sich also um zwei verschiedene Formen von Liebe, und in Platons *Gastmahl* wird deutlich unterschieden, welche Art der Liebe durch «Urania» und welche durch «Pandemos» verkörpert wird (Platon 1957). Die himmlische Aphrodite steht für allumfassende, geistige Liebe, auf griechisch «Agape». Der Ausdruck «Agape» findet sich auch im Neuen Testament und bedeutet christliche Nächstenliebe. Bekanntlich erscheint auch der Heilige Geist in Form einer weißen Taube und ist Zeugnis für die Liebe, die Gott der Menschheit nach ihrer Erlösung durch Christus zuteil werden ließ. Die Taube weist also in symbolhafter Form auf Erlösung und auf Liebe geistiger Natur hin. Die irdische Aphrodite hingegen steht für naturhafte, erotische Liebe, deren Ergebnis das physische Kind ist.

In der dritten Zeichnung des alchemistischen Rosariums, in dem sich König und Königin ihrer Roben entledigt haben und voreinander nackt stehen (siehe Abb.; aus Jung 1946, S. 237), finden wir in Verbindung mit der Taube einige geschriebene Worte. Sie lauten: «Spiritus est qui unificat» – Es ist der Geist, der vereint. Eine andere Version lautet: «Spiritus est qui vivicat» – Es ist der Geist, der belebt. Es soll also eine Vereinigung im Geiste sein. Jung erwähnt in seinem Text als weitere Amplifikation

scipsis secundum ęqualitatē inspissentur. Solus enim calor tēperatus est humiditatis inspissatiuus et mixtionis perfectiuus, et non super excedens. Nā generatiōes et procreationes rerū naturaliū habent solū fieri per tēperatissimū calorē et equalē, vti est solus fimus equinus humidus et calidus.

auch die Taube Noahs, die den Ölzweig der Versöhnung zwischen Gott und Mensch im Schnabel trägt (Jung 1946, Par. 410). Sie wird auch Friedenstaube genannt, wobei der Zweig den Frieden symbolisiert. Sie steht also für Versöhnung zwischen Gott und Mensch, psychologisch ausgedrückt für einen positiven Bezug des bewußten Ich zum Selbst als seelischer Ganzheit.

Im Zusammenhang mit dem Übertragungsgeschehen mag der Hinweis auf diese Symbolik zunächst etwas im Abseits liegen oder an den pompösen Stil pfarrherrlicher Moral erinnern, die ihr Unverständnis für schmerzende Gefühlsverwicklungen stets mit dem richtigen Bibelwort zu überdecken weiß. Bei nüchterner Betrachtung ist damit aber Wichtiges zur Einstellung des Analytikers gegenüber der Übertragungsliebe ausgesagt. Die Taube, welche den Ölzweig trägt, symbolisiert eine Liebe, die sich auf die noch verborgene Ganzheit des Analysanden richtet, auf dessen Prozeß der Selbstverwirklichung oder Individuation. Mit anderen Worten ist diese Liebe auf ein «geistiges» Kind gerichtet, und die «Ehe» zwischen Analytiker und Analysand ist von geistiger, das heißt von symbolischer Natur.

Die Übertragungsliebe des Patienten meint letztendlich nicht den Analytiker Dr. X als Person, sondern häufig eine idealisierte Gestalt, die projektiv am Analytiker erlebt wird. Nicht Du-Beziehung steht im Vordergrund, sondern Übertragung, meist in ihrer idealisierten Form. Der Analysand lebt im Bedürfnis, Teil der «Vollkommenheit» des Analytikers zu werden, in Verschmelzung mit ihm aufzugehen. So entsteht oft die Phantasie, den Analytiker «heiraten» zu wollen, um auf ewig und immer mit ihm «vereint» zu sein. Oft treten für diese Konstellation typische Träume auf, in denen der Patient oder die Patientin im Hause des Analytikers wohnt, welches meist «besonders» ist, jedenfalls viel größer und schöner als in Wirklichkeit. Das Leben des Analytikers ist für den Analysanden ungemein interessant und faszinierend geworden, und es wird viel über seine Persönlichkeit phantasiert. Seine Gedanken, Erlebnisse, seine Weltanschauung – all das bekommt strahlenden Glanz, wird Mittelpunkt größter Anziehungskraft, wobei die Unerfüllbarkeit solcher Sehnsucht zugleich heftige Leiden und Wut verursachen kann.

Die Tatsache, daß solche heftigen Liebesgefühle bei kunstgerecht verlaufenden Analysen meist nicht auf Erwiderung stoßen, wird oft als demütigend erlebt, besonders wenn sich die Verschmelzungswünsche in sexuellen Phantasien ausdrücken. Jedenfalls wird der Analytiker in das Phantasieleben des Patienten eingebaut, sein Sosein wird mit inneren Bildern vermischt.

Wie schon erwähnt, ist die Wandlung von Übertragung in die Fähigkeit zu echter Du-Beziehung unter realistischer Wahrung der Integrität des anderen ein wichtiges Ziel der Analyse. Sie wird in einem Prozeß allmählicher «Rücknahme von Projektionen» angestrebt, in dem der Analysand seiner inneren Kräfte gewahr wird, die bislang auf den Analytiker projiziert, anscheinend an ihm vorgefunden wurden. Oftmals wird dieser Prozeß als eine Kette schmerzhafter Ent-Täuschungen am Analytiker erlebt. Der Analytiker wird «vom hohen Sockel» geholt, seiner Allmacht entkleidet und auf menschliches Maß zurechtgestutzt. Vorübergehend kann dies zu einer unrealistischen und ungerechten Entwertung all seiner Bemühungen führen, und es ist für den Therapeuten nicht immer leicht, diesen Prozeß zuzulassen und sich dabei nicht ungebührlich zu verteidigen.

Aber nur wenn der Analysand allmählich einen Bezug zu seiner eigenen in ihm wirksamen Ganzheit entwickelt, wird er auch fähig, mit einem Du in dessen Sosein in Beziehung zu treten. Ein solcher Entwicklungsprozeß kann vom Analytiker weder dirigiert noch durch irgendwelche «technische» Maßnahmen manipuliert werden. Seine Aufgabe besteht vielmehr darin, den Prozeß zu begleiten und die im Wege stehenden Hemmnisse mit dem Analysanden zu bearbeiten. Er sollte in Raum gewährender Weise «da» sein und für die jeweiligen Inhalte und Emotionen Verstehen und auch Verständnis vermitteln. Letztlich wird aber der Prozeß durch die Wirksamkeit des Selbst angeordnet – etwa symbolisiert in der Taube mit dem Ölzweig – und kann, wie die

Alchemisten zu sagen pflegten, nur «Deo concedente», mit Hilfe Gottes, gelingen.

Die analytische Beziehung unterscheidet sich von anderen nahen Beziehungen insofern, als sie ein bestimmtes Ziel im Auge hat. Sie ist nicht eine Beziehung um ihrer selbst willen. Ihr Ziel ist es, die Beziehung zwischen dem Ich und dem Unbewußten zu fördern und zu differenzieren, wodurch ein Stück Bewußtwerdung erreicht wird. Bewußtwerdung entspricht dem Drang nach Individuation und hat meist eine therapeutische Wirkung. Die Gegenwart des Analytikers in seiner Menschlichkeit dient zugleich als Instrument, dessen sich das Selbst gleichsam bedient. Es ist wichtig, daß sich der Analytiker vom Selbst des Patienten «gebrauchen» lassen kann, daß er sich gleichsam als Instrument im Dienste des Selbst, welches den Prozeß anordnet, versteht. Er muß sich in seiner Beziehung zum Patienten immer bewußt sein, daß er von seinem mitmenschlichen Gegenüber zugleich auch als Instrument im Dienste des Selbst benötigt wird – was nicht so zu verstehen ist, daß er den Wünschen und Erwartungen seiner Patienten auf unkritische Weise zur Verfügung zu stehen hätte. Denn Analysanden, wenn sie von heftiger Übertragungsliebe überwältigt sind, vergessen oder verdrängen oft den Grund, warum sie überhaupt den Analytiker aufgesucht hatten. Ziel und Sinn der Analyse wird anscheinend aus den Augen verloren und unbedeutend.

Für das Erleben einer Patientin kann es beispielsweise viel wichtiger werden, daß der Analytiker sie heiraten, lieben, verführen sollte, als daß er ihr Träume deutet oder psychische Zusammenhänge aufzeigt. Sie wünscht oder phantasiert, daß ihre Gefühle vom Therapeuten mit gleicher Intensität erwidert werden. Sie wird unerträglich eifersüchtig bei dem Gedanken, daß er auch noch anderen Patientinnen seine Aufmerksamkeit schenkt, und befürchtet, daß diese Rivalinnen vielleicht viel attraktiver, schöner und interessanter seien als sie. Auch leidet sie unter der Vorstellung, daß alle Zuwendung ihres geliebten Analytikers ja nur von Berufs wegen geschehe, also nicht wirklich ihr als auserwählter Person gelte; daraus kann ein Gefühlschaos entstehen. Die Patientin erklärt, sie werde nicht mehr kommen, läuft mitten aus einer Sitzung davon, um den Analytiker zu bestrafen, sich zu rächen, sich von diesen Gefühlsverwicklungen abzuwenden. Meist ist die Bindung aber so stark, daß sie schon am selben Abend anruft, sich für ihren Ausbruch entschuldigt und zur nächsten Sitzung wieder erscheint.

Es ist doppelt wichtig, daß gerade in solchen Phasen die Grenzsetzung zwischen therapeutischer Beziehung und konkreter Lebens- oder gar Liebesbeziehung eindeutig gewahrt bleibt. Denn gerade weil Patienten manchmal die Tendenz haben, zu verdrängen, daß ihre Liebe zum Analytiker in den symbolischen Rahmen der Analyse gehört, ist jegliches Mitagieren des Therapeuten äußerst schädlich. Ich habe beobachtet, daß Grenzüberschreitung falschen Versprechungen gleichkommt und alle Schleusen zu einer Flut intensivster Emotionen, Wunschphantasien und illusionärer Hoffnungen zu öffnen vermag. Diese kann nun nicht mehr innerhalb des therapeutischen Rahmens und dessen «Tabu-Wirkung» begrenzt gehalten, nicht mehr interpretiert und auf ihren Sinngehalt hin befragt werden. Die Grenze ist überschritten und der Wunsch nach ewiger Vereinigung mit dem heißgeliebten Idealpartner wird übermächtig, da dies ins Blickfeld des real Möglichen gerückt ist. Solche Wünsche kann und will der Analytiker, der ja meistens in bereits bestehenden Bindungen und Verpflichtungen lebt, nicht erfüllen. Er befindet sich vielmehr in der Situation des «Zauberlehrlings», der die Geister, die er rief, nicht mehr los werden kann. Und, wie schon erwähnt, haben es diese Geister in sich, Verheerungen anzurichten.

Gegenübertragung und Reaktion des Analytikers auf die Übertragungsliebe des Patienten

Wie wirkt aber ein solches Übertragungsverhalten auf den Analytiker, wenn er seinen Anteil am therapeutischen Prozeß verantwortungsvoll wahrzunehmen sucht? Natürlich können allgemeine Antworten auf diese Frage nur relativ gültig sein, da jede Konstellation ihre Einmaligkeit aufweist und auch in ihrer Einmaligkeit gewürdigt werden sollte. Sicherlich gilt aber die Erfahrung, daß intensive Emotionen und Phantasien, die um den Analytiker kreisen, auch sein Gefühlsleben berühren. Er kann darauf beispielsweise mit Ängsten reagieren, oftmals aber auch mit Schuldgefühlen, denn er wird ja von Patienten offen oder verdeckt beschuldigt, ihre Erwartungen zu enttäuschen, ihre Bedürfnisse nicht zu erfüllen und überhaupt Ursache ihrer Liebesqual zu sein. Natürlich kann er unter Umständen auch in Versuchung kommen, das Spiel mitzuspielen und die Phantasien und Wünsche des Patienten ganz konkret zu erfüllen, was ihn mit sich selbst in Konflikt bringt. Auch kann es irritierend und ärgerlich sein, zum Opfer solch ungewollter Wünsche und Erwartungen zu werden. Umgekehrt kann er die Tatsache, daß Frauen sich so intensiv in ihn verlieben, auch als Befriedigung seiner männlichen Eitelkeit erleben. Ausbildungskandidaten sind manchmal stolz auf sich, wenn sie spüren, wie stark sie Übertragungsliebe konstellieren können.

Was immer die Reaktionen sind, welche der Analytiker angesichts der verschiedenen Formen von Übertragungsliebe in sich verspürt, es ist entscheidend, daß er sich ihrer ehrlich bewußt wird und sich selbst nichts vormacht. Die Wahrnehmung seiner Gegenübertragungsgefühle bringt ihn manchmal mit noch unbekannten Aspekten seiner Persönlichkeit in Beziehung. Sie kann ihm aber auch dazu verhelfen, unbewußte Vorgänge im Patienten zu erspüren. Wenn dessen Liebeserwartungen im Analytiker z. B. Ärger hervorrufen, ist vielleicht sein Mutterkomplex getroffen. Der Therapeut erlebt dann solche Erwartungen als «vereinnahmend», weil sie Kindheitserinnerungen wiederbeleben, in denen er den Vereinnahmungsversuchen seitens seiner Mutter hilflos ausgeliefert war. Unter Umständen könnte sein Ärger aber auch ein Hinweis dafür sein, daß der Patient oder die Patientin – entgegen den bewußten Absichten – unbewußt Ärgerreaktionen in ihm provozieren muß. Sein Analysand benötigt unbewußt den Beweis, ungeliebt zu sein und immer wieder abgewiesen zu werden. Er ist überzeugt, daß seine Liebesgefühle stets nur Ärger und Ablehnung hervorrufen.

Dieses Muster weist oft auf das Leiden an gestörter Urbeziehung mit der Mutter hin, und gerade bei diesen sogenannten «Primärstörungen» wäre es therapeutisch wichtig, daß eine partielle Wiederherstellung der Urbeziehung in der Übertragung glückt (Neumann 1963, S. 97). Es ist eine Übertragungsform, in der die «Baby»gefühle und -bedürfnisse regressiv wiederbelebt werden. Deshalb nimmt dann das Bedürfnis, «ewig» ein Teil des Analytikers zu sein, sich nie mehr von ihm trennen zu müssen und von ihm ständig gehalten zu werden, intensivste Ausmaße an. Das bringt den Analytiker in eine verzwickte Lage, an der die Therapie wiederum scheitern kann. Gerade weil es ihm nicht möglich ist, die symbiotischen Paradieseswünsche der Urbeziehung konkret zu erfüllen, wird eine solche Grenzsetzung unter Umständen als Neuauflage der ursprünglich abweisenden Elternfigur erlebt. Und damit ist die alte Konstellation der Urbeziehungsstörung wiederhergestellt. Wie erwähnt, wird dieser Ausgang von Analysanden auch unbewußt provoziert. Es ist wichtig, daß der Analytiker – unabhängig von seinem Geschlecht – den Versuch unternimmt, durch einfühlendes Verstehen auch die Versagungsproblematik in sein «genügend gutes» Bemuttern einzubeziehen. Besonders in solchen therapeutisch manchmal notwendigen Regressionen verursachen die «unerwiderten Liebesgefühle» ohnmächtige Wut, Qualen, Erfahrungen des Ausgeliefert-, Gekränkt- und Erniedrigtseins. Nach Möglichkeit ist im therapeutischen Rahmen Raum, Erlaubnis, selbst Anregung zu geben, daß sich diese, auch gegen den Analytiker gerichteten Emotionen ausdrücken können. Sie sind ja zum großen Teil Ausdruck der Wut, die der Mutter der frühen Kindheit gilt. Es ist entscheidend, daß Wut über die Versagung erlaubt ist und nicht den Analytiker beziehungsweise dessen Zuwendung «zerstört». Er muß Aggressionen, die sich scheinbar gegen ihn richten, überstehen und auch annehmen können, um nachher noch «da» zu sein. Allerdings möchte ich die Analytiker davor warnen, alle Vorwürfe des Patienten einzig und allein als Übertragungsmanifestation zu deuten, die letztlich seine Person nichts angeht. Dies kann eine allzu billige Abwehr sein. Es gibt auch berechtigte Vorwürfe, die sich gegen ein gewisses Fehlverhalten des Therapeuten richten, wie Unaufmerksamkeit, Unzuverlässigkeit, ungewollte Kränkungen, Fehldeutungen usw. Kein Analytiker ist perfekt, und ein gewisses Maß an Fehlleistungen ist unausweichlich. Doch ist es ein gutes Zeichen für das therapeutische Klima und bedeutet für den Patienten meistens einen erfreulichen Zuwachs an Selbstsicherheit, wenn er seine negativen Gefühle und seine Kritik gegenüber dem Therapeuten anzubringen wagt. Jedenfalls schulden wir es den Analysanden, ihre Gefühle ernst zu nehmen und nicht automatisch als Projektion zu deuten. Zunächst sollte (wenn möglich zusammen mit dem Patienten) untersucht werden, ob dessen Vorwürfe das reale Verhalten des Analytikers betreffen. Der Patient ist dann meist auch empfänglicher, wenn in zweiter Linie Aspekte seiner Übertragungswiederholung erhellt werden. Denn selbstverständlich ist es wichtig, daß der Analysand anhand von Deutungen die Hintergründe solcher Emotionen verstehen und akzeptieren lernt. Wir bauen dabei auf jene psychischen Energien, die Eigenständigkeit, Ichentwicklung und Individuation anstreben und über die notwendige regressive Symbiose der Übertragung wieder hinauswachsen wollen. (Siehe auch Balint 1968, S. 145 ff., der differenziert eine Unterscheidung zwischen gutartigen und bösartigen Formen der Regression trifft.)

Etwas Wichtiges scheint mir bezüglich dieser Übertragungsform noch erwähnenswert. Auch wenn manchmal die Wünsche nach symbiotischer Verschmelzung Phantasien aus dem sexuellen Bereich enthalten, sind sie von erwachsener Liebe mit ihren geschlechtlichen Bedürfnissen weit entfernt. Es wäre deshalb seitens des Therapeuten ein arges Mißverständnis, wenn er diese symbiotischen Wünsche mit konkret sexueller Annäherung beantworten wollte. Dies müßte als sexuelle Ausbeutung eines Abhängigkeitsverhältnisses angesehen werden, das für den Patienten, aber auch für den Therapeuten traumatische Folgen annehmen kann. Einmal mehr ist zu betonen, daß Analyse und konkrete Liebesbeziehung miteinander unvereinbar sind.

Ärgerreaktionen des Analytikers in bezug auf die symbiotischen Erwartungen von Analysanden können noch eine weitere Bedeutung haben. Es ist manchmal, als ob der Therapeut gleichsam einen «Appell aus dem Unbewußten» wahrnehmen würde, der lautet: «Bitte werden Sie ärgerlich und setzen Sie meinen mich überwältigenden Erwartungen ein Ende. Ich habe nicht die Kraft dazu und möchte, daß Sie mit der Faust auf den Tisch klopfen!» Es ist dabei nicht zu vergessen, daß Überwältigtsein von Übertragungsliebe zugleich auch Widerstand gegen den analytischen Entwicklungsprozeß bedeuten kann. In einem kindlichen Zustand von Abhängigkeit zu verharren, bringt gewisse Befriedigung und stellt eine «bösartige» Form von Regression dar. Es ist oft einfacher, den Analytiker nachts anzurufen, weil Ängste und Einsamkeitsgefühle anscheinend unerträglich sind, als die Einsamkeit selber zu ertragen, ein Bild zu malen oder seine Gedanken und Phantasien niederzuschreiben. Wie nun der Therapeut mit seiner Ärgerreaktion umgeht, ob er sie «spontan» ausagiert und den Patienten ausschimpft oder ob er seine Gegenübertragungswahrnehmung als Deutung an das Ich des Analysanden richtet, hängt wohl von der jeweiligen Situation und dem Temperament des Analytikers ab. Ich ziehe im allgemeinen das deutende Vorgehen vor, weil dadurch das Ich des Analysanden und dessen Verantwortlichkeit angesprochen werden.

Der Analytiker ist von Berufs wegen natürlich daran interessiert, die Verarbeitungsmöglichkeiten im Patienten zu fördern.

Wenn Analysanden ihre Übertragungsliebe mitsamt den Abhängigkeiten, Konflikten, Idealisierungs- und Entwertungsbedürfnissen als schmerzhaftes, potentiell aber auch schöpferisches Leiden annehmen können – gleichsam als Feuer, das die «prima materia» im alchemistischen Gefäß verwandelt –, dann bietet sich die Möglichkeit, deren Inhalte zu verarbeiten und ein Stück Bewußtwerdung zu gewinnen. Die «Taube» ist somit konstelliert, und die Begegnung kann sich fruchtbar auswirken.

Wenn Patienten in ihrer Übertragungsliebe mit den dazugehörenden Wünschen und Frustrationen vollständig aufgehen, ist die Gefahr einer Fixierung, einer «bösartigen» Regression (im Sinne Balints, 1968), gegeben, und der Widerstand gegen die progressiven psychischen Kräfte ist schwer zu überwinden. Aber auch da ist die Prognose besser, wenn Patienten merken, daß sie mit Verführungskünsten nichts ausrichten, daß sie sich aber auf die Standfestigkeit des Analytikers und auf seine Fähigkeit, Spannungen zu ertragen, verlassen können.

Es kommen aber auch Menschen in die Praxis, die dem Analytiker zu Recht den Eindruck vermitteln, daß eine volle, auch körperliche Liebesbeziehung für sie eine entscheidende Therapie bedeuten könnte. Es sind meist Menschen, die an einer Spaltung zwischen Körperlichem und Geistigem kranken und bei denen die «symbolische Übertragungsliebe» diese Spaltung noch perpetuieren könnte. Aber abgesehen davon, daß die Angst vor Körperlichkeit bei ihnen zu groß wäre (es wäre daran zu denken, sie neben der Analyse auch in eine Körpertherapie zu überweisen), könnte der Analytiker diese Funktion auch aus folgendem Grund nicht übernehmen: Es läuft unseren Instinkten zuwider, jemanden aus therapeutischen Gründen sexuell zu lieben. Jedenfalls würde diese Haltung keineswegs die wahren Bedürfnisse des Patienten befriedigen. Sobald sich der Analytiker aber in eine volle Liebesbeziehung einlassen sollte, müßten natürlicherweise auch seine eigenen privaten Bedürfnisse ihre Befriedigung finden, und die Taube der analytischen Situation würde ganz außer Sicht geraten. Immer wieder ist zu betonen: Übertragung meint im allgemeinen nicht den Analytiker als Person, und deshalb lassen sich analytische Beziehung und gelebte Liebesbeziehung nicht vereinbaren.

Die notwendige Verzichtleistung

Es ist in manchen Fällen die Übertragungsliebe mit ihren Implikationen, welche die Crux einer Analyse bildet, an der das Unternehmen scheitern oder gelingen kann. Damit ist jeweils allen Beteiligten eine schwere Last an Verantwortung auferlegt. Dies gilt besonders für den Jungschen Analytiker, der an keine bestimmte Technik im Umgang mit der Übertragung glaubt. Seine Schwierigkeit besteht darin, daß er zwar in seiner individuellen Menschlichkeit voll gefordert wird, zugleich aber ein relativ unpersönliches Instrument ist in einem Geschehen, über dessen Verlauf und Gelingen er nie vollständige Macht und Kontrolle haben kann. Um so mehr besteht die Notwendigkeit, seine therapeutischen Mittel so differenziert wie möglich einzusetzen und nach bestem Wissen und Gewissen zu verhindern, daß seine eigenen Schwächen, Komplexe und unbewußten Bedürfnisse dem Entwicklungsprozeß des Analysanden zum Hemmnis werden. Wie anfangs erwähnt, scheint mir die Sensibilisierung des Therapeuten gegenüber den Schwingungen seelischen Erlebens, sowohl im innerpsychischen als auch im zwischenmenschlichen Raum, eine Voraussetzung dafür zu sein.

Was immer die Qualität und Intensität einer Übertragung ausmacht und in welcher Form sie sich auch manifestieren mag, Ziel und Sinn der Begegnung in der Analyse bleibt eine bestmögliche Förderung der Selbstwerdungsprozesse des Analysanden. Zu Recht spricht C. G. Jung deshalb von einem «opus contra naturam», einem Werk gegen die Natur (Jung 1946, Par. 469). Man könnte sagen, die therapeutische Beziehung ist sowohl natürlich als auch unnatürlich. Sie kann zwar eine seltene Intimität, eine nahe seelische Verbundenheit bewirken, und ist doch zugleich professionell. Sie möchte den Bezug zur inneren Instinktnatur und zum wahren Selbst fördern, verbietet aber wiederum das Ausleben der konstellierten instinktiven Wünsche, insofern sie sich natürlicherweise an den seelisch so intimen Partner eben dieses Prozesses richten. Diese Schwierigkeit wurde von Freud bereits 1915 formuliert:

> «Die Gewährung des Liebesverlangens der Patientin ist (also) ebenso verhängnisvoll für die Analyse wie die Unterdrückung desselben. Der Weg des Analytikers ist ein anderer, ein solcher, für den das *reale Leben kein Vorbild liefert* (Hervorhebung durch Verfasser). Man hütet sich, von der Liebesübertragung abzulenken, sie zu verscheuchen oder der Patientin zu verleiden; man enthält sich ebenso standhaft jeder Erwiderung derselben» (Freud 1915, S. 314).

Das Ziel dieser Haltung sieht Freud darin, daß die Patientin dadurch die «Überwindung des Lustprinzips» erlernt, «den Verzicht auf eine naheliegende, aber sozial nicht eingeordnete Befriedigung zugunsten einer entfernteren, vielleicht unsicheren, aber psychologisch wie sozial untadeligen» (Freud 1915, S. 319).

Für den Jungschen Analytiker bedeutet der durch Analyse zu fördernde Individuationsprozeß das tiefste Streben menschlicher *Natur.* In diesem Zusammenhang ist an eines der Lieblingszitate Jungs zu erinnern. Es stammt von dem Alchemisten Pseudodemokritos und lautet: «Die Natur erfreut sich der Natur, die Natur überwindet die Natur, die Natur beherrscht die Natur» (Jung 1946, Par. 469). Als Kommentar gibt Jung folgendes zu bedenken:

> «Die Instinkte im Menschen sind nicht harmonisch aufeinander abgestimmt, sondern drängen sich gegenseitig gewalttätig in die Ecke. Nach der optimistischen Auffassung der Alten hat aber dieser Kampf nicht den Charakter eines chaotischen Gewühls, sondern strebt nach höherer Ordnung» (Jung 1946, Par. 469).

Mit andern Worten handelt es sich wohl um folgende Feststellung: Wie immer wir es drehen und wenden, es liegt in der Natur echter Menschwerdung, daß sie sowohl auf Konfliktbewältigung als auch auf Verzichtleistung beruht. Verzichtleistung unterscheidet sich wesentlich von Verdrängung oder Verleugnung, den unbewußten Ausweichstrategien zur Vermeidung von seelischem Schmerz. Verzicht auf regressive oder in der Realität unerfüllbare Wünsche – in Jungscher Sprache das «Opfer» (Jung 1912a, Par. 613 ff.) – kann meist erst im Laufe eines schmerzlichen Prozesses erreicht werden. Es ist günstig, wenn dieser Verzicht im Hinblick auf seelische Reifung als sinnvoll erlebt werden kann, denn «Sinn macht vieles, vielleicht alles ertragbar» (Jung/Jaffé 1962, S. 343).

Literaturverzeichnis

Angerolles, J. (1991): Mein Analytiker und ich, Fischer Taschenbuch Verlag, Frankfurt/Main. Orig.: Mon analyste et moi. journal, Lieu Commun 1989.

Anonyma (1988): Verführung auf der Couch, Kore-Verlag, Freiburg i. Br.

Asper, K. (1987): Verlassenheit und Selbstentfremdung. Neue Zugänge zum therapeutischen Verständnis, Walter-Verlag, Olten.

Asper, K. (1992): Schritte im Labyrinth. Tagebuch einer Psychotherapeutin, Walter-Verlag, Olten.

Balint, M. (1968): Therapeutische Aspekte der Regression, Klett, Stuttgart 1970. Orig.: The Basic Fault, Tavistock Publ., London.

Barmeyer, E. (1968): Die Musen, Fink (Humanistische Bibliothek, Reihe I, Bd. 2), München.

Blomeyer, R. (1971): Die Konstellierung der Gegenübertragung beim Auftreten archetypischer Träume, in: Übertragung und Gegenübertragung in der analytischen Psychologie, Gerstenberg, Hildesheim 1980, S. 103–113.

Buber, M. (1923): Ich und Du, in: Das Dialogische Prinzip, Schneider, Heidelberg 1984.

Covitz, J. (1992): Der Familienfluch. Seelische Kindesmißhandlung, Walter-Verlag, Olten. Orig.: The Family Curse. Emotional Child Abuse, Sigo Press, Boston, Mass. 1986.

Cremerius, J. (1982): Psychoanalyse – jenseits von Orthodoxie und Dissidenz, in: Psyche, Jg. 36, H. 6, Klett-Cotta, Stuttgart, S. 481–514.

Dieckmann, H. (1971): Die Konstellierung der Gegenübertragung beim Auftreten archetypischer Träume, in: Übertragung und Gegenübertragung in der analytischen Psychologie, Gerstenberg, Hildesheim 1980, S. 86–102.

Dieckmann, H. (1973): Übertragung – Gegenübertragung – Beziehung, in: Übertragung und Gegenübertragung in der analytischen Psychologie, Gerstenberg, Hildesheim 1980, S. 114–126.

Duden (1963): Etymologie, Bibliographisches Institut, Mannheim und Zürich (Der Große Duden, Band 7).

Fordham, M. (1957): Notes on the transference, in: Technique in Jungian Analysis, Library of analytical psychology, vol. 2, pp. 111–151. Dt.: Bemerkungen zur Übertragung, in: Übertragung und Gegenübertragung in der analytischen Psychologie, Gerstenberg, Hildesheim 1980.

Fordham, M. (1974): Das Kind als Individuum, Reinhardt, Basel und München. Orig.: Children as individuals, Hodder and Stoughton, London 1969.
Fordham, M. (1978): Jungian psychotherapy, Wiley, Chichester a. o.
Freud, S. (1895): Studien über Hysterie, Ges. Werke I (Fischer, Frankfurt).
Freud, S. (1909): Brief an C. G. Jung vom 7. 6. 1909, in: Freud/Jung: Briefwechsel, hrsg. von William McGuire und Wolfgang Sauerländer, Fischer, Frankfurt/M. 1974, S. 255.
Freud, S. (1910): Die zukünftige Chance der Psychoanalyse, Ges. Werke VIII.
Freud, S. (1912): Ratschläge für den Arzt bei der psychoanalytischen Behandlung, Ges. Werke VIII, S. 375–387.
Freud, S. (1915): Bemerkungen zur Übertragungsliebe, Ges. Werke X, S. 306–321.
Freud, S. (1917): Vorlesungen zur Einführung in die Psychoanalyse. Ges. Werke XI.
Gordon, R. (1968): Transference as a fulcrum of analysis, in: Journal of analytical psychology, vol. 13, no. 2.
Guggenbühl-Craig, A. (1971): Macht als Gefahr beim Helfer, Karger, Basel.
Heimann, P. (1950): On counter-transference, in: Internat. Journal for psychoanalysis, 31, S. 81–84. Zit. in: Krüger-Zeul, M.: Gegenübertragung – ein Stiefkind der Psychoanalyse, in: Das Unbehagen in der Psychoanalyse, Qumran, Frankfurt/M. und Paris 1983.
Heimann, P. (1978): Über die Notwendigkeit für den Analytiker, mit seinen Patienten natürlich zu sein, in: Drews, S. u. a. (Hrsg.): Alexander Mitscherlich zu Ehren, Suhrkamp, Frankfurt/M., 1978, S. 215–230.
Heyne, C. (1991): Tatort Couch, Kreuz-Verlag, Zürich.
Jacoby, M. (1971): Kasuistischer Beitrag zum Phänomen der Übertragung. – A contribution to the phenomenon of transference, in: Wheelwright, J. B. (Hg.): The Analytic process. Putnam, New York 1971.
Jacoby, M. (1980): Sehnsucht nach dem Paradies, Bonz, Fellbach.
Jacoby, M. (1985): Individuation und Narzißmus, Pfeiffer, München.
Jacoby, M. (1991): Scham-Angst und Selbstwertgefühl. Ihre Bedeutung in der Psychotherapie, Walter-Verlag, Olten.
Jacoby, M./Kast, V./Riedel, I. (1978): Das Böse im Märchen, 4. Aufl., Bonz, Fellbach 1986.
Jaffé, A./Jung, C. G. (1962): Erinnerungen, Träume, Gedanken von C. G. Jung, Walter-Verlag, Olten.
Jones, E. (1960): Das Leben und Werk von Sigmund Freud. Bd. 1: Die Entwicklung zur Persönlichkeit und die großen Entdeckungen 1856–1900, Huber, Bern und Stuttgart. Orig.: The life and work of Sigmund Freud. Basic Books, New York 1953.
Jung, C. G. (1912): Neue Bahnen der Psychologie, GW 7, 4. vollst. revid. Aufl. 1989, Walter.

Jung, C. G. (1912a): Wandlungen und Symbole der Libido, Rascher, Zürich. 1952 stark revidiert veröff. als: Symbole der Wandlung, GW 5 und Grundwerk 7 u. 8, Walter.

Jung, C. G. (1921): Psychologische Typen, GW 6, Walter.

Jung, C. G. (1928): Die Beziehungen zwischen dem Ich und dem Unbewußten, GW 7, 4. vollst. revid. Aufl. 1989, und Grundwerk 3, Walter.

Jung, C. G. (1934): Brief an Dr. J. Kirsch, 29. 9. 1934, in: Briefe I, 1906–1945, Walter.

Jung, C. G. (1935): Über die Grundlagen der analytischen Psychologie, Tavistock lectures, GW 18/I, Walter.

Jung, C. G. (1935a): Über die Archetypen des kollektiven Unbewußten, GW 9/I und Grundwerk 2, Walter.

Jung, C. G. (1935b): Grundsätzliches zur praktischen Psychotherapie, GW 16, 5. vollst. revid. Aufl. 1991, und Grundwerk 1, Walter.

Jung, C. G. (1938): Über Konflikte der kindlichen Seele, Vorwort zur 3. Aufl., GW 17, Walter.

Jung, C. G. (1941): Zur Psychologie des Kindarchetypus, GW 9/I und Grundwerk 2, Walter.

Jung, C. G. (1945): Medizin und Psychotherapie, GW 16, 5. vollst. revid. Aufl. 1991, Walter.

Jung, C. G. (1946): Die Psychologie der Übertragung, GW 16, 5. vollst. revid. Aufl. 1991, und Grundwerk 3, Walter.

Jung, C. G. (1946a): Brief an Dr. J. H. van der Hoop, 14. 1. 1946, in: Briefe II, 1946–1955, Walter.

Jung, C. G. (1951): Aion. GW 9/II, Walter.

Jung, C. G. (1951a): Grundfragen der Psychotherapie, GW 16, 5. vollst. revid. Aufl. 1991, und Grundwerk 1, Walter.

Jung, C. G. (1954): Von den Wurzeln des Bewußtseins, Rascher, GW 13, Walter.

Jung, C. G. (1956): Mysterium coniunctionis, GW 14/II, Walter.

Jung, C. G. (1976): The Visions seminars, Spring Publications, Zürich 1976.

Jung, Emma (1967): Animus und Anima, Rascher, Zürich 1967.

Kernberg, O. F. (1975): Borderline-Störungen und pathologischer Narzißmus, 3. Aufl., Suhrkamp, Frankfurt/M. 1979. Orig.: Borderline conditions and pathological narcissism, Aronson, New York 1975.

Kohut, H. (1971): Narzißmus, Suhrkamp, Frankfurt/M. 1973 ib. 74. Orig.: The analysis of the self, International Universities Press, New York 1971.

Kohut, H. (1973): Überlegungen zum Narzißmus und zur narzißtischen Wut, in: Psyche, Jg. 27, Heft 6, Klett, Stuttgart 1973, S. 513–554.

Kohut, H. (1977): Heilung des Selbst, Suhrkamp, Frankfurt/M. 1979. Orig.: The restoration of the self, International Universities Press, New York 1977.

Kohut, H. (1987): Wie heilt die Psychoanalyse? Hrsg. von A. Goldberg unter Mitwirkung von P. Stepansky, Suhrkamp, Frankfurt/Main. Orig.: How does Analysis cure? The University of Chicago Press, Chicago und London 1984.

Lambert, K. (1981): Analysis, repair and individuation, Academic Press, London (Library of analytical psychology, vol. 5).

Laplanche, J./Pontalis, J.-B. (1972): Das Vokabular der Psychoanalyse, 2 Bände, Suhrkamp, Frankfurt/M., 4. Aufl., 1980. Orig.: Vocabulaire de la psychoanalyse, Presses universitaires de France, Paris 1967.

Mahler, M.S./Pine, F./Bergman, A. (1978): Die psychische Geburt des Menschen, Fischer, Frankfurt/M., Orig.: The psychological birth of the human infant, Basic Books, New York 1975.

Neumann, E. (1949): Ursprungsgeschichte des Bewußtseins, Rascher, Zürich.

Neumann, E. (1953): Zur Psychologie des Weiblichen, Rascher, Zürich.

Neumann, E. (1963): Das Kind. Rhein Verlag, Zürich (Neuaufl. Bonz, Fellbach 1980).

Platon (1957): Symposion, in: Sämtliche Werke, Band 2, Rowohlt, Hamburg, ib. 59.

Racker, H. (1982): Übertragung und Gegenübertragung, Reinhardt, München und Basel, 2. Aufl. 1982. Orig.: Einzelne spanische Aufsätze 1948–58.

Reich, A. (1951): On Countertransference, in: Journal of psychoanalysis, vol. 32, London, 1951, pp. 25–31.

Rutter, P. (1991): Verbotene Nähe, Düsseldorf, Econ. Orig.: Sex in The Forbidden Zone (When Men in Power – Therapists, Doctors, Clergy, Teachers and Others – Betray Women's Trust), Tarcher, Los Angeles 1989.

Samuels, A. (1989): Jung und seine Nachfolger, Klett-Cotta, Stuttgart. Orig.: Jung and the post-Jungians, Routledge & Kegan Paul, London 1985.

Schwartz-Salant, N. (1982): Narcissism and character transformation, Inner City Books, Toronto.

Schwartz-Salant, N./Stein, M. (Hg.) (1984): Transference/Countertransference = Chiron – a review of Jungian analysis. Chiron Publications, Wilmette-Ill.

Schwartz-Salant, N. (1991): Die Borderline-Persönlichkeit. Vom Leben im Zwischenreich, Walter-Verlag, Olten. Orig.: The Borderline-Personality. Vision and Healing, Chiron, Wilmette, Ill. 1988.

Shepard, M. (1973): Sex als Therapie, Kiepenheuer & Witsch. Orig.: The Love treatment, Wyden, New York 1971.

Spitz, R.A. (1967): Vom Säugling zum Kleinkind, Klett, Stuttgart. Orig.: The first year of life, International Universities Press, New York 1965.

Stein, M. (Hg.) (1982): Jungian analysis, Open Court Publishing Comp., La Salle-Ill. and London (The Reality of the psyche series).

Stern, D.N. (1991): Die Lebenserfahrung des Säuglings, Klett-Cotta, Stuttgart. Orig.: The interpersonal world of the infant, Basic Books, New York 1985.

Willi, J. (1975): Die Zweierbeziehung, Rowohlt, Reinbek b. Hamburg.
Willi, J. (1991): Was hält Paare zusammen? Der Prozeß des Zusammenlebens in psycho-ökologischer Sicht, unter Mitwirkung mehrerer Verfasser, Rowohlt, Reinbek.
Winnicott, D. W. (1974): Reifungsprozesse und fördernde Umwelt, Kindler, München. Orig.: The maturational processes and the facilitating environment, Hogarth Press, London 1965.
Wirtz, U. (1989): Seelenmord, Kreuz-Verlag, Zürich.

Register

Autorenregister

Sachregister

Mario Jacoby

Scham-Angst und Selbstwertgefühl

Ihre Bedeutung in der Psychotherapie
232 Seiten, Broschur

«Der Autor untersucht Schamerlebnisse von Menschen, die verdeutlichen, daß sich Scham aus einer Reihe von Affekten speist: Gefühle von Minderwertigkeit und Schuld, Demütigung, Peinlichkeit und Hemmung. Das durch Scham verletzte Selbstwertgefühl provoziert in den Menschen den dringenden Wunsch, sich zurückzuziehen, zu isolieren, aus der Angst, sich erneut beschämenden Situationen auszuliefern. So entsteht Angst vor Scham: Scham-Angst. Jacoby entwickelt eine spannende, einfühlsame Phänomenologie der Scham-Angst...
Für Kenner der psychologischen Literatur ist das gut lesbare Buch sicherlich ein Leckerbissen; für psychologische ABC-Schützen wegen seiner geduldigen Erklärungen gewiß eine bereichernde Aufmunterung.» *Deutsches Ärzteblatt, Köln (April 1992)*